回归言语形式的

文言文教学

沈 华◎著

浙江工商大学出版社

ZHEJIANG GONGSHANG UNIVERSITY PRESS

·杭 州·

图书在版编目(CIP)数据

回归言语形式的文言文教学 / 沈华著. — 杭州：
浙江工商大学出版社，2021.4（2023.12重印）

ISBN 978-7-5178-4395-5

Ⅰ.①回… Ⅱ.①沈… Ⅲ.①文言文—教学研究—中
学 Ⅳ.①G633.302

中国版本图书馆CIP数据核字(2021)第052236号

回归言语形式的文言文教学

HUIGUI YANYU XINGSHI DE WENYANWEN JIAOXUE

沈 华 著

责任编辑	厉 勇	
责任校对	张春琴	
封面设计	雪 青	
责任印制	包建辉	
出版发行	浙江工商大学出版社	
	（杭州市教工路198号 邮政编码310012）	
	（E-mail：zjgsupress@163.com）	
	（网址：http://www.zjgsupress.com）	
	电话：0571-88904980，88831806(传真)	
排 版	杭州朝曦图文设计有限公司	
印 刷	杭州高腾印务有限公司	
开 本	710 mm×1000 mm 1/16	
印 张	18	
字 数	272千	
版 印 次	2021年4月第1版 2023年12月第2次印刷	
书 号	ISBN 978-7-5178-4395-5	
定 价	56.00元	

序　一

累有所获，忙有所往，期待远方

我和沈华老师相识已经十余年了。

在我的印象里，沈华是一位孜孜不倦、勤于耕耘的语文老师，也是一位热爱语文、专注课堂、执着坚守的语文追梦人。我知道沈华一直笔耕不辍，这些年来在各类报刊上发表过不少教育教学的文章。这对于一线教师来说实属不易，现在很多语文老师因忙于教学，而疏于思考，荒于动笔。我记得沈华曾对我聊过他自己未来的定位，他说想做一个好的语文老师，提升自己的专业素养。他这些年来在语文天地里的跋涉和追寻、探索与尝试，未尝不是对这个定位铿锵有力的回应。

每一位教师在专业发展的过程中，或多或少会遭逢"山重水复"的迷途，也会时常身陷云山雾罩中。这个时候，我们只有成为自己教学路上的点灯人，才能在黑暗中摸索，在困境中突围。沈华正是这样的老师！我感动于他在语文教学上的勤勉、努力，感谢他的信任和情谊，于是毫不犹豫地答应为他写序。一是祝贺沈华在语文教学探索路上取得的成果；二是借此机会学习，整理自己在文言文教学上的思考。

很荣幸，我能成为这本书的第一位读者。在阅读书稿的过程中，我一次次为书中阐述的文言文教学的理论所吸引，一次次被书中鲜活的教学案例所打动，一次次回想在沈华文言文教学的课堂上发生的美丽故事和精彩瞬间。

钱梦龙先生在《文言文教学改革刍议》中说过："文言文教学是语文教学改革的一个'死角'，即使在语文教学改革很红火的年代，文言文教学这块'世袭领地'上仍然是一派'春风不度玉门关'的荒凉景象。"时隔多年，文言文教学尽管生机复现,但是钱先生所言还没有得到彻底的变革。文言文教学依旧存在以下种种现象:重知识教学,轻文言涵泳;重内涵挖掘,轻语言玩味;重教师传授,轻能力培养;重文化传承,轻语言建构……可以说,文言文教学之路漫漫,困难重重。

沈华的这本书为当下的文言文教学提供了一种全新的视角。正如他在后记中所言"从言语形式角度切入文言文阅读教学,目前还无人论及,就此而言,本书也算是星星之火"。语文教学历来弱化言语形式而过分倚重言语内容,而语文学科的特殊性在于其形式表现方法,一味深究内容实质,语文就容易丢失"言语形式"的缰绳,误入"非语文"的歧途。文言本身就是一种特殊的言语形式,文言文教学就必须致力于探求文言文的言语形式,从言语形式和言语内容两个方面来考查文言文教学,不失为一种途径。基于言语形式的视角,力求解读文言、文章、文学、文化,一体四面,言文相融,形式与内容的统一。这本书正是出于这样的研究目的,对文言文教学进行全面而深入的言语形式观照,研究角度新颖,自成体系,为目前的文言文教学提出了切实可行的教学路径,有其理论探索的价值。

沈华这本书对文言文的言语形式进行了详尽的梳理和阐述。本书从宏观、中观、微观三个层面对文言文的言语形式进行了有理有据的论述。这样的理论架构和研究视角契合文言文阅读的一般规律,从整体到局部,从宏观到微观,循序渐进,逐层深入,给读者打开了一扇扇文言文阅读的视窗,启窗而观,景致丰富,风光无限。不论是在整体宏观视野下审视文言文篇章,从文本体式、篇章结构、章法运用等角度进入文言文的言语世界,还是在中观视野下研究文言文字句段的关系,从言语的省略、留白、矛盾、顺序等角度走进文言文,或者从微观视角聚焦炼字炼句,都是为了发现言语形式和言语内容的和谐统一,从言语形式中理解言语内容,体悟言志载道。这样的研究不是为了迎合某种理论,也不是为了博人眼球,而是真正想破解文言文教学的困局;这样的研究能为一线的教师提供有益的教学支持和帮助。当他们拿到一篇具体的文言文作品时,就可以按图索骥,从本书中获取阅读启发,提高自身阅读文言文的能力。比如,教师讲授《出师表》,就会有强烈的体式意识,立足"表"这一文体,读出诸葛亮倾诉的衷情;教师读《陋室铭》时,就会留意"可以调素琴,阅金经",因为句式的变化、节奏的快慢,引发阅读的思考和产生阅读的乐趣,真正理解言语形式是为了反映言语内容。

沈华的这本书可以帮助教师引导学生去发现文言文的趣味和语文的魅力。文言文阅读历来不受学生待见。中学校园里流传"三怕"之说,学生怕文言文应该是不争的事实。正如沈华在他的文章《营造文言文阅读鸟语花香的自在世界》里所写:"在文言文阅读教学中,有的教师陷于文白翻译的泥淖一节课常常除了实词与虚词,别无他物。这样的文言文教学,教师教得无味,学生学得乏味,师生煞费气力,却'愁从双脸生'。"教师不愿教文言文,学生不爱学文言文,是目前文言文教学尴尬的处境。沈华的这本书恰好可以打破这样的僵局,从言语形式窥探文言文,就能发现文言文的桃花源,那里"欸乃一声山水绿","别有天地非人间"。沈华曾在他的文章里多次谈及要让学生觉得阅读文言文是很好玩的,是很有趣的。有趣好玩的文言文教学就要回归语文本身,回归言语形式,如此,才能释放文言文的魅力,重建语文的尊严。他讲《与朱元思书》中的炼字,从"直视无碍"中引导学生体会"无碍"里的言语乐趣和思维快感,感受语言背后的温度与厚度,以及人的精神世界。学生从"无碍"中思考人与万物相融,沐浴在自然的山水间,惬意而忘我的生命情态。他讲《爱莲说》中的虚词"而",学生会情不自禁为莲花和君子击节赞赏,仰慕周敦颐的君子之风。这样的语言思维历练和精神熏陶,语文学习不可或缺,因为语文教学最终要聚焦于学习者的人生,提升学生的精神品质,为学生追求诗意的人生打下精神的底色。

沈华的这本书既有理论的探索又有实践的尝试。"理论是灰色的,而实践之树常青。"我从教学一线一路走来,深知教师日常教学工作的烦琐,很多教师容易跪倒在理论的脚下,唯理论马首是瞻。本书以言语形式为立足点,具体而微地阐述文言文言语形式的相关观点和见解,有一定的理论高度,却不故弄玄虚,不以理论粉饰自己。理论的源头活水来自课堂实践,文中的理论都是教学实践思考的结晶。"文言文言语形式聚焦"这一章,每次理论的提出,必然伴随教学案例的论述,文中的教学案例几乎是沈华的课堂教学的真实呈现。由此,足以说明本书不为理论而著,而是根植教学实践之中的理论提纯,其价值就可见一斑了。本书的另一特色,还在于有作者相关的课堂实践探索之旅。著作的最后一章有六个文言文教学的精彩课堂实录,每个课堂实录均由"文本聚焦""课堂实录""观课评语"三部分构成,全面而立体地展现了作者在"回归言语形式"上走过的文言文教学的探索历程。其中有努力,有探寻,有思考,有尝试,有时光的味道,也有追梦者心灵的回响……如此这般,值得一线老师学习并借鉴。

　　一线老师进行理论研究不易,进行系统的理论研究更加困难,沈华在文言文教学上所做的努力和探索是积极而有效的,累有所获,忙有所往,不要停止奔跑,值得期待的只有远方。

　　唯愿沈华的教学研究之路愈走愈宽!

（浙江省教育厅教研室初中语文教研员　章新其）

序 二

我可爱的语文老师

我的语文老师沈老师，是个很可爱的人。

他不介意同学叫他什么绰号，甚至在开学初，便将几个历届学生的"传世佳作"郑重其事地告诉了我们，诸如"华仔"云云。一次在上课时，他大声朗读"我在开花，我在开花"，让"沈花花"这个绰号加冕为王，冠绝群雄。

在沈老师的课堂里学一天，攒下来的笑话足以求生个两三年。

他的板书实在是别具特色。值日生时常忘记擦黑板，他也不介意，随便擦出一块空隙便大笔一挥，笃笃的写字声不由得让人心疼起粉笔和黑板，写下的字迹与其他老师的字共同描绘了风光迥异的大好河山。确切地说，沈老师的大字便占去了半壁江山。他从不注意排版，常常是讲课讲到高潮处，采撷几个词语便记下来，时常辅以各种画，为整片板书注入灵魂。

他上课时嗓音极大，如果他在隔壁上课，那洪亮的嗓音便为广大"听墙根、偷师"之辈谋了极大的福利。在他的课堂上，几乎没人走神，因为声音便"振聋发聩""如雷贯耳"，时不时令人"虎躯一震"。但主要原因还是他的课太好玩了，令人回味无穷。

沈老师的课堂，讲究语言形式与语言内容之间的关系。他常常说："不同的作家表达同一个意思，语言的形式是不同的。比如都说时间过得快，成语就有'白驹过隙''日月如梭'等；而朱自清说时间'洗手的时候，日子从水盆里过去；吃饭的时候，日子从饭碗里过去，默默时，便从凝然的双眼前过去'；孔子说'逝者如斯夫，不舍昼夜'；等等，不一而足。"所以他不会长时间停留在基础字句上，经常会与我们探讨一篇文章中最幽微的、初读时根本不会发现的语言形式细节。

在陶弘景《答谢中书书》中，我们一起探讨"高峰入云"的"入"字，这是再寻常不过的字眼，他却让我们讨论了许久：能否换成其他，例如"插""接"等字？作者为何要用这个字？……而后，我们不知不觉间走入作者想要表达的内容与心境："入"字，好似高峰与云之间是一体的，整句话营造了一种圆融和谐意境，是其他"插""接"等过于有力的字眼所给不了的……最后，我们豁然开朗。

沈老师上课也经常会把玩一些文言虚词，如"耳""哉""矣""也"等，这些词很多人不会留意，但是里面有情味，有意味，有深味。

还记得学习《狼》这篇课文的时候，沈老师带着我们在最后一句上停留了很久，成功地创造了一周语文课全部拖堂的丰功伟绩……不过这不重要，重要的是，这让我们第一次体会到在旁人眼中不重要的文言虚词，竟然有这样大的作用。沈老师先让我们朗读了没有文言虚词的版本："狼黠，而顷刻两毙，禽兽之变诈几何？止增笑。"读的时候便有人窃窃地笑出声来。沈老师也带着坏笑，立马点出那位同学，问道："哎，我改得不好吗？为什么笑？"

那人立马收敛了笑容，答道："有点奇怪。"

"哪儿奇怪了？"

"感觉他话没说完，而且意思变了很多。"

接下来，我们就这个问题展开了深入的探究：蒲松龄写这几个虚词，是随意写下的，还是别有用心？为什么要写这几个虚词？为什么要说狼"亦"黠，作者的意思是屠夫也黠吗？作者真的是笑着写完故事的吗？为何要写"哉"？……因为课堂上实在有太多猝不及防的真知灼见，很遗憾只能说出一二，但那节课给了我很深的印象。

沈老师在文言文的课堂里还带我们一起探索句式和语言节奏之间的关系。

遇到吴均《与朱元思书》中"蝉则千转不穷，猿则百叫无绝"一句时，沈老师又"不顾先辈英灵""篡改"了词句。只见这位"冒天下之大不韪"之徒在PPT上放出了整个段落，随后将这句话改成了"蝉转不穷，猿叫无绝"："嘿，我觉得吴均这句是赘笔，前面都是四字、四字的，这会儿突然变成六字了。诸位看官，你们怎么看？"

教室里先是为被随意篡改心血的先辈好好捶胸顿足了一番，随后蓦地一片寂静。

嘶——这篡改得好像确实有理？但有违"花花居士"一贯作风啊。

我思索了一会，忙举了手："这段话前面都在写山，写树，都是十分宏伟的，所以四字不断叠加，语速加快，给人以气势感，而此处突然改变句式，打破了原来的节奏，乍一看是败笔，却是作者有意为之。一是让没有变化的句式更有生机——此处写的是活物，怎么能呆板呢？二是作者延长了这两句话的节奏，给人以一种绵延无绝的感觉，与蝉、猿叫声的绵亘形成对照，更给人以悠长的韵味。"

沈老师点了点头，变脸似的卸下了脸上的坏笑，鼓起了掌。

沈老师的掌声是很响亮的，且富有节奏感，十分纯粹，就像他的声音一样，就像他的课一样。

我喜欢上沈老师的课。

如果说有些人的心底，是终年不开化的塞北之地，雪虐风饕。与那些强横又脆弱的冰川碰撞时，随时便能地动山摇一番。因此地下即便藏着温泉，也丝毫不动声色。

那么，沈老师的心底，便是柔软的森林和草场，有溪流潺潺而过，清脆悦耳，花香弥漫。风裹挟着漫山遍野的喜悦，使自己和别人都能嗅到。

（杭州市文澜中学2018级学生　郏禹翰）

序　三

怀念沈老师的语文课

离开沈老师的语文课已经六年了,离开他摇头晃脑带着大家诵读诗文的时间也已经六年了。但是那些闪光的瞬间并不因此消逝。只要打开书本,书页上的一笔一画,甚至是课堂上开小差画的妖魔鬼怪,又会自告奋勇地带你沿着记忆的河道溯流而上。

在沈老师的语文课上,我总觉得每一篇文言文都是一方待垦之地,锄头掘地越深,收获越多。地底的泉水或化作涓涓细流滋润土地,或在厚积之后喷涌而出;深埋的种子也随之逐渐生长,叶脉舒展。当与留传千百年的文字相向而坐,品尝迁客骚人的诗文之时,对于文脉起伏,对于遣词造句,我们总有疑问。在求解的路上,沈老师总是引导大家回到那些天才留给后来者的文字中,从最本真的地方寻找答案。我们的感触也许相同,也许迥异,我们的理解也许正中参考书注解,也许尚未有人提及,但是沈老师鲜论对错,总是微笑着鼓励大家发言。无论这篇文章多么艰涩难懂,到最后我们总是伴着下课铃声恋恋不舍地结束讨论,甚至在课后还因为观点不同吵上个三五分钟。这份鼓励到今天还伴随着我们,在求知的道路上越走越远。

回到本文。在解读现代文的时候,我们往往会从文体的角度来初步分析这篇文章的写作目的。对于文言文来说也是如此,而且愈加明显。每一篇文言文都有着独一无二的形式特色。"信""表""说"等不同文体承载着不同的功能与目的;即使同为书信,寄给妻子的家书与写给朋友的手札也携带着不同的色彩。在亲昵程度上,在情感的收放尺度上,心与心之间是不一样的。在反复品读与吟诵之后,没有人会否认每一篇文言文都散发着独特的气韵与魅力。这样想来,沈老师的文言文课就像时光旅行,他带领我们联系时代背景和作者的人生境遇，而后踮起脚尖走进时光机里，从大小官员、诗人侠客，甚至是时代的小人物身上，品味春秋的阳谋，感悟六朝的风雅，体会盛唐的大气。脱离那样的境界之后，我总会有一种恨生不同时的怅然若失之感。通过这些留传下来的文字，亲身穿梭于千年的文化殿堂和历史潮流之中，我们能够体悟到小说、电影、电视剧或他人的讲述所不能给予的独特内涵。

沈老师的古文课里，通过分析文言形式来解读内容的情况有很多。举一微观层面之例，人教版七年级上册的第一篇文言文《童趣》，倒数第二段："余常于土墙凹凸处，花台小草丛杂处，蹲其身，使与台齐；定神细视，以丛草为林，以虫蚁为兽，以土砾凸者为丘、凹者为壑，神游其中，怡然自得。"与《桃花源记》中村人"见渔人，乃大惊"一段类似，二者都用了省略，却表达出不一样的效果。《桃花源记》这段沈老师在书中已经讲解得很详细，我不再赘述；《童趣》这一段虽然段落不长，但是同样只用了一个"余"。如果每个句子句首都增添一个"余"字，整段描述会变得繁复，而且再也没有那种通过连续短句来表达神游其中的畅快感。

再读《〈世说新语〉两则》，我总觉得谢道韫那"未若"二字的傲气与公"大笑"的回应，联合看来甚为玄妙。将文末的那一句看似捎带的身份介绍，与前文的才华横溢两相对照，联系谢道韫后来令人惋惜的境遇来看，魏晋风度之下才女的潇洒、傲气令人惋惜。"乐"的背后，也许有谢公惜才叹命之感。有时候，不需要过多的文字，只言片语即能扣人心弦。

将留白艺术、布局安排运用到极致的，比如《口技》，开篇即言："京中有善口技者。"开门见山的写法并不罕见，但是如何将读者的兴趣维持下去，作者用心巧妙。全篇围绕这个"善"字展开描写。从布局来说，九成文字都在描写口技本身，对于屏障中的设施描写甚少。从小处说，四个"一"甚为简单。"一桌、一椅、一扇、一抚尺而已"，初读时没有什么特别的感觉，但是首尾呼应之后，"善"尤为凸显。另外，在描写声音的时候，作者对于声音的呈现做了精心安排。由远到近，由外到内，由小到大，先分后合，不但把文中人的心紧紧攥住，连文外之人也不禁开始想象现场效果，真可谓"妙绝"。从语言的安排出发，将原本就甚善的口技，通过对比、数量词和文章布局，推到了"绝"的地步。文章就在"一桌、一椅、一扇、一抚尺而已"之处戛然而止，留给读者无限韵味。

留白的艺术在《山海经》的选文中更为突出。《夸父逐日》全文短短37字便讲述了夸父逐日、身死、化林的全过程,甚为吝惜笔墨,处处留白。夸父为何逐日? 逐日路上的千难万苦如何跨越? 夸父死前并无言语,只身化为邓林,这是为何? 从神话、成书的背景等不同的角度来分析,这些留白有不同的意义。

以上这些,有些是沈老师在课堂上拎出来让我们分析的,有些则是我自己私下琢磨后感觉趣味无穷的,但这只是沈老师和我们一起体会过的文字的极小部分。由于本人的课本大部分已经贡献给弟妹使用且难寻踪迹,只能凭借脑海中零散的回忆聊聊自己浅薄的见解。但是我相信,翻开九班(不知道沈老师是否还在教九班)任何一位同学的语文课本,白纸黑字中都会有数不尽的惊喜。

文言文的世界里有无数的门等待我们推开,借助沈老师提供的这把"形式"的钥匙,门后更有大千世界待你我探究。

真希望再回到沈老师的语文课上做一回学生!

(北京大学国际关系学院2018级学生　吴艺哲)

目 录
CONTENTS

第 一 章
文言文教学的乱象与回归

　　诗人余光中先生认为,文言文是中华几千年文化的载体,是延续了我国几千年来的思想文化的结晶,是民族的记忆。文言文体现了中华民族的智慧、文化和精神。

　　"文化是民族的血脉,是人民的精神家园。文化自信是更基本、更深层、更持久的力量。"①文言文作品中蕴含着中国人历来主张的讲仁爱、重民本、守诚信、崇正义、尚和合、求大同等思想文化理念。阅读文言文可以积累语言词汇,习得古人的言语智慧,培养学生的古典文学底蕴,丰富学生的精神文化内涵,可以在学生的内心播下传统文化的种子。文言文教学的重要性不言而喻。

　　然而,当前的文言文教学现状不容乐观。一方面,教师受限于文言文教学的理论素养,对文言文存在肤浅的认识;另一方面,文言文教学实践探求上的力度、广度、深度也不足:文言文教学面临理论与实践的两难困境。因此,钱梦龙先生在《文言文教学改革刍议》中满怀忧戚地说:"文言文教学是语文教学改革的一个'死角',即使在语文教学改革很红火的年代,文言文教学这块'世袭领地'上仍然是一派'春风不度玉门关'的景象。"②

　　近年来,尽管不少有识之士专注于文言文教学的研究,致力于文言文教学改革的教师也在课堂里积极探索实践,但是文言文教学的春天尚未到来,文言文教学依然困境重重。在这样的背景下,我们很有必要寻求文言文教学的突围之道,深入思考文言文的文体性质,关注"这一篇"文言文的文本特质,重视文言文教学的理论研究与实践探索。

---

① 中共中央办公厅、国务院办公厅《关于实施中华优秀传统文化传承发展工程的意见》.
② 钱梦龙.文言文教学改革刍议[J].中学语文教学,1997(4).

第一节　文言文与文言文教学

语言有口语与书面语之分。古人的口语不可能保留至今,它只能从古人流传的典籍中反映出来。文言文是脱离现代口语的书面语言,白话文是以现代口语为基础形成的书面语言。张中行先生对文言与白话有过界定:"文言,意思是只见于文而不口说的语言。白话,白是说,话是所说,总的意思是口说的语言。"① 吕叔湘先生认为:"什么叫文言?文言和语体的区别,若是我们要找一个简单的标准,可以说:能用耳朵听得懂的是语体,非用眼睛看不能懂的是文言。"②他还说:在各式各样的文言中,可以提出一种可称之为"正统文言",就是见之于晚周两汉的哲学家和历史学家的著作,以及唐宋以来模仿他们的所谓古文家的文章。王力先生在《〈古代汉语〉绪论》中则这样定义文言文:"以先秦口语为基础而形成的上古汉语书面语言,以及后来历代作家仿古的作品中的语言。"如此看来,文言文的概念确实很难界定,正如张中行先生所说:"文言就属于这类事物,它指什么,具有什么性质,好像都清清楚楚,可是想用一两句话说明它,也就是给它下个定义,却很不容易。"③但是,我们还是能够从整体上对文言文做出相对合理的解释。所谓文言文,是与白话文相对而言的,"文言"是指以先秦汉语为基础形成的古代汉语书面语,以"文言"这种古代书面语写成的文章叫作"文言文",包括先秦时期的作品和后世历代文人模仿先秦书面语写成的作品。从文体形式看,"古文"就是散体文,所以又有"古典散文""古代散文"的名称。包含载道、明道的思想内容,这是文言文的特征。④

---

① 张中行.文言和白话[M].哈尔滨:黑龙江人民出版社,1988.
② 吕叔湘.吕叔湘论语文教学[C].济南:山东教育出版社,1987.
③ 张中行.怎样学习文言文[M].北京:中华书局,2017.
④ 陈晓芬.中国古典散文理论史[M].上海:华东师范大学出版社,2010.

"文言文"一般指古代诗、词、曲、小说以外的各种体裁的文章,主要包括散体文、赋与骈文等。文言文的范围极为广泛,比如先秦两汉的典籍,六朝以后模仿先秦两汉的作品而写成的古文,如我们耳熟能详的唐宋八大家中的韩愈、柳宗元、欧阳修、苏轼、王安石等人的作品,清代蒲松龄的《聊斋志异》等都是文言文。但是,因为古白话与现代汉语十分接近,差异性很小,所以不属于文言文的范畴,也不是文言文的教学和研究对象,比如初中教材中的演义小说、长篇章回体小说等,如《水浒传》《三国演义》《西游记》,还有清代耀眼的"双子星座"——《儒林外史》《红楼梦》。

初中教材中的文言文多以寓言故事、笔记小说、记游散文,先秦诸子作品、唐宋名篇、史传类作品等为主,尤指文言经典作品和古典文学作品。文言经典作品是"指那些叙事有曲折,说理显思辨,措辞用句有典型性和积累价值,表意有哲理,是文言'官话'而非文言白话,是书面语和非口头语的作品"①。如初中统编版教材中《穿井得一人》《愚公移山》《河中石兽》《〈世说新语〉二则》《狼》《三峡》《〈论语〉十二章》《邹忌讽齐王纳谏》《曹刿论战》《记承天寺夜游》《周亚夫军细柳》等。古代文学作品主要指"古代文人记述个人经历、抒发自己性情的文章"②,如初中统编版教材中柳宗元的《小石潭记》、范仲淹的《岳阳楼记》、欧阳修的《醉翁亭记》、张岱的《湖心亭看雪》等。

随着语文课程改革的发展与深化,传统文化的理解与传承,文言文教学越来越为人所重视。韩军老师主张:"白话、文言,各占半壁江山,适度加大中小学阶段文言的课文比例,而且是小学、初中、高中循序渐进地增加,至高中阶段在课文篇目数量上应当略高于50%。"③从原先的初中人教版教材到如今的初中统编版教材,文言文在教材选文中的比重十分突出。初中每册教材不仅都选编文言文,而且除七年级外,其他年级均安排独立的文言文单元。

从课程层面和教材地位突出文言文阅读的重要性来看,并不能说明文言文教学就可以一马平川。事实上,中学文言文教学充满了各种困境。因为文言之难,难在字词句。文言文作品中有很多古用而今不用的词,这是读文言作品的一个难点。文言典籍中,古今意义不同的词,所用的意义一定是古的,

---

① ② 章新其.语文命题技术研究[M].杭州:浙江教育出版社,2017.
③ 韩军.韩军与新语文教育[M].北京:北京师范大学出版社,2006.

比如：

一鼓作气，再而衰，三而竭。(左丘明《曹刿论战》)

句中的"再"，古指"第二次"，今可以指第一次以后的许多次，读文言作品不能不重视这种古今异义的现象。

文言文里还有大量单音词，与现代汉语相比这一特点十分突出，可以使"句子偏短，显得精炼，更是从这里来的。说起句子短，我们不能不想到守严格格律的诗词，如果不是单音词多，像'远芳侵古道，晴翠接荒城'（白居易《赋得古原草送别》）……这样字少意繁的句子，写出来是很难的"①。但是，单音词的使用又造成了文言理解上的障碍，比如：

尔辈不能究物理。(纪昀《河中石兽》)

句中的单音词"究"就要解释为"研究、探求"，如此才能更好地理解句意。

文言文的词语用法也相当灵活，比如有不少词语兼有名词和动词两种用法，比如：

既出，得其船，便扶向路，处处志之。

太守即遣人随其往，寻向所志，遂迷，不复得路。(陶渊明《桃花源记》)

两句中的"志"，前者解释为动词，"做标记"；后者理解为名词，"标记"。

文言文词汇中还有使动、意动之类的用法，例如：

无丝竹之乱耳，无案牍之劳形。(刘禹锡《陋室铭》)

句中的"乱"和"劳"分别释义为"使……扰乱"和"使……劳累"。

名词作状语用，也是文言词汇的另一特点，柳宗元的《小石潭记》里有：

其岸势犬牙差互，不可知其源。

"犬牙"，像狗的牙齿一样，名词作状语用。蒲松龄《狼》中也有典型一例：

其一犬坐于前。

"犬"，像狗一样，名词用作状语。

学习文言文，如果不知文言文词汇的各种用法，就很容易望而却步。除字词外，文言文在句子组织方面也有自身的特点。张中行先生将其分为八个方面：形体简短、整齐句式多、判断句的表示法、句中的主谓关系多用偏正形式表示、宾语前置的规格、状语和补语的位置、省略较多、容许变格。②以文言

---

①② 张中行.怎样学习文言文[M].北京:中华书局,2017.

文文句省略为例来做简单说明,比如:

> 余幼时即嗜学,家贫,(　　)无从致书以观,(　　)每假借于藏书之家,(　　)手自笔录,(　　)计日以还。天大寒,砚冰坚,(　　)手指不可屈伸,(　　)弗之怠。(　　)录毕,(　　)走送之,(　　)不敢稍逾约。(宋濂《送东阳马生序》)

上述例句中都省略了"余",既有一个句子里面的省略,也包括不同句子之间的省略。文言文省略现象让文言文变得短小精悍,言简义丰,但也造成了文意理解上的困难,增加了文言文学习的难度。

从篇章来看,文言文中所记载的典章制度、天文地理、民俗风情等具体文化内容,以及文言文所传达的中国古代仁人贤士的情意与思想等,都是文言文教学中不可回避的内容,学生因为历史文化的欠缺而无法正确与深入理解文言的所指。所以周振甫先生提出学习文言要做到"立体的懂"。不只是对字、词、句的平面的懂,而是对其内涵的立体的把握,是一种贯通的懂。"立体的懂"与"点线的懂"和"平面的懂"相对,在文言文教学上,要警惕"逐字逐句文白对译"的方式,要从文言文和文言文选文特点出发去选择合适的教学策略,要认清文言文教学的目的与意义。

王尚文先生说过:"我们学习课文就是为了学习怎样运用语言文字,也就是怎样创造美好的语文品质,而主要不是课文说了些什么,所说有何意义等等。"[1]文言文教学也要着眼于培养学生感受和欣赏语言的能力,在具体的教学过程中,要紧紧抓住文言的"缰绳",回归文言本身,由文言的门径入文学的殿堂和文化的根基。"语文课程肩负着培育文学、文化素养的重任;而文学、文化素养在语文课程中有特定的所指,它以确指的'定篇'存现。"[2]文言文选文是以"定篇"的身份进入语文教科书的,是语文课程内容的一部分,文言文教学以文学的方式来让学生对中国古代文化有所了解,以此提高学生的文学素养、文化素养,"这就决定了教师在从事文言文教学的时候,要更注意对学生进行文学的熏陶,更注重审美体验,而不是简单的语言积累和训练"[3]。

那么,文言文教学的目的是什么?

① 王尚文.语文品质谈[M].上海:华东师范大学出版社,2018.
② 王荣生.语文科课程论基础[M].上海:上海教育出版社,2003.
③ 郑乔力.中国文言文教学的现代转型[M].北京:国家行政学院出版社,2013.

20世纪80年代，著名语言学家吕叔湘提出，文言文教学的目的不外三个：一是培养阅读文言的能力，使学生能自由阅读历代文献，做学习和研究的工具；二是接受文学遗产；三是了解现代文中的文言成分。①著名语言学家张志公先生在不同的场合反复呼吁："必须把握文言文教学的目的，也就是我们指望文言文为我们下一代解决什么问题，它能够解决什么问题，进一步搞清楚。这里同样要看到今天，想到未来。文言文的处理，要有更合理的办法。"②文言文教学之于当下和未来，能解决的问题，也就是朱自清所说的"因为我们过去的典籍，我们阅读它，研究它，可以得到古代的学术思想，了解古代的生活状况，这便是中国人对于中国历史认识的任务"③。此中的意思说明阅读文言文，是与过去的典籍对话，浸润在传统文化之中，因此文言文的教学不仅仅要攀越字、词、句的藩篱，更要在真正"读懂"文言文的同时，建立起一种与古人相通的思维方式，从而深入传统，在运用语言的同时理解和传承传统文化，因为"经典的价值不在于实用，在于文化"。

倪文锦教授指出，经典之所以为经典，是因为：它以独特的无与伦比的方式触及、思考和表达了人类生存的基本问题，其深度和广度为后世难以超越，对人类具有永久的魅力。学习经典，并不在于保证它的真理性或实用性，而在于它是人类精神文明的结晶和体现。经典是文化之母。文化的继承和发展，只能从阅读经典开始。④刘梦溪提出，当今文化传统的承续与重建，有三条途径比较行之有效。第一是文本经典的阅读，第二是文化典范的熏陶，第三是礼仪文化的熏习。⑤由此可见，文言文教学理应在这方面有所作为。文言文教学应该批判地继承和发扬我们中华民族源远流长的语文教育传统，离开这一条，文言文教学效果就不会理想，甚至可能会"岌岌乎殆哉"。传统的真正落脚点是在"未来"而不是在"过去"。⑥文言文教学要领着学生怀着谦卑的心态走进经典，触摸经典，汲取力量，反思生活和生命，又要不断地将学生的目光引向未来，"在过去这块既定的地基上来构筑未来的大厦"，这正是不

① 吕叔湘.吕叔湘语文教育论集[M].济南:山东教育出版社,1987.
② 张志公.张志公自选集:上册[M].北京:北京大学出版社,1998.
③ 朱自清.朱自清语文教学经验[M].北京:教育科学出版社,2007.
④ 钱吕明.关于文言文有效教学内容的哲学追问[J].教研天地,2008.
⑤ 刘梦溪.当代中国与传统文化[J].精神文明导刊,2012.
⑥ 甘阳.古今中西之争[M].北京:生活·读书·新知三联书店,2006.

断地返回于最本真的"过去"。

"没有文言,我们找不到回家的路。"①文言文作为中华民族特有的语言,是我们心灵的归宿和精神栖息的家园,因为文言经典背后站立的是几千年中华文化的精髓。郑国民说:"从文言文到白话文是语文教学现代化的历程,因为经过这次变革,文言文教学已不再是传统意义上的文言文教学了,它开始走上了现代化之路。相对于传统的语文教学,现在的文言文教学从教学目的、内容,到方法都发生了变化。"②

第二节　文言文教学乱象丛生

"一怕文言文,二怕写作文,三怕周树人。"这是在中学校园里流行的顺口溜,揭示了目前中学语文教学的现状,不由得引发一线教师的思考:作为中国传统文化重要组成部分的文言文竟然成了学生惧怕的祸首。文言文成为"凶神恶煞",中学文言文教学难辞其咎。

文言文教学的目的"云里雾里",文言文教学的思维"根深蒂固",文言文教学的课堂"顽固不化"。教师或陷于文白翻译的泥淖,"不敢越言一步",或纵情于文的讲解,"离言万里"。教师教得无味,学生学得乏味,师生煞费气力,却"愁从双脸生"。

文言文教学困难重重,乱象丛生,具体而言主要表现在以下几个方面:

文言文教学的目的和内容迷失。尽管语文课程标准明确了文言文教学的目标和内容,但是在教学实践中教师仍然"迷惑而无所知",很多教师并不清楚文言文教学的基本内涵,或者说不了解语文学科"工具性和人文性统一"的特征在文言文教学中应该怎样体现,往往将文本理解作为文言文教学的目的,教授柳宗元的《小石潭记》就是为了让学生明白这是柳宗元的贬官之作,

---

① 韩军.韩军与新语文教育[M].北京:北京师范大学出版社,2006.

② 郑国民.从文言教学到白话文教学——我国近代语文教育的变革历程[M].北京:北京师范大学出版社,2005.

文章充满了忧伤情怀,所以课堂最终要让学生理解柳宗元"借山水之景,排遣失意之情"。这样的教学,只是为了让学生理解文意,翻译成了课堂的主要任务,却无视培养学生阅读文言文的能力这一目的。黄厚江老师说:"对文言文教学目的不全面的理解,导致文言文教学仅仅关注语言的理解即完成由文言到白话的转换而对古代汉语独有的语言魅力,学习古代汉语对提高语言素养的价值,文言文中强烈的文学因素、文化因素都极为漠视,重视的就是所谓的文言积累。"①

文言文教学僵化为语言文字课。因为文言文的历史性与距离感,学生在语言理解上存在障碍与隔膜,教师热衷于"句句翻译,字字落实",文言课堂变成了机械的语言文字翻译课。文言能译成白话吗?"文言文与白话文根本就不是两套语言系统,所谓文言翻成白话,其实只是语句的自我解释与复述。翻译,是在两种语言系统之间寻求对等关系。"②教师讲解文言字词和文言语法规则,学生翻译文言字词,一节课除了实词与虚词,别无他物,师生视文言为拦路巨石,"移石"成为教学的核心。在师生的眼里,文言文中的一字一句俨如一块块顽石,冰冷无情,"移石"的路上无暇流连,身心憔悴,一路行来有负重之苦而无阅读之趣。文言的咀嚼、文本的意义、作者的情怀则成了教学的点缀。因此钱梦龙先生感慨:"文言文事实上已经不再是饱含思想感情的'文',即便是千古传诵的名篇佳作,无论'韩海''苏潮',一到语文课上,都只是一组组按刻板的语法规则组合起来的实词和虚词而已,再也激不起丝毫感情的波澜。文言文教学对师生双方来说,都成了一件最索然无味,但为了应考又不得不忍受的苦事。"

文言文教学混同为现代文教学。"我们教文言文的时候,不是教我们的学生去学古代的那些辞藻,学文言文,学古文,学它的辞藻,这是错误的。我们学古文,要学它的文风,学它的文气,就是看人家写文章怎样写,开始怎么写,中间怎么写,最后怎么收的。"③王力先生的话给我们的文言文教学带来了思考和启发,但"不是教我们的学生去学古代的那些辞藻",并不是说可以无视文言,绕开文言,更不能把文言文教学同现代文教学摆在同一位置上,将现代

---

① 黄厚江.文言文该怎样教[J].语文学习,2006(4).

② 郑乔力.中国文言文教学的现代转型[M].北京:国家行政学院出版社,2013.

③ 王力.力论语文教育[M].郑州:河南教育出版社,1996.

文的教学方法搬进文言文教学之中,依照现代文教学的路子,理解内容,分析文意,提炼主旨,等等。这样的课堂披着"文学鉴赏"的外衣,实则是架空文言的课程,文言文之味被人为阉割和戕害,教师无法从"言"中把玩文言之"味",学生就无从感受文言之妙。例如教学欧阳修的《醉翁亭记》,只在文言字词上匆匆流过,便急于在课堂内探讨欧阳修的政治理想、志趣抱负。这样的教学是走到了"文言之外",也就走到了"语文"之外,正所谓"把文言文上成了现代文,把语文上成了非语文"。这样的文言文教学丢失了文言所承载的丰富内涵,致使文孤立于言外,或言游离于文内。言与文无法和谐相融,学生无法在文言文阅读中感受古典文学的魅力与传统文化的精华。

文言文教学"言"与"文"相隔。上述文言文教学过度重视"言"或"文","言文"关系厚此薄彼,甚至走向极端,这引起了教师的广泛关注,在教学实践中教师已开始思考如何平衡"言"与"文"的关系。但值得注意的是,在很多文言文课堂里教师简单地用"1+1"的模式,即"言+文"的模式来处理文言文,先梳理文言字词句,然后再分析文章,探究文意,体察文化内涵。比如教学范仲淹的《岳阳楼记》,第一课时上来就逐字逐句翻译文章,从实词到虚词,从定语后置句到宾语前置句,教师讲解,学生记录。第二课时就探讨范仲淹的儒家理想——"一心为国、为民""一心忧君、忧民"。文言文教学离不开对"文"的触摸、观照、研讨、反思……文言文之所以能够生长并经久不衰,是因为它的文学和文化价值。孔子说:"言之无文,行而不远。"文言文是有"文"的,所以能够行远。上面《岳阳楼记》的教学看上去虽然是"文""言"都兼顾了,但是这个"文"却不是从"言"的内在生发出来的,离开"言"的文是空中楼阁,"文之无言,不足为文","言"与"文"的关系,犹如植物开花与结果的关系,"言"中孕育"文","言"中生长"文"。处理文言文教学中的"文""言"关系,既不能将它们割裂开来,也不能简单机械地将它们理解为"文+言"的关系,而是要在"文""言"和谐相融、相生相伴中实现当下中学文言文的教学价值。

文言文教学内容选择受制于中考。目前的语文教学与考试有着千丝万缕的联系,而中考作为重要的评价手段,对课堂教学起着导向作用。中考文言文的考查方式与内容直接决定了文言文教学内容的选择。正因为如此,"考什么"就"教什么"成了不少文言文课堂的选择,比如从文言文实词的解释、虚词的用法到句子的翻译、断句等,这些都成了教师教学文言文的抓手。

中考的考查方式束缚了文言文教学的手脚,文言文教学始终在字词句的理解上徘徊不前,最终陷入"死于章句"的泥淖。何为"死于章句"呢? 冯友兰先生认为:"章句是从汉朝以来的一种注解的名称。先秦的书是一连串写下来的,既不分章,又无断句。分章断句,都需要老师的口授。分章断句之中,也表现了老师对书的理解,因此,章句也成为一种注解的名称。"①章句之学,"实际上是一种以分章析句为基础的经学阐释体系,其内容包括分析篇章结构、解释字词名物、疏通串讲文句、阐发经文义理等"②。按理,文言文教学不可能有"死于章句"之说,加上目前中学语文教师所具有的文言文理论素养,也根本不可能"死于章句"。所以,"死于章句"是指文言文教学迷失在字词句的狭小天地里,纠结于字词句的解释与翻译,殷秀德老师说这样做是"指孤立地从文本中挑出字词来解释、来记忆,不见文章、文学、文化,或者说,更多的是把文言文当作孤立的'语言材料'处理,而不是当作活生生的'作品'来教学"③。中考的教学评价与导向直接将文言文教学牵引到了重字词句解释而"死于章句"的地步,文言文教学的积弊久矣,教师过于注重字词句的翻译、练习和检测,无视字词句所承载的文学味和文化味,导致学生对文言背后的文化内涵知之甚少。所以有人认为除了考试,学生根本感受不到学习文言文的价值与意义。在以考导教的课堂里,只是将文言视为单纯的结构单位,比如一篇节选自全祖望《亭林先生神道表》中的文字:

> 凡先生之游,以二马三骡,载书自随。所至厄塞,即呼老兵退卒,询其曲折;或与平日所闻不合,则即坊肆中发书而对勘之。或径行平原大野,无足留意,则于鞍上默诵诸经注疏;偶有遗忘,则即坊肆中发书而熟复之。

在中考思维影响下的命题与教学重在关注字词的翻译,比如对"无足""曲折""即""发"等词的解释与"偶有遗忘,则即坊肆中发书而熟复之"等句子的翻译,却忽略了文言本身蕴含的文化本性,哪怕看似无足轻重的文言虚词,其里也可能有"万丈的文化光芒"。比如上述文选中,连续用三个"则"字就有无限的趣味,如果能从三个"则"中推求亭林先生顾炎武好学不倦、尊重知识、

① 冯友兰.中国哲学史史料学初稿[M].上海:上海人民出版社,1962.
② 吴承学,何诗梅.从章句之学到文章之学[J].文学评论,2008(5).
③ 殷秀德.浸润于新鲜体验之中——初中文言文"陌生化"教学实践与探索[M].上海:上海教学出版社,2017.

实事求是的品质和精神,这样的文言文命题与教学就别有一番滋味。

文言文教学学习活动单一。文言文阅读不受学生待见,文言文教学低效无趣,一方面源于教师对文言文存在认识上的误区,另一方面是因为文言文课堂单一的教学形式。

关于"文言文课堂中老师组织的主要学习活动"的调查,其结果如表1-1所示。

表1-1 文言文课堂中老师组织的主要学习活动调查结果

老师讲解字词, 学生听记解释	老师提问, 学生回答	各种形式 的朗读	读写结合	在文言留白处展 开想象,交流讨论
33.51%	22.77%	15.18%	19.12%	9.42%

调查结果并不出人意料。文言文教学还停留在以"以讲代学"或"师问生答"为主的单调的教学形态中,"多少年来,基本的教学模式始终是老师逐字逐句串讲,加上一点古汉语知识的介绍;学生则忙于记词义、记译文"。①教师领着学生疏通字词,学生听记释义,记得不亦乐乎;也会抛出几个问题,学生想一想,议一议,说一说,课堂教学就此结束。多数课堂里,教师往往先疏通字句,后讲解文章,将文言文混同于现代文;或者随文讲读,"如果随文讲读,又觉得时时隔断了文气,也讲不出味道,更遑论学生兴趣的寡淡以及相关知识、能力的缺乏"②。文言文教学几乎成了"读读、背背、译译、记记"千篇一律的模式,在字词句篇的翻译、落实中,文言文变成了文言碎片和语言符号。"作品中那些'千锤百炼的语言''斐然可观的文采''匠心独运的章法'都被刻板的虚词、实词、句式所取代,课堂上没有一丝感情的波澜。"③在这样的文言文课堂里,只有单调的教学活动,比如串讲、提问等,而缺少了丰富的学习活动。《义务教育语文课程标准(2011年版)》指出,"语文课程是一门学习语言文字运用的综合性、实践性课程",语文课程"应着重培养学生的语文实践能力",同时认为"培养这种能力的主要途径也应是语文实践"。语文实践的有效途径就是让学生进行各种语文学习活动,在学习活动中进行自主、合作、探究式

---

① 钱梦龙.文言文教学改革刍议[J].中学语文教学,1997(4).
② 王意如.文言文教学的概念、目标和路径探析[J].语文建设,2017(3).
③ 桑苗.在语文活动中学习文言文[J].基础教育课程,2017(22).

学习,教师要创设各种学习活动,通过学习活动使学生获得"语言的建构与运用、思维的发展与提升、审美的鉴赏与创造、文化的理解与传承"。单一读记背的学习活动,很难将语言、思维、审美、文化等素养表现出来,也很难凸显文言文"文言、文章、文学、文化"一体四面的特征,而只有基于文言文学习目标,立足文言文文体特征,尊重"这一篇"文言文个性,才能创设合理有效的语文学习活动,学生才有可能沉入文言文学习的氛围,亲近文言,融入文言,感悟文言,沐浴文化,提高文言文阅读能力,提升文言文的欣赏品位和审美趣味,从而清除与文言文的芥蒂,消除与文言文的隔阂。王宁教授提出:"语文核心素养是学生在积极主动的语言实践活动中构建起来,并在真实的语言运用情境中表现出来的个体言语经验和言语品质。"[①]文言文教学中,教师要自觉创造条件,创设情境,鼓励"学生在积极主动的语言实践活动"中丰富言语经验,获得语言能力,掌握思维方法,提升思维品质。

文言文教学忽视"这一篇"文本的特质。阅读教学要观照文本的类性,即文本的类型,要引导学生"知类":知这一类文本的特征,知这一类文本的读法。文言文作为阅读教学的一部分,在教学中同样要让学生学会自主阅读这一类文本的方法和路径,能够举一反三。在文言文教学中,我们都知道"文言、文章、文学和文化一体四面,相辅相成",文言文教学既不能重言轻文,也不能有文无言,言文和谐相融相生是最美好的境界。但是,现实的境况是,不同篇章的文言文教学追求十分相似,选择同类又同篇的教学方法的现象比比皆是,比如韩愈的《马说》,范仲淹的《岳阳楼记》,欧阳修的《醉翁亭记》,教学中无一例外都会知人论世,从文言的学习走向文化的观照,探讨韩愈、范仲淹、欧阳修等仁人贤士的情意与思想,而这种探讨往往流于为文本贴上"文化标签"的形式,所谓文化的传承与反思,并非从"这一篇"文本中自然生长出来的。作为唐代古文运动旗手的韩愈,写文章"不平则鸣",《马说》中迎面而来一股"不平之气",韩愈的精神与风骨字字可见,但是我们的教学却往往离开《马说》"这一篇"的文本特征,即韩愈运用大量否定句表达内心的不平之气。《马说》中有十三个否定句,除了用"不"字表否定外,还有"天下无马"和"其真无马邪"两句。大量否定句的运用,可以使文章呈现出一唱三叹的滋味和意

---

① 王宁.语文核心素养与语文课程的特质[J].中学语文教学,2016(11).

境。林纾说："通篇用'不知'字,有千钧之力。"①所以,《马说》的教学就应突出文本的个性,紧扣《马说》的文本特点——以否定句传达不平之音,以否定句表现韩愈的精神风骨。这样的文言文教学既兼顾了文本的类性,又抓住了文本的篇性,即文本的个性。不同文本的篇性如同人的个性一般,既复杂,又独特,阅读教学时,关键在于要读出"这一篇"文本的特性,把握"这一篇"的与众不同之处,突出文本的个性和脾性。同样,在欧阳修《醉翁亭记》的教学上,也要重视"这一篇"与其他文言文的差异之处,所有忽视或无视"这一篇"文言文的教学都很难走进文本的深处,走入作者心灵的深处,也就很难做到言文合一。"《醉翁亭记》这篇文章的句法奇妙,还得力于每句结尾都用了一个'也'字。这本是一个虚词,没有太多具体的意义,但在这里却非常重要,重要到必须使用在整篇文章从头到尾的每一句中。"②《醉翁亭记》全文21个句子,每个句子均以"也"字收尾,以"也"字结尾,使得句式整齐又富于变化,朗读起来摇曳生姿,神采飞扬。更妙之处还在于描绘景物时如画卷平舒,不徐不疾,层层展开,观景者"先是惊异、发现,后是领会";抒发情感时,"也"字中溢满了太守的满足和快乐,如"苍颜白发,颓然乎其间者,太守醉也""太守谓谁?庐陵欧阳修也","也"字所蕴含的自豪、自得、自在、自由之情之趣,实在是令人惊叹③。《醉翁亭记》的教学如果不品读"也"字的妙趣,就走在了"这一篇"之外,那么也就很难体认欧阳修纵情山水,绝非隐逸之士的超然物外和在政治清明、社会安定前提下的与民同乐。

---

① 林纾.古文辞类纂[M].杭州:浙江古籍出版社,1986.
②③ 孙绍振.《醉翁亭记》用了那么多"也"有什么妙处[J].语文建设,2007(6).

第三节　文言文教学追本溯源

一、基于课程标准

文言文教学的目的、内容和方法是什么？

我们首先要回到课程标准的层面来探讨。《义务教育语文课程标准(2011年版)》在"学段目标与内容"中为文言文教学指明了方向："诵读古代诗词，阅读浅易文言文，能借助注释和工具书理解基本内容。注重积累、感悟和运用，提高自己的欣赏品位。"

探讨文言文教学离不开语文课程标准这一教学纲领。课程标准说文言文教学要"注重积累、感悟和运用，提高自己的欣赏品位"。"文言"的学习是文言文教学的基础，文言文教学要注重字词句的理解与积累，离开"文言"，无法获得文学的欣赏，文化的熏陶和涵养，正如朱自清先生所说："我主张大家都用白话作文，但文言必须要读；词汇与成语，风格与技巧，白话都还有借助于文言的地方。"①文言文教学绕不开文言辞藻、句子的学习，只有阅读一定量的文言文，积累一定量的文言字词，才能养成"语言建构"的能力。而"要获得阅读浅易文言文的能力，必须接触感性材料，诵读一定量的文言文。只有熟悉了文言文，才能真正掌握文言文的规律"②。所以文言文教学中文言字词句的积累是学习的起点，也是极为重要的目标之一，所谓"感悟和运用，欣赏品位和审美趣味"，都是在积累过程中文言文学习能力的提高和升华。

《义务教育语文课程标准(2011年版)》指出，"语文课程是一门学习语言文字运用的综合性、实践性课程"，语文课程"应着重培养学生的语文实践能力"，同时认为"培养这种能力的主要途径也应是语文实践"。文言文教学也应准确把握课程性质，抓住课程特点，充分发挥语文学科独特的育人功能。在课堂教学中，教师要随文设计文言文学习活动，在具体的活动情境中，组织

---

① 朱自清.朱自清语文教学经验[M].北京:教育科学出版社,2007.
② 顾振彪.文言文教学的问题与对策[J].课程·教材·教法,2016(5).

学生开展各种形式的言语实践活动,学习文言,积累文言,感悟文言,运用文言,欣赏文言。

王宁教授认为,"语文核心素养是学生在积极主动的语言实践活动中构建起来并在真实的语言运用情境中表现出来的个体言语经验和言语品质"[①],文言文教学要自觉创造条件,创设文言文语言实践活动,在积极主动的语言实践活动中丰富学生的言语经验,提高言语能力,同时掌握思维方法,提升思维品质。

二、立足核心素养

《普通高中语文课程标准(2017年版)》提出了语文核心素养的四个方面,包括"语言建构与运用、思维发展与提升、审美鉴赏与创造、文化传承与理解"。语文核心素养是"学生在语文学习中获得的语言知识与语言能力,思维方法与思维品质,情感、态度与价值观的综合体现",既关注学生的基本语文知识和语文能力,也关注学生综合能力的提升,更关注学生的终身发展。

语文核心素养将"语言建构与运用"放在语文学习最基本的位置,"这不仅突出了语文学习的'语文性',更为重要的是明确了学生只有在理解与运用语言文字的过程中才能提升思维、审美和文化等维度的水平"[②]。文言文教学要重视文言的学习,在各种学习活动情境中让学生积累文言文的字、词、句,才能进入欣赏、审美和创造的层面,因为对文言文的欣赏和审美是对具体文言的感悟、比较、判断和理解。文言文教学,不单是言与文的学习和欣赏、辨析和理解,还要重视学生思维能力的发展与提升,语言是思维的工具,也影响着思维。通过文言文学习,学生运用想象和联想丰富自己对文言作品的感受和理解能力,分析、比较、归纳和概括基本的语言现象,提高语言运用能力和思维的深刻性、灵活性、批判性,这是"思维发展与提升"。文言文教学应将语言材料的阅读置于首位,"并培养学生认识性阅读、批判性阅读和创造性阅读等'三维'阅读能力,使其思维得到切实的训练"[③]。倪文锦教授认为:"语文审美的对象主要是言语作品,这一审美的专门化决定了语文学科独特的美育功

---

① 王宁.语文核心素养与语文课程的特质[J].中学语文教学,2016(11).
② 张旭,韦冬余.基于核心素养的高中文言文学习新探[J].语文建设,2018(6).
③ 杜长明.从核心素养角度看高中文言文教学[J].语文建设,2018(7).

能是以美育人,以文化人。"①文言文教学通过具体的言语作品,在具体的言语实践活动中,分析言语,感悟言语,欣赏和评判言语,从而引导学生积累美,发现美,鉴赏美乃至创造美。

中共中央办公厅、国务院办公厅颁发的《关于实施中华优秀传统文化传承发展工程的意见》指出:"文化是民族的血脉,是人民的精神家园。文化自信是更基本、更深层、更持久的力量。"文言作品中蕴含着中国人历来主张的讲仁爱、重民本、守诚信、崇正义、尚和合、求大同等思想文化理念。中学文言经典篇章多传达中国古代仁人贤士的情意与思想,即所言志,所载道。这是中国传统文化的直接体现,是中学生文言文学习的主要方面。文言文教学就要让学生获得古典化、民族化的文言审美,加深学生对中华优秀传统文化的理解和认同,培养他们古典文学的底蕴,丰富精神文化内涵,让传统文化的种子在学生的内心生根发芽。

三、关注文体特征

文言文有其文体上的独特性,《唐宋八大家丛话》中记载的这个故事很好地体现了这一点:

> 欧阳公在翰林时,常与同院出游。有奔马毙犬,公曰:"试书其一事。"一曰:"有犬卧于通衢,逸马蹄而杀之。"一曰:"有马逸于街衢,卧犬遭之而毙。"公曰:"使子修史,万卷未已也。"曰:"内翰云何?"公曰:"逸马杀犬于道。"相与一笑。

这是典籍中记录的"逸马杀犬于道"的故事,欧阳修记录了在翰林院时与同院出游的过程中,对一件事应如何记载到史书中展开的讨论。这个故事的主要思想是强调语言文字应精简,避免冗杂赘述。这也恰好说明了用语简洁是文言文的特殊性之一。

言简义丰,成了文言文的鲜明标志。阅读文言文要有这样的姿态,如诗人臧克家评价闻一多先生一样"仰之弥高,越高,攀得越起劲;钻之弥坚,越坚,钻得越锲而不舍",方能不错失一言一语。因为在文言文中"每一个文字都是一个无底洞","每一粒文言都是一座语言的矿产",教学文言文时必须

---

① 倪文锦.教学有法,纲举目张——课堂教学落实课标精神之我见[J].语文建设,2016(12).

"处处留心，时时在意"文言的空白，读出文言的"弦外之音""韵外之致"，从一处处文言中读出丰厚的文学和文化的意味，只有这样才能不辜负老祖宗留下来的语言文字。

文言文是中国古代的书面语，这是相对于口头语言而言的。作为古代书面语，文言文具有雅正、庄重的语言特点。所以阅读文言文要注意"措辞雅正、句法骈俪、音律讲究的特色"①。随着对文言文教学认识的深入，我们知道文言文有"文言、文章、文学、文化"一体四面的特征，但是我们却不清楚文言文的"文学"味究竟在何处，"文学性"是否仅仅停留在对现代文一样简单的认识上，如多用描写、善用修辞等。其实不然。因为文言文作为古代的书面语，措辞雅正是其区别于口语的鲜明特色，也就是说文言文的语言要"字斟句酌"，也就是古人所言的炼字炼句，把最合适的字句用在最恰当的位置上，就像福楼拜教导莫泊桑写作："你所表达的，只有一个词是最恰当的，一个动词或者形容词，一定要找到它。"所以说文言文真正的"文学"味，在于推敲字词，斟酌措辞。

古人有"三不朽"之说。《左传·襄公二十四年》记载："太上有立德，其次有立功，其次有立言，虽久不废，此之谓不朽。""立言"，在中国古代知识分子心中的分量很重，因为生命有限，立言能让生命得以死而不朽。历代先贤都把立言看作自己的历史使命。譬如，孔子受困回鲁后编出了《春秋》；屈原被放逐后创作了《离骚》；左丘明失明后才有《国语》的写作；孙膑被砍去了膝盖骨，编著了《孙膑兵法》；吕不韦被贬放到蜀地，有《吕氏春秋》传世；韩非被囚禁在秦国，写出了《说难》《孤愤》等文章；司马迁遭宫刑而写《史记》……古人修身有言，齐家有言，治国有言，平天下有言。由是，古代知识分子把立言视为一项神圣的事业，表达时一般不会"苟且了事"，反而会极为慎重，甚至表现得庄重而崇高。加上所写的内容，必然是他们所思考、关注、在意的，所以我们能从古人的"立言"中体会他们的思想情感，走进作者的内心世界，感知生活境况，体察世态人生，进而"理解和把握文言文的文化内涵和文化价值"②。这要求在"章法考究处、炼字炼句处"，揣摩作者的言志载道。

东坡居士的《琴诗》有言："若言琴上有琴声，放在匣中何不鸣？若言声在

①② 罗晓晖，冯胜兰.文本解读与阅读教学讲谈[M].上海：华东师范大学出版社，2018.

指头上,何不于君指上听?"以此诗来观照文言文,也会引发我们的思考,演奏者要演绎美妙的乐章,需要琴、指头、乐曲以及演奏者的技巧、思想情感诸多方面的综合考量,各个方面互为依存,紧密联系,和谐统一。文言文的教学也是如此,尽管目前我们都在提倡要从"文言、文章、文学、文化"四个层面去认识文言文,但是教学中决不能将其分裂为几个独立的板块,而是要使四个方面和谐统一起来。

四、回归言语形式

在笔者进行的一项"你希望语文老师怎样教文言文"的问卷调查中,有下面几个选项:

A.希望老师围绕考试知识点进行讲解。

B.希望老师给更多时间进行课内外文言文阅读训练。

C.希望老师做适当点拨,以学生自学为主。

D.希望老师在讲本课之前,多讲解背景知识,提高学生对文言文的学习兴趣。

E.希望老师讲出文言字词句的意味和趣味,讲出学生咀嚼不出的味道。

参与调查的是笔者所在学校初二年级的380名学生,五个选项的比例分别是20.12%、6.41%、7.87%、32.07%、33.53%。33.53%的学生希望"老师讲出文言字、词、句的意味和趣味,讲出学生咀嚼不出的味道",这说明学生与文言文这一文体在言语形式上的隔膜,他们很难发现文言文言语形式上的秘密,故而读不出字句的意味和趣味,琢磨不透言语的味道。

王荣生教授说过,其实语文教学很简单,就是要让学生喜欢文本,让学生读懂文本。一篇课文的教学内容,从学生的角度讲,可以归结为三句话:学生不喜欢的,使他喜欢;学生读不懂的,使他读懂;学生读不好的,使他读好。

调查中所显示的学生在文言文学习上的期待与需求,也正是教师要下功夫研究和引导的地方,学生不喜欢、读不懂、读不好的,多数与文言文的言语形式表现有关,歌德说:"内容人人看得见,含义只有有心人得之,形式对于大多数人是一秘密。"文言文这一特殊的文体本身就是多数人不可得知的秘密。在上文的阐述中,我们知道古人崇尚"立言",文言文措辞雅正,表达庄重,所以特定的内容要用特殊的形式来表现。比如,周敦颐的《爱莲说》多用否定句和转折句：

予独爱莲之出淤泥而不染，濯清涟而不妖，中通外直，不蔓不枝，香远益清，亭亭净植，可远观而不可亵玩焉。

莲花生长于淤泥之中，污浊的现实并没有改变莲的本性。否定句与转折句的重叠使用，既突出莲花的特性，也凸显君子卓然独立的个性，拉开了莲花与世俗的距离，"举世皆浊我独清，众人皆醉我独醒"，莲就是挣脱黑暗现实樊篱、遗世独立的君子。当注目具有转折意味的虚词"而"和否定词"不"时，我们会情不自禁地为莲花、为君子击节赞赏，而周敦颐正是这样的君子。

在现实的教学背景下，文言文教学与现代文教学并无二致，文言文教学中篇与篇的教学也大同小异，文言文言语形式的特殊性被遮蔽了，这一篇文言文言语形式的独特性也被忽略了。"每一种文体都有着自己内在的特性和规律。因此，面对不同文体的文本，我们除了关注那些共性的阅读规律之外，还应该将视线集中在文体本身的突出特点上……我们之所以要强调分辨清楚特定文本的文体，其主要目的在于以'文体'为着眼点更好地确定该文本的教学内容。"①

文言文教学中的各种乱象，究其根源主要是教师对文言文这一特殊言语形式的疏离。文言文的文体特征，文言文教学内容的选择，文言文的教学形式，这一篇的文本特性，等等，都要从文言文的言语形式角度去思考。我们知道语文教学"怎么说"比"说什么"更为重要，语文学习要让学生理解怎样的语言意图、语言内容要用怎样的语言形式来表达更为妥当，及至能挥洒自如地运用语言，获得语言的智慧和习得语言的艺术。

子曰："质胜文则野，文胜质则史。文质彬彬，然后君子。"孔子认为："凡人固要质实，也要文采。二者可以相有，而不可以相胜。若专尚质实，胜过乎文，则诚朴有余，华彩不足；若专尚文采，胜过乎质，则外虽可观，而中无实意。"②孔子虽说论及"君子"，"文质"和谐匀称方是君子，读书作文亦复如此。中学教材中的文言文是内容与形式契合一体的经典篇章，也是文质兼美之作。文言文中的文学、文化、文章无不体现在特定的言语形式之中，如童志斌

---

① 毛雪梅.从文体角度看文言文教学内容之争[J].中学语文,2012(9).
② 陈生玺.张居正讲评《论语》[M].上海:上海辞书出版社,2007.

教授所说的,"让我们的文言文阅读与文言文教学回到我们前面讲的文言、文章、文学、文化上,回到我们的语辞世界当中来"①,因为言语主体的思想情感往往受制于言语形式。

纪昀的《河中石兽》里写讲学家和老河兵判断石兽的不同位置时,两人说话的句式有很大的差异:

乃石性坚重,沙性松浮,湮于沙上,渐沉渐深耳。沿河求之,不亦颠乎?

盖石性坚重,沙性松浮,水不能冲石,其反激之力,必于石下迎水处啮沙为坎穴,渐激渐深,至石之半,石必倒掷坎穴中。如是再啮,石又再转,转转不已,遂反溯流逆上矣。

讲学家阐述理由时以四字句为主,而老河兵的句式表达交错变化。言语形式在句式上的差异,表现的是人物形象的不同。用四字句写讲学家,体现其讲话头头是道,给人以博学、睿智之感,故作高深之态。老河兵用语自然,体现其论述恳切,语气笃定,表现其经验丰富、理性稳重。

王尚文先生认为,"内容可以模仿、抄袭、作伪,但其形式却往往烙印着言语主体的精神个性。言语形式是言语主体心灵的眼睛","总之言语形式绝不只是语言技巧的问题,从根本上说更是思想情感的问题"②。

第一章 文言文教学的乱象与回归

---

① 王荣生.文言文教学教什么[M].上海:华东师范大学出版社,2014.
② 王尚文.语文品质谈[M].上海:华东师范大学出版社,2018.

第二章
言语形式与文言文教学

我们知道"语文课程是一门学习语言文字运用的综合性、实践性课程"。培养学生运用语言文字的能力是语文课程的主要任务,所以"只见内容,不见形式"的语文教学,是无法达成这一培养目标的,因为作品运用语言文字的规律,主要体现在言语形式中,"语文教学应通过分析文本中的语言现象,帮助学生发现语言规律,提升语言能力和思维能力,培养学生观察语言和运用语言的敏锐性"[1]。语文学科有别于其他学科的差异性在于它立足于言语形式,言语形式是语文教学的基本内容,语文学科侧重研究教材"怎么说",而其他学科则关注教材"说什么"。语文教学要提高学生对语言的敏感度,培养学生掌握语言文字、运用规律的能力,语文教学必须以言语形式为纲来开展教学活动。

"作家的观察、思想、感受及语言表达,都要受到特殊形式感的制约和分化,主观和客观并非直接发生关系,而是同时与形式发生关系。只有当形式、情感和对象统一为有机结构后才具备形象的功能。"[2]孙绍振教授的话表明了作品内容与形式的关系,作品的言语内容生成丁言语形式,言语形式实现言语内容,阅读教学聚焦作品的言语形式更为关键。

文言文教学作为阅读教学的一部分,聚焦言语形式同样重要,教学中要以灵活多样的言语的阅读策略引导学生关注言语形式,有效指导学生进行言语实践,这样我们的文言文教学才能实现学生语文核心素养的根本目标。

王尚文先生曾说:"语文教学的奥秘就藏在言语形式里,发现言语形式,关注言语形式,深入言语形式,从而把握它的奥秘,这就是语文教学最主要的任务。"这也是文言文教学最重要的使命,文言文教学始终要紧紧牵住"言语形式"这一语文的缰绳。

---

① 李节.小大由之:语文教学访谈录[M].上海:华东师范大学出版社,2014.
② 孙绍振.文论危机与文学文本的有效解读[J].中国社会科学,2012(5).

第一节　语言和言语

语文教学是"以语言——言语的方式存在"的一种对话活动,语文"既表现为由言语向语言的发展,也表现为由语言向言语的发展。而语文教学在技术层面上,也可概括为这样两个方面:通过言语让学生学习语言;通过语言发展学生的言语"[1]。

语文教学始于言语活动,又归于言语活动,它以学生的言语实践为基础,以言语教学为内容,以培养学生的言语能力为目的。

那么,什么是语言? 什么又是言语呢?

语言和言语是语言学的两个重要概念,反映了人们对语言本质的认识。语文教学要辨析清楚这两个极易混用的概念,顺应语言规律,把语文教学从一般的教语言上升到教言语的层面,从而提高语文教学的效率。

现代语言学之父、瑞典著名语言学家索绪尔全面研究了语言和言语的区别,可以说,语言和言语分立,是他对语言学界最重要的理论贡献之一。他在《普通语言学教程》里指出:

语言是言语行为的社会部分,是个人被动地从社会接受而储存于头脑中的系统。它存在于个人意志之外,是社会每个成员共同具有的,是一种社会心理现象。

言语是使用语言的行为,是在交际中说出的话语,是言语行为的个人部分,是个人对语言系统的运用。[2]

《教育大辞典》是这样解释"语言"的:"语言是以语音与文字为物质外壳,以词汇为建筑材料,以语法为结构规则的一种符号系统。"

---

① 王尚文.中学语文教学研究[M].北京:高等教育出版社,2002.
② 索绪尔.普通语言学教程[M].北京:商务印书馆,2019.

而对"言语"的阐述,我们则可以引用《中国中学教学百科全书·教育卷》中的一段文字:"言语是人们对那套约定俗成的语言符号系统的掌握和运用的过程,及其所形成的结果,包括听说读写的活动和成果。言语是人们用语言进行交际的过程。包括言语表达和言语理解两方面。"

关于"语言"和"言语"的论述,不同的见解还有很多,比如在李海林教授的《言语教学论》中,他认为:"所谓言语,就是对语言材料和语言规则的运用,而所谓语言,则是对言语的抽象与概括。语文教育与其说是学语言不如说是学言语来得更为真切,也更为中肯。"

李海林教授还指出:"语言是一个系统,包括语音、语词、语法三要素;言语也是一个系统,包括言语主体、言语环境、言语作品三要素。言语系统是建立在语言系统的基础之上的。相对来说,语言的东西是死的,而言语的东西是活的。通俗一点说,我们平时的说话写作是言语,但所说的话所写的文章是符合语言规律的。"[1]郭谷兮在《语言学教程》里把语言和言语在日常生活中与语言学中的不同含义列表进行对比,如表2-1所示。

表2-1　语言和言语在日常生活中与语言学中的不同含义对比

语言学术语		日常用语	
		口语	书面语
语言		话	语　言
言语	言语行为	说话	语言、言语(语、言)
	言语(言语作品)	话	语、言、文

李维鼎教授基于郭谷兮的对比列表,对语言和言语做出了言简意赅和深入浅出的解释,他认为:语言是一种符号系统,言语是对这种系统的运用(和运用的生成物);语言是社会约定俗成的,具有公共性,言语是个人意志和智能的行为(和结果);语言是静态的、形式的、全民性的,是语言学的对象;言语是动态的,内容和形式统一的、个体的,是语文学的对象。[2]

所以,我们可以这样比较"语言"和"言语",语言是一套音义结合的符号

① 李海林.言语教学论[M].上海:上海教育出版社,2000.
② 李维鼎.语文言意论[M].上海:上海教育出版社,2000.

系统,是社会成员共同用来交际和交流思想的工具;而言语则不同,它或指人运用语言的行为,即所谓的"言语行为",或指人运用语言的结果,即所谓的"言语作品"。

语言和言语之间存在差异,并非说两者之间绝无联系,相反,语言和言语的关系极为密切。语言离不开言语,任何一种语言都必须通过人们的言语活动才能发挥它交际工具的作用。言语也离不开语言,任何个体只有借助语言中的语音、词汇和语法结构,才能正确表达自己的思想和情感。言语是对特定的语言的具体运用。研究语言必须从观察言语着手,必须注意言语中表现的大量普遍的语言事实。

语文教学是教言语而不是教语言,学生听说读写等语文素养的形成,要靠大量言语实践,立足于言语进行教学,对于我们认识语文课程的价值有十分重要的作用,对于我们深入理解文言文教学,提高文言文教学的效果也意义深远。我们来看欧阳修的笔记小说《卖油翁》的第二段:

康肃问曰:"汝亦知射乎? 吾射不亦精乎?"翁曰:"无他,但手熟尔。"康肃忿然曰:"尔安敢轻吾射!"翁曰:"以我酌油知之。"乃取一葫芦置于地,以钱覆其口,徐以杓酌油沥之,自钱孔入,而钱不湿。因曰:"我亦无他,惟手熟尔。"康肃笑而遣之。

我们有两种教学追求。在第一种教学方式中,多数教师会关注这一段中的文言实词"遣""酌"等和文言虚词"但""乃""以"等的解释,同时少不了追问学生陈尧咨和卖油翁的不同形象。

但是,对于第二种教学方式,我们不仅要积累语言,关注它是什么,更要引导学生探究陈尧咨和卖油翁怎么说话,为什么要这样说。文中的陈尧咨有两句话:

"汝亦知射乎? 吾射不亦精乎?"

"尔安敢轻吾射!"

陈尧咨面对卖油翁"睨之""但微颔之"的反应,连用两个反问句,表达内心的不解、好奇、惊讶,尽管此时陈尧咨对卖油翁轻视自己的行为已有不满情绪,但他出于礼貌还是强忍住了,这从"汝"字的称呼上可见一斑。等到卖油翁没有给出充分的理由,竟以"无他,但手熟尔"来回应自己,此时陈尧咨便以"尔"取代"汝",轻视和愤怒的意味溢于言表,语气则更为强烈,以"安敢"来质问卖油翁。在这样的句式选择和言语表达中,我们自然可以体会到陈尧咨的形象。在前后两次对话中,卖油翁的语言表达几乎没有变化,"无他,但手熟尔""我亦无他,惟手熟尔",简短的陈述句,云淡风轻,卖油翁的冷静沉稳、不卑不亢、率性纯真,尽在其中。

我们把第一种教学方式称为教语言。对语文教学,包括文言文教学而言,通过语言学习,"我们能够掌握词汇和语法规律,把握词语和句子的固定读音和词典意义,学到大量语言基础知识,认识实体的语言"[①]。通过引导学生对言语的观察、研究和分析,认识语言背后的生活底蕴,把握语言在实际运用中的变化,感受语言形式背后的趣味和意味,习得语言运用的规律,提高语言运用的能力,这就是教言语。

第二节　言语形式与言语内容

世间万物无不包含着内容和形式两个方面,无不是内容和形式的统一体。

内容是事物中较为活跃、主要的方面,它决定着形式,形式则依赖于内容,同时又反作用于内容;同一内容可能有多种与之相适应的形式,反之,同一形式也不是只能和某一内容相对应,它往往也可以表现或容纳不同的内容。

我们察人一般先看人的外在形象,后欣赏人的内在气质。我们常说一个人主要看气质,但是外在形象也不可或缺,"人要衣装,佛要金装"说的就是这个道理。一个人外在的得体形象往往能够烘托或者凸显其内在的气质。

作品的语言也有内外品质之分,即言语形式与言语内容。"言语形式作为言语作品的存在方式,一头连着言语内容,是言语主体的心声;一头连着接受主体的感官,是语感所由生成的对象。"[②]从某种意义来说,言语形式是言语主

---

① 杨邦俊.教语言与教言语[J].中学语文,2015(7).
② 王尚文.语感论[M].上海:上海教育出版社,2000.

体心灵的眼睛。比如《红楼梦》第七十回写宝玉看了《桃花行》："并不称赞，痴痴呆呆，竟要滚下泪来。"宝琴让他猜是谁做的，宝玉一猜就中："自然是潇湘妃子的稿子了。"宝琴骗他说是自己做的，宝玉道："我不信！这声调口气，迥乎不像。"如果仅仅着眼于内容，宝玉未必能如此迅速地做出判断，即使判断也未必准确。"言语内容固然有言语主体个性的投影、心灵的映现，但言语形式更能真实地表现出一个人的心灵世界、精神个性。"[1]

在实际的阅读中，我们往往先被言语形式所吸引。比如，我们读莫言的小说《大风》时，不是惊叹作家笔下描写的龙卷风，而是被莫言独特的"讲故事"的艺术，即言语形式表达所震撼，小说中的爷爷和"我"遭遇龙卷风时有一段十分奇怪的对话：

在我们的前方，出现了一个黑色的、顶天立地的圆柱，圆柱飞速旋转着，向我们逼过来。紧接着传来沉闷如雷鸣的呼噜声。

"爷爷，那是什么？"

"风。"爷爷淡淡地说，"使劲拉车吧，孩子。"说着，他弯下了腰。

小说里的爷爷一辈子与庄稼土地打交道，自然熟谙天气，他早就知道那"黑色的、顶天立地的圆柱"是可怕的龙卷风。为什么孙子问爷爷那是什么的时候，爷爷只是轻描淡写地说了一个字"风"。爷爷说"大风"或"龙卷风"可以吗？这样的言语形式值得读者玩味和深思，所谓"一字千金"，意味无穷。爷爷此时也害怕和恐慌，但是又不能流露出丝毫的惧意，因为他是孙子的依靠，所以只能故作镇定，只能强装坚强，只能淡淡一说，不让孙子紧张不安。任何言语作品，有它的言语内容，说什么；也有它的言语形式，怎么说。"怎么说"（言语形式）决定了"说什么"（言语内容），即"言语形式"塑造了"言语内容"。上述小说中的例子，正好说明了这一点。作家赋予爷爷说话的"言语形式"决定了爷爷的"言语内容"，以及作家为什么要让爷爷这么说。

生活中同样的一句话，因为言语形式的变化，言语内容就会随之发生改变。

"今天晚上你等我回家吃饭吗？"

"今天晚上你等我回家吃饭！"

---

① 许丁铃.言语内容·言语形式——论语文学科的教学内容[J].课程·教材·教法,2005(11).

第一个句子,是一种询问,也有期望;第二个句子相较第一句变化甚微,只是以"!"换"?",少了"吗",但是其中传达的情绪或情感截然不同,包含要求、命令、请求或不满等情绪。由此,我们可以说任何"言语形式"的背后都有特定的"言语内容",阅读和学习语言作品时,我们要认识到"言语形式"和"言语内容",要从"言语形式"走向"言语内容",教学中努力通过引导学生把握作品的"言语形式"。叶圣陶在《关于〈国文百八课〉》一文中明确说:"不论国文、英文,凡是学习语言文字如不着眼于形式方面,只在内容上去寻求,结果是劳力多而收获少。"

王尚文先生从理论的高度给"言语形式"和"言语内容"做了诠释,他认为:"言语形式是言语作品的外部方面,表现为有形的线型结构,直接诉诸人们的感觉、知觉,属于物质的范畴;而言语内容则是一个言语作品的内部方面,是人们的认识和情感,本身无形无色无臭无声,只能存在于一定的言语形式之中。"[①]

黑格尔认为,"没有无形式的内容正如没有无形式的质料一样","只有内容与形式都表现为彻底的统一的,才是真正的艺术品"[②]。黑格尔的话告诉我们,内容是具有形式的内容,形式是具有内容的形式,在任何作品中,内容与形式彼此依存,不可分割。同理,"言语形式"与"言语内容"也是互相联系、不可分割的整体。任何言语作品都是言语形式和言语内容的统一。言语形式实现言语内容,言语内容生成于言语形式。任何言语内容都不可能脱离一定的言语形式,任何有效的言语形式都要表现一定的言语内容。两者互为依存,不可割裂。

所以在阅读教学中,我们要将"言语形式"与"言语内容"统一起来,牢固树立作品的"言语形式"观,通过发现"言语形式"去解读形式背后的"言语内容",阅读教学要顺着"言语形式"走进"言语内容",只有这样,我们的语文课才有"语文味",只有这样的语文课,才能让学生学会"如何运用语言文字"。

---

① 王尚文.语言·言语·言语形式——试论语文学科的教学内容[J].浙江师范大学学报,1996(1).

② 黑格尔.小逻辑[M].贺麟,译.北京:商务印书馆,1980.

第三节　言语形式与语文教学

研究者们很多年前就曾论及语文教学聚焦言语形式的重要意义。比如，王尚文先生在《语言·言语·言语形式——试论语文学科的教学内容》一文中，高屋建瓴地指出：言语形式是语文学科教学内容的"纲"，其他都是"目"，纲举目张，如果以目为纲，纲自不举，目亦难张。只有紧紧抓住言语形式这个教学内容的纲，才能真正对上使学生"正确理解和运用祖国的语言文字"这个"号"。

时隔多年后，语文教学依然过度关注课文的"言语内容"，着眼于让学生读懂文章"写（说）了什么"，而忽视了怎么说——"言语形式"。这样的教学案例正发生在当下的课堂里。

教师教学杨绛的散文《老王》时，或以大爱来观照老王，或以善良评价老王和杨绛，或以愧怍来引发思考……这些教学内容的选择没有对错之分，可是课堂教学如果仅仅停留在概括老王善良的事例，从而体会老王的善良和老实；仅仅以知人论世之法，补充杨绛在"文化大革命"中不幸遭遇的背景，来认识杨绛的愧怍，未免也会落入"空谈误课"的泥潭。如此教学，毋庸置疑，模糊了语文教学的特点，还会"种了别人的地，荒了自家的田"，如此，"语文的尊严"何在？

上面的教例只是关注了作品的言语内容，即《老王》"说了什么"；而没有体察《老王》的言说方式，离开了言语形式，散文是怎样来写老王之善和杨绛之愧的。作品"怎么说"的实质就是怎么看、怎么想，学生学习"怎么说"实际上也就是在学习怎么看、怎么想。学习文章怎么说、怎么写才是语文学科的特性。《老王》的言语形式十分丰富和特别，试举两处说明：

文中第四段有一处极易被我们忽视的对话：

有一天傍晚，我们夫妇散步，经过一个荒僻的小胡同，看见一个破破落落的大院，里面有几间塌败的小屋；老王正蹬着他那辆三轮进大院去。后来我在坐着老王的车和他闲聊的时候，问起那里是不是他的家。他说，住那儿多年了。

为了方便理解，我以对话的方式对作者的表达进行语言变形：

杨绛：老王，那里是不是你的家？

老王：住那儿多年了。

如果你是老王，面对杨绛的问题，会怎么说。老王的回答，不合常理，斟酌这样的言语形式，就能体味到表达的妙处。如果不从言语形式深入作品，我们就没法触摸到老王的内心，也就看不到作品的真面目。

散文第十六段，老王临死前给杨绛一家送香油和鸡蛋，作者写老王时用了反常的言语：

我把他包鸡蛋的一方灰不灰、蓝不蓝的方格子破布叠好还他。他一手拿着布，一手攥着钱，滞笨地转过身子。我忙去给他开了门，站在楼梯口，看他直着脚一级一级下楼去，直担心他半楼梯摔倒。等到听不见脚步声，我回屋才感到抱歉，没请他坐坐喝口茶水。可是我害怕得糊涂了。那直僵僵的身体好像不能坐，稍一弯曲就会散成一堆骨头。我不能想象他是怎么回家的。

上面这段文字中老王的哪个动作很反常，不合情理？非"攥"字莫属。

"攥"字就是特殊的言语形式。抓住了"攥"就走进了老王的内心和杨绛的精神世界。

老王先前说不要钱，后来怎么又攥着钱？什么是"攥"？紧紧握住。老王虚弱得连拿钱的力气都没有了吗？

老王不能不拿钱，因为他知道杨绛一家待他的好，不拿怕会伤了杨绛的心。

老王紧紧拿着杨绛给的钱，不单是身体虚弱，更是此时内心情绪的投射。他并没有得到想要的关心和安慰，所以内心悲痛，是内心破碎后的情绪反应，可以说是生无可恋啊，或许他想把自己和杨绛交往中的温情和美好回忆都攥在手中，留在心里。

老王拿钱更能说明老王心中的"大善"，至死都想着他人，体谅杨绛，这种高贵的"善"让多年后的杨绛深深愧怍。

当前只关注作品写了什么，不留意怎么写、怎么说的语文教学不是个例。小说的教学也一样有这种尴尬现状。比如，刘慈欣的科幻小说《带上她的眼睛》，尽管本文是科幻小说，但是小说的气息浓厚，依旧迷人，教学中离不开对小说中"我"和"小姑娘"的形象解读。因为小姑娘是节选小说里的主要人物，对其形象的分析是教学的重点。课堂教学中，教师往往会给小姑娘贴上道德的标签，比如热爱科学、献身科学等。究其原委，这篇小说作为自读课文，文中有一旁批：

从这段话中，可以看出小姑娘怎样的性格特点和精神品质？

学生不难读出小说这段话中表现的小姑娘形象。但是，阅读教学不能拘泥于此，更不能大肆渲染。刘慈欣作为科幻小说家，深谙小说讲故事的技巧，他以怎样的"言语形式"表现小姑娘的形象？我们看小说的第十一段和十二段：

她沉默了，似乎连呼吸都停止了，但几秒钟后，她突然惊叫："呀，花，有花呀！上次我来时没有的！"

是的，广阔的草原上到处点缀着星星点点的小花。"能近些看看那朵花吗？"我蹲下来看。"呀，真美！能闻闻它吗？不，别拔下它！"我只好趴到地上闻，一缕淡淡的清香。"啊，我也闻到了，真像一首隐隐传来的小夜曲呢……"

描写小姑娘的语言十分别致，大量语气词如"呀""吗""呢"，辅之以标点"？""！"，特殊的言语形式以表达特殊的言语内容，语文教学要挥舞言语形式的利刃，洞穿形式现出言语内容的真相。"内容跟着形式，意念跟着语文，时常在变动，在伸展。一切调配妥帖了，内容与形式就已同时成就，内容就已在形式中表现出来。"[1]作家如此独特的言语形式，与小姑娘内心的惊喜以及主动亲近自然、融入自然、诗意心灵的形象十分契合。

诗词教学，也不乏"只见言语内容，不见言语形式"或"重内容，轻形式"的现象。作为怀古伤今代表作的唐代诗人陈子昂的《登幽州台歌》，蒋勋赞誉其将"整个生命意识放大到巨大的空间之中"，由此传达出一种"巨大的苍凉感"[2]。在教学中，不少教师却以诗人的"孤独悲伤"来置换这种浓得化不开的"苍凉感"。他们以知人论世的理论为依托，引导学生品析诗歌最后一句"独怆然而涕下"中的"独"字的意味，言之凿凿。

① 朱光潜.谈文学[M].合肥:安徽教育出版社,1996.
② 蒋勋.蒋勋说唐诗[M].北京:中信出版社,2016.

这样的教学虽已关注到了文本的言语形式,诗歌以诗眼"独"直抒胸臆,却未能切中肯綮。《登幽州台歌》言语形式的特殊性还在于反复写"不见","前不见古人,后不见来者"。诗歌作为言语极简约的文本,是语言中的精粹,却在前后两句中复写"不见",这显然有悖于古典诗词炼字炼句的艺术追求。这在古典诗词中绝对是个异类。课堂教学中就要反复玩味,深入探讨,从言语形式走入言语内容。此外运用叠词"悠悠",使得诗歌的"苍凉感"更为厚重。"悠悠"一词,言有尽而意无穷,既有时间之久远,又有空间之广大;音韵悠扬,通过语音绵延,传递时空悠悠不尽的意味。朱光潜说:"语言的形式就是情感和思想的形式,语言的实质也就是情感和思想的实质。"[①]

上述列举的多是在文学作品中偏离言语形式的语文教学现象。其实,实用类作品也存在大量只关注"言语内容"的教学行为。比如,教学《中国石拱桥》时只看见中国石拱桥的三大特点"形式优美、结构坚固、历史悠久",却不引导学生感受课文"言语形式"的价值与意义。以课文第五段具体介绍赵州桥的四个特点为例:

(一)全桥只有一个大拱,长达37.4米,在当时可算是世界上最长的石拱。桥洞不是普通半圆形,而是像一张弓,因而大拱上面的道路没有陡坡,便于车马上下。(二)大拱的两肩上,各有两个小拱。这是创造性的设计,不但节约了石料,减轻了桥身的重量,而且在河水暴涨的时候,还可以增加桥洞的过水量,减轻洪水对桥身的冲击。同时,拱上加拱,桥身也更美观。(三)大拱由28道拱圈拼成,就像这么多同样形状的弓合拢在一起,做成了一个弧形的桥洞。每道拱圈都能独立支撑上面的重量,一道坏了,其他各道不致受到影响。(四)全桥结构匀称,和四周景色配合得十分和谐;桥上的石栏石板也雕刻得古朴美观。

作者介绍赵州桥四个特点的顺序可否变更?这是随机逐次介绍,还是匠心独运?如果我们能从作者分项列举介绍的言语形式中,分析作者言说思维逻辑严密的特点,平静的课堂将会掀起思想的狂澜。上述赵州桥的四个特点,从说"大拱""小拱",到说"拱圈"和融入四周环境的"全桥",说明的内容由粗及细,说明的角度由点到面;前三个特点侧重说明赵州桥的设计和施工技

---

① 朱光潜.诗论[M].北京:生活·读书·新知三联书店,1997.

术,如文中所引唐朝张嘉贞的评价"制造奇特,人不知其所以为",进而说明赵州桥结构坚固的特点,后一个特点说明赵州桥的艺术价值,解说四个特点时,行文思路井然有序,说明的顺序极为考究,从赵州桥的技术到艺术,从实用价值到审美价值,言语的逻辑性就体现于此。说明文讲逻辑思维,但不能把"逻辑"二字抽离文本,进行空洞的解说。

"这种以言语作品为对象,以实现言语作品形式结构向人的心理结构迁移为目的的应用型课程不是别的,就是语文课。"①

"语文课必须立足于言语形式,教学内容依此而建立,教法依此而选择,只有在语文课上,通过一篇篇文章教给学生阅读和写作的方法,才能使学生真正提高语文水平,语文课程才有开设的必要,才能真正实现语文教学的科学高效。"②因为语文学科教的是言语表达的形式,其他学科教的是言语表达的内容。语文教学是言语实践活动,宗旨就是培养学生的言语能力。

第四节　言语形式与文言文教学

王尚文先生在《紧紧抓住"语文"的缰绳》一文中指出:

"在读写听说活动中,语文聚焦于'怎么说',而其他课程则是'说什么'。"

"只有以课文的言语形式为纲,自觉而明确地指向提高学生正确理解和运用语言文字的能力,才是真正的语文课。"

"'怎么说'绝不是一个单纯使用语言的技术、技能、技巧的问题,其中必然渗透着言说者的思想情感,关注'怎么说'的同时,也就'必然接受作者心灵和课文内容的陶冶'。语文课的人文陶冶功能必须渗透在玩索'怎么说'的过程之中。"③

文言文作为语文教学的对象之一,也必须遵从语文教学的规律,以"文言

---

① 李维鼎.语文教学言意论[M].上海:上海教育出版社,2000.
② 欧阳芬.言语形式是语文课立科之本[J].中学语文教学,2002(12).
③ 王尚文.紧紧抓住"语文"的缰绳[J].发现,2014(7).

文的言语形式为纲",去发现文言表达之妙,体验文学审美之趣,体认文化积淀之深。

《义务教育语文课程标准(2011年版)》为文言文阅读设定的课程目标是"阅读浅易文言文,能借助注释和工具书理解基本内容"。这要求义务教育阶段的文言文教学,应传授理解浅易文言文的方法,培养阅读浅易文言文的能力。课程标准对语文学科的性质也做出了明确的阐释:"语文学科是一门学习语言文字运用的综合性、实践性学科。"这意味着文言文教学要教授学生文言文的阅读策略、方法和路径,要在具体的言语活动中,让学生注重积累、感悟和运用语言,提高自己的欣赏品位,只有这样,才能培养学生阅读浅易文言文的能力。

我们知道,学科教学、学科学习,最重要的就是尊重学科本身的特性。文言文教学既要尊重语文的特性,也要符合文言文的特殊性。

目前普遍的观点认为,文言文这种文体包含四个方面:文言、文章、文学、文化。这四者不是一个简单的相加,而是自然的融合,也就是所谓的一体四面、相辅相成。

"文章"是指文言文的功能,因为文言文中的很多文章有明确的实用功能,这是文言文在文章体式上的鲜明的印记,也是文言文言语形式的一个独特之处。所以,教学诸葛亮的《出师表》时,我们要从"文章"的实用功能,"表"的文体特征上去把握"表":"表"是古代臣子向君主陈述自己的请求、愿望或意见的一种文体,也叫"奏章"或"奏疏"。

《出师表》的教学就要紧紧抓住"表"这一文体的特性,关注诸葛亮怎么"陈述"(言语形式),而不是"陈述"什么(言语内容)。既然是臣子向君陈情言事,作为臣子的诸葛亮在陈述方式上就要注重人伦和身份关系,与"奏章"契合。但是,在《出师表》一文中,我们却读到了违背"表"陈述方式的言语形式,兹摘录于此:

诚宜开张圣听,以光先帝遗德,恢弘志士之气,不宜妄自菲薄,引喻失义,以塞忠谏之路也。

宫中府中,俱为一体;陟罚臧否,不宜异同。

宜付有司论其刑赏,以昭陛下平明之理;不宜偏私,使内外异法也。

陛下亦宜自谋,以咨诹善道,察纳雅言,深追先帝遗诏。

上述语句中多次出现"宜""不宜"这些不合情理的反常表达,这是因为面对刘禅,诸葛亮的身份是双重的,他既是长辈,又是臣子;他的态度也是复杂的,既有劝导与爱惜,又有出于身份的尊敬……学者这样评价《出师表》:"此表虽无意为文,而感情自然真淳,既有谆谆叮嘱、反复教导的意味,又不失忠诚恳切的态度,成为一个杰出政治家的内心表白,在奏疏文中颇为难得。"①

　　按照王荣生教授的观点,文言文的"文学"性主要是指其表现形式,"学习文言文,研习谋篇布局的章法,体会炼字炼句的艺术是两个重点"②。比如,《虽有嘉肴》这一文本,从"文章"角度而言,阐述"教学相长"这一显而易见的内容观点;从"文化"层面来看,缺乏"所言志,所载道"的功能;而从文学上考量,则有其特定的言语表现形式,有可资借鉴的"章法考究处、炼字炼句处"。

　　《虽有嘉肴》言语形式最鲜明的特点,莫过于四次连用"然后"一词:"是故学然后知不足,教然后知困。知不足,然后能自反也;知困,然后能自强也。"在拙作《回归言语形式的文言文教学——以〈虽有嘉肴〉教学为例》中,我是这样阐述的:

　　经典的作品在遣词用语上极为考究,一字一句不可能反复使用,因为作家要避免词穷而不达意的现象。而70字的短文,竟然有四处语言出现了相同的"然后"一词,令人匪夷所思。作者不厌其烦,重复使用语言的目的何在?把玩语言"然后",细细体味言语的意味,我们可以意会出,强调"学之后"知不足,"教之后"知困;"学之后"自反,"教之后"自强。强调只有学和教之后,才能让自己长进;强调学和教对自我的促进作用。强调学和教的重要性。同时,也是为了得出"教学相长"的意义,教和学互相促进,教别人也能增长自己的学问。"教学相长"的意味,相融于"然后"之中,我们从言语形式走入言语内容的途中,会不经意发现每一个文言字词都遮掩着一个无底洞。③

　　"文言文教学应由文言知识这个语言基础的层面上升到语言所承载的内容——文学鉴赏,感受领悟古文中的思想和艺术的魅力。"④也就是说,文言文

　　① 章培恒,骆玉明.中国文学史[M].上海:复旦大学出版社,1997.
　　② 王荣生.文言文教学教什么[M].上海:华东师范大学出版社,2014.
　　③ 沈华.回归言语形式的文言文教学——以《虽有嘉肴》教学为例[J].语文教学通讯,2016(3).
　　④ 王荣生.文言文教学教什么[M].上海:华东师范大学出版社,2014.

教学要从文言表达形式(言语形式)走向文言表达的内容(言语内容),文言学习是文言文教学的根基,文言文教学要通过理解、积累、运用等方式丰富学生的文言语库,提升学生文言文阅读的欣赏和审美能力。

但是,关注文言,不只是注重字、词、句的语法意义,更应该关心它在表情达意上的作用,从中汲取其在思想文化上的内蕴。因为文言文教学要让学生理解、汲取和弘扬中华传统文化,传承文化是语文教学的重要使命。

对于学习文言文的价值,朱自清先生主张:"时代的价值者,文言与其所代表的思想是过去文化的一部分,对我们现在的生活有多少的影响。"①朱自清先生还认为:"中等以上的教育里,经典训练应该是一个必要的项目。经典训练的价值不在实用,而在文化。"②文言文教学的终极目标应该是对传统文化的继承与反思。对此,余光中先生曾说过一句俏皮、幽默而又极具启发的话:"当你的情人已改名玛丽亚,你又怎能送她一首《菩萨蛮》?"语言的背后就是文化和思想,两者无法割裂。

这说明,文言文作为一种"文字型"文学,从文言入手解读文本,进行教学,是符合文言文特征的。但是文言文教学,不能僵化为对字词句的解释、翻译、练习,也不能局限于对字词句的显性内涵的把握,甚至无视其丰富文学表现和文化内涵。文言文教学的核心任务是引导学生去发现、感悟文言文的言语形式,进而理解由言语形式生成的言语内容。

刘勰的《文心雕龙》有言:"夫缀文者情动而辞发,观文者披文以入情。"此中的"辞",就如古人所说的"文""辞章""文辞"等,尽管表述不一,其内涵大体相同,"古人大都用这些字眼指作品的语言和语言运用,也就是作品的形式方面,而用'道''理''义理''情''志'等指作品的内容方面,并且常常把这两个方面互相对待着讲,探讨形式与内容的相互关系"③。"文"与"情"就可以看成文言文的言语形式和相应的言语内容,我们要注重对"情"的体悟,更要琢磨与推敲"辞采之妙","因为古人是通过'辞'来传情达意,通过对辞采章法之妙

---

① 朱自清.朱自清语文教学经验[M].北京:教学科学出版社,2007.

② 朱自清.经典常谈[M].上海:上海古籍出版社,2014.

③ 张志公.汉语辞章学论集[M].北京:人民教育出版社,1996.

的品味,带动情感的品悟"①,如此教学文言文,我们才能真正走进文言的深处,得文言之精粹。

"辞"与"情"的关系正如言语形式与内容的关系,两者互为依存,相融相生,无法割裂。紧紧牵住文言文言语形式的缰绳,经由文言形式走入文言内容,才能真正达到"文道一统"美好的教学境界。

改变了言语形式就是改换了言语内容,言语形式的差异往往也就是言语内容的差异。这一点朱光潜先生有精辟的论述:"其实更动了文字,就同时更动了思想情感,内容和形式是相随而变的。"②基于此,朱光潜先生在《谈文学》"咬文嚼字"中还引述了《史记》中李广射虎的一段:

> 李广见草中石,以为虎而射之,中石没镞,视之,石也。因更复射,终不能入石矣。

王若虚在《史记辨惑》里说它"凡多三石字",当改为:"以为虎而射之,没镞,既知其为石,因更复射,终不能入。"或改为:"尝见草中有虎,射之,没镞。视之,石也。"

其实,原文"视之,石也"有发现错误而惊讶的意味,而改为"既知其为石"便失去这一意味;原文"终不能入石矣"有失望而放弃得很斩钉截铁的意味,改为"终不能入"便觉索然无味。所以,朱光潜先生强调:"咬文嚼字,在表面上像只是斟酌文字的分量,在实际上就是调整思想和情感。"③这就是说,我们斟酌文言的言语形式,实际上就是在推敲言语的内涵,因为言语形式与言语内容是和谐统一的。

语文教育前辈们历来重视语文的言语形式。语文大家张志公先生论及韩愈《祭十二郎文》中的"吾年未四十,而视茫茫,而发苍苍,而齿牙动摇"的言语形式,他在文章中认为:

> 重复用三个"而",使人读下来清楚地感觉到,韩愈在说这话的时候对自己过早衰老的感触是深重的,从而说的语气是低沉,缓慢的。只用一个"而",成了很流畅的一个转折句,即使念得慢一点,调子低一点,也还不足以显示出

---

① 段永厚,景美."形变":走向文本的深处——经典诗文的深度阅读教学尝试[J].中学语文教学参考,2018(11).

② 朱光潜.诗论[M].北京:生活·读书·新知三联书店,1997.

③ 朱光潜.谈文学[M].合肥:安徽教育出版社,1996.

那么深重而低沉的语气神情。①

"而"作为文言虚词,常被我们忽视,但是虚词表示语气情态的作用,有很大的辞章价值。用一个"而"字,这个句子念起来会很流畅,节奏很快。多用了两个"而",节奏就慢下来了,情调也就低沉下来了,可见用一个"而",或多用两个"而",并没有引起语法上的多大差异,反而产生了不同的表达效果。先生的这一论述,对于文言文言语形式的教学大有启发。

文言文教学中,要"穿透言语形式,把握言语内容,再在理解内容的基础上,了悟语言运用之妙,最终迁移内化于个体言语活动,即从形式到内容再到形式,是语文教学中特有的客观认识规律"②。

第五节　言语形式与文言文测评

文言文的言语形式十分丰富,主要表现在文本中字与字、字与句、句与句、句与段、段与段之间的关系,具体而言就是文章体式、章法结构、炼字炼句等。文言文教学要发掘一字一句一段乃至一篇所表现出的言语特性,从言语形式切入,进而理解文言所承载的文学趣味和文化内涵。叶圣陶先生曾说过:"一字一语都不轻易放过,力求发现他的特性。唯有这样阅读,才能发掘文章的蕴蓄,没有一点含糊。"③

文言文测评是文言文教学和语文教学的一个重要环节,也是反馈教与学效果的有效评价手段。文言文测评的主要依据是《义务教育课程标准(2011年版)》有关古诗文的评价目标:"评价学生阅读古代诗词和浅易文言文,重点考查学生的记诵积累,考查他们能否凭借注释和工具书理解诗文大意。词法、句法等方面的概念不作为考试内容。"显然,文言文测评的要求不同于现代文阅读,因为文言文这种特殊的文体形式决定了要先读懂文言文,才能汲

---

① 张志公.汉语辞章学论集[M].北京:人民教育出版社,1996.

② 曾洁.立足形式,有机统一[J].中学语文教学,2002(12).

③ 叶圣陶.叶圣陶语文教育论集[M].北京:教学科学出版社,1980.

取古人的文化智慧和精神财富。

但是，文言文和现代文测评的方式或途径可以相似，宋文翰说："别的学科重在知识的传授，国文科重在传授知识的文字的运用的训练；别的学科重在内容实质的深究，国文科重在形式表现方法的探讨。"①这就是说，文言文和现代文的测评要着眼于"文字的形式方面"，即关注言语的形式，诸如，大而言之可以是文章体式、篇章结构、剪裁选材等，从小处看可以是词句的选择、修辞的运用、语序的安排等。这正如汪曾祺所说："我觉得研究语言首先应从字句入手，遣词造句，更重要的是研究字与字之间的关系，句与句之间的关系，段与段之间的关系。"

"语言不仅是形式，也是内容。语言和内容(思想)是同时存在，不可剥离的。语言不只是载体，是本体。"②文言文测评要力图在语篇的言语形式观照下命题立意和测试评价，以测评为教学的导向，让文言文教学和语文教学凸显"语文"的属性，回归到"语文学科"的身份中来。文言文的测评要让学生发现、体验、探究文言文的言语智慧，不断积累文言文丰富的语体图式，从而提升语文素养。

比如，有以下文言文阅读检测试题：

从本文看，李信和王翦作为秦国的两位将军，各有怎样的性格特征？请简要分析。

试题材料选自《史记·白起王翦列传》：

王翦者，频阳东乡人也。少而好兵，事秦始皇。秦将李信者，年少壮勇，尝以兵数千逐燕太子丹至于衍水中，卒破得丹，始皇以为贤勇。于是始皇问李信："吾欲攻取荆，于将军度用几何人而足？"李信曰："不过用二十万人。"始皇问王翦，王翦曰："非六十万人不可。"始皇曰："王将军老矣，何怯也！李将军果势壮勇，其言是也。"

李信攻平与，蒙恬攻寝，大破荆军。信又攻鄢、郢，破之，于是引兵而西，与蒙恬会城父。荆人因随之，三日三夜不顿舍，大破李信军，秦军走。

试题考查对材料中人物形象的分析，如按照一般讲评试题的方法，教师

---

① 宋文翰.一个改良中学国文教科书的意见[J].语文建设,2015(4).

② 汪曾祺.晚翠文谈新编[M].北京:生活·读书·新知三联书店,2002.

先会梳理文意,将文言文转化为白话文,再进行分析归纳,事实上我们的教师也往往这么做。但是,这样的讲评方式与文言文的言语形式疏离,讲评文言文不关注言语形式,言文就无法统一,学生就无法从"言"中嚼出"文"。如果从言语形式角度进入检测材料进行讲评,我们会揣摩文章怎么写两人,面对秦始皇"要调用多少人攻取楚国"的问题,李信和王翦的言说形式不同。李信用陈述句"不过用二十万人",王翦却以极强烈的"非……不可"的双重否定句来回答,两人说话使用不同句式的原因何在? 李信领命攻打楚国后,司马迁用了一串动词"攻""破""又攻""破""引兵"刻画李信形象,这里是兵法上的乘胜追击还是急躁冒进? 最终,李信兵败,秦军溃走,已经揭示了司马迁的评价态度。文本的写法特征与人物形象有高度的一致性,文本的言语形式生成和表现相应的言语内容,如果从文言文的言语形式切入试题,进行讲评,课堂教学必然是高效的,学生收获的不单是文言知识,更是文言文言语表达的智慧,甚至是言语的思维和语文的素养。

讲评试题要关注文言文言语形式,命制试题时也要聚焦文言文言语形式。因为,"考试与评价是教学的有机组成部分,需要精心设计,教师只有以严谨的态度和专业的技能设计与选编试题,保证试题的准确性和科学性,考试才能为教学提供有价值的信息,促进教学的发展和学生的成长"[1]。令人欣喜的是,当前中考文言文试题的命制基本摒弃了机械考查文言文实词和虚词的做法,试题越来越科学化、合理化,越来越有文言味,尤其是浙江各地市的中考文言文试题。浙江各地市的中考文言文试题立足文体特征,关注文本体质,聚焦言语形式,成了全国中考文言文试题的典范。接下来,以近两年浙江各地市中考文言文试题为例,具体谈谈文言文试题命制中言语形式的体现。

一、炼字

文言文的言语形式首先体现在炼字炼句上,从文言字句的表达中让学生感受文言文措辞雅正、言志载道的特点。中考文言文的试题立足于具有典型文言特性的词句及体现传统文化价值的内容。清代刘淇在《助字辨略》序言

---

① 章新其.语文命题技术研究[M].杭州:浙江教育出版社,2017.

里曾说："构文之道不过实字虚字两端,实字其体骨,虚字其性情也。"①浙江各地的文言文试题在炼字上既关注文质兼美的实词,又考查神气相融的虚词。比如,2019年浙江金华、丽水语文中考文言文中的试题——推敲实词"闲"的妙处:

閒是"月来松闲"中"闲"字的繁体篆书,"月色入户"是为閒。请赏析"月来松闲"中"闲"的妙处。

"月来松闲"出自试题选文材料刘禹锡的《洗心亭记》第二段:

征其经始,曰僧义然。啸侣为工,即山求材。槃高孕虚,万景坌来。词人处之,思出常格;禅子处之,遇境而寂;忧人处之,百虑冰息。鸟思猿情,绕梁历榱。月来松闲,雕镂轩墀。石列笋虡,藤蟠蛟螭。修竹万竿,夏含凉飔。斯亭之实录云尔。

选文第二段主要描写洗心亭清幽的环境和置身洗心亭的感受。试题从"闲"字的繁体篆书进入,引发学生追溯"闲"字的本义。"月色入户"为"闲",这是户内之人见朗月后的心境投射。"月来松闲"与王维"明月松间照"的意境有异曲同工之妙。此中之"闲",看似是松之"闲",其实是作者内心的情绪反应,所谓"以我观物,故物我皆著我之色彩",这是"有我之境"的体现。

试题以"炼字"的形式,从文言的言语形式走入文言的言语内容,从客观的形象走进作者的内心,从而彰显了文言文"言文合一"的特点。

2019年浙江温州与嘉兴(舟山)语文中考文言文炼字的考查别具一格,试题将文言文的诵读与炼字融为一体,既突出了文言文教学强调"诵读"的学习活动,又体现了文言文关键字词处往往是作者"言志载道的关节点、精髓处"②。文言文诵读本身就是文言文学习的一种形式,把学习形式变为考查形式,体现了试题命制正确的教学导向。诵读的要义在于朱熹所说的"得他滋味",在诵读中得其声音,玩味义言,咀嚼滋味,由言入文。两地的文言文试题分别如下:

"抚卷累欷",字字千钧,吟指更觉有味,你吟读时会将重音落在哪里?结合全文,阐述理由。(浙江温州卷)

① 刘淇.助字辨略[M].北京:中华书局,1954.
② 王荣生.文言文教学教什么[M].上海:华东师范大学出版社,2014.

小舟：真聪明！这篇铭文以四字句为主,读起来朗朗上口。诵读要注意节奏、重音等,比如读"君子鉴之,砺廉隅以表孤衷"一句,我觉得"君子""砺廉隅"后要稍作停顿,同时"_____""_____"两词要重读,这样可以更好地表达出作者_____的信念。[浙江嘉兴(舟山)卷]

文言文诵读可以让学生在感知言语声音形态的过程中,落实对文本的感悟理解,这体现了命题者对文言文言语形式与言语内容的双重关注。吟诵文言文时,重音和停顿要根据句意和作者的感情来处理。比如,浙江温州卷如果重音落在"抚卷"上,那么就可以从陆游阅读《岁时杂记》时,内心涌现的志士难寻、故国未复的悲痛之情上去感受。浙江嘉兴(舟山)卷字词的重音选择,则要从作者想表达"以石为鉴,磨砺品行,守正内心,廉政为民"的信念上去考虑。

文言文中的"炼字","就是选用最恰当的字,选用的时候,是从意义是否确切、色彩是否鲜明、声音是否和谐各方面考虑的,是从能否引起想象,加深理解,也就是收到较高的表达效果考虑的"[1]。这一类试题正是基于此,从文言文言语形式角度进行考查。

2019年浙江杭州语文中考文言文试题,则从文言虚词角度引发师生关注文言文的言语形式,改变以往对"虚词"只能调节语气的片面认识：

参考词典解释,谈谈"亟"在文中的表达效果。

亟往造之,少述出见,惟相劳苦,两公皆自忘其穷达。

> 《古代汉语词典》"亟"的义项：①急速,赶快。②危急。③通"极",至。

试题材料来自陆游《老学庵笔记》,内容主要讲述孙少述与王安石的深厚情谊。选文的部分内容摘录于下：

孙少述,一字正之,与王荆公交最厚,故荆公《别少述》诗云："应须一曲千回首,西去论心有几人?"其相与如此。及荆公当国,数年不复相闻,人谓二公之交遂睽。然少述初不以为意也。及荆公再罢相归,过高沙,少述适在焉。亟往造之,少述出见,惟相劳苦,两公皆自忘其穷达。遂留荆公,置酒共饭,剧谈经学,抵暮乃散……

---

① 张志公.汉语辞章学论集[M].北京:人民教育出版社,1996.

"不时常见面,但一见如故",这才是真正的友谊。孙少述与王安石交往的故事能给青少年在择友、交友等方面莫大的启发。等到王安石贵为一国宰相,两人有好几年的时间没有互相来往通信时,世人都认为两人不合了。但是孙少述不以为意,而王安石尽管被罢免宰相之职,路过高沙,心怀少述,步履匆匆,探望老友。试题在这样的背景下,从虚词"亟"的角度,引导学生体会王安石当时的心情和与之契合的言语内容。文言文中的"文言"既是"形式"又是"内容",从文言形式观照文言内容,不失为文言文阅读命题的一条可行之路。

2019年浙江湖州语文中考文言文试题突出文言文文体特性,站在言语形式的角度,聚焦两个文言语气虚词,开辟了文言文阅读另一条"幽美"的路径。试题如下:

阅读【甲】【乙】两段文字,结合下面句中加点词,分析楚庄王和丙吉这两个人物形象的共同特点。

(1)奈何欲显妇人之节而辱士乎?

(2)此不过污丞相车茵耳。

试题的考查内容直接表明了言语形式与言语内容的关系,建立了虚词表达与人物形象之间的关系。甲文以反问语气词"乎",表明楚庄王不想让"士"受辱的坚决态度。乙文以限制性语气词"耳",表明丞相丙吉对车夫吐脏车垫的事情不以为意。不同的人物,不同的情境,不同的语气,却都表现了两人宽宏大量、重视人才的特点。

浙江湖州卷这道文言文试题已经不再局限于"言"的解释,不再只是词句的理解,而是着眼于篇章,不仅要有真正的分析,还要鉴赏,体现了"言"与"文"的相融。这再次说明了回归文言文言语形式的重要性,古人历来很重视辞章,讲究实词和虚词的运用技巧,文言文阅读测评只有立足文言文的言语形式,才能发现文言之妙,感受文言文的博大精深。

文言文的言语形式首先体现在炼字炼句上。"遣词造句,最根本最要紧的还是'字',实际上就是我们现在所说的'词',因为没有词,便没有句,更没有篇章。"在文言文教学中"重实轻虚""就实避虚"的现象大量存在,文言实词备受命题者青睐,2020年浙江金华、丽水、义乌卷却不走寻常路,改炼虚词,"因文制宜",课内外联结,将目光锁定在虚词的表达上,引发师生重新审视虚词

表情达意的效果,改变以往对"虚词"只能调节语气的狭隘认识,试题如下:

联系《穿井得一人》中的传闻,赏析下面句中加点词的表达效果。

乃知人之误传者何限哉!

试题巧妙借助虚词"乃"和"哉"的语气和情感功能,让学生感受"乃""哉"的感叹语气,从而感悟"强调传闻的荒诞,人们对白檀树、志公影的传闻竟信以为真,甚至顶礼膜拜"的不可思议。再从《穿井得一人》中获得启发,这与《穿并得一人》中"得一人之使"误传为"得一人于井中"何其相似,"乃"和"哉"也流露了作者对此类现象的不满与批评。所以,"并非说虚词不用考查,而是说虚词的考查要注意从理解其内在意义、情感、语气和功能的角度去命题"。

二、炼句

字总是用在句子里,文言文重视炼字,相应地就必然重视炼句。所谓炼句,最基本的要求是字与字的配合恰当,句子不残缺,不重复,进一步要求安排组织有变化,以增强表达效果,更进一步要求表现出轻重缓急种种语气神情,乃至有深厚的含蓄,高远的意境。

炼字炼句处,往往就是作者言志载道的关键处。2019年浙江宁波语文中考文言文试题就从"炼句"角度进行考查,感受特殊的言语形式中特定的言语内容,体悟作者在不同句式中寄托的情感。试题如下:

参照示例,结合加点词语赏析下面句子,体会文中父亲说话时的语气和情感。

【示例】夫学须静也,才须学也,非学无以广才,非志无以成学。

"须"是必须的意思,连用两个"须"表达了肯定、不容置疑的语气。"非……无以……"双重否定,强调了"学习"和"立志"的重要,表现了诸葛亮对儿子的殷切期望。

(1)初读古书,切莫惜书;惜书之甚,必至高阁。

(2)人生在世,安得与我同心者相与共处乎?

试题以诸葛亮《诫子书》中的文字为参考示例,诸葛亮为强调"立志"与"学习"的重要性,用两个语气强烈的肯定句和两个双重否定句来表达,父亲对儿子的殷切期望溢于言表。

(1)句是孙枝蔚《示儿燕》中的文字。作者告诫儿子时不同于诸葛亮的用句,以语气坚决的否定句强调要读书就不必爱惜书,表现孙枝蔚要儿子务实求知的谆谆教诲和殷切期望。

(2)句选自吴汝纶《谕儿书》,同样是教育儿子,但句式选用上又有不同,以"安得……乎"反问句,告诉儿子遇到志同道合的人很难,要学会忍让,表现吴汝纶对儿子拥有美好德行的殷切期望。

2019年浙江宁波中考文言文试题实现了言语形式与言语内容的有机统一,体现了言语形式生成言语内容,言语内容表现为言语形式。文言文阅读测评要注重言语形式的发现,也要注重言语内容(文本)中的思想文化、教育意义、审美情趣。

正如王荣生教授所言:"学习文言文,研习谋篇布局的章法,体会炼字炼句的艺术,是两个重点。"[①]中考文言文试题必然也要"咬字嚼句",从关键句、特殊句上去寻求言语的意义,体悟作者的情志。2020年浙江舟山、嘉兴卷文言文《跋傅给事帖》命题直接指向"炼句",推敲特定句式的言语意义:

小舟找到了对本文的评论文字"描叙简洁传神,议论旗帜鲜明,抒情爱憎分明",但他还是一知半解,请你结合原文,帮助他赏析下列句子的精妙之处。

(1)亲见当时士大夫相与言及国事,或裂眦嚼齿,或流涕痛哭。

(2)志士仁人抱愤入地者可胜数哉!

(1)句以外貌和神态描写"或裂眦嚼齿,或流涕痛哭",形象生动地写出了这一辈爱国士大夫因金兵入侵,生灵涂炭的忧心如焚和痛不欲生,使人如临其境,如见其人。(2)句则以一个强烈的感叹句来抒情议论,写出因国土沦陷抱恨而死的仁人志士之多,表达出陆游的极度愤懑。赏析句子表达形式时,我们必须重视"形神一体",由"形"悟"神",不可忽视作者言志载道这一根本。

2020年浙江舟山、嘉兴卷文言文命题还在特殊句子上着力。试题如下:

小舟有个疑问:文中"死者可作,吾谁与归",和《岳阳楼记》中"微斯人,吾谁与归"这个句子类似,两者表达的情感一样吗?请你结合作品为他解惑。

试题以课内外比较阅读的形式要求学生比较、分析陆游的《跋傅给事帖》中"死者可作,吾谁与归"和范仲淹的《岳阳楼记》中"微斯人,吾谁与归"这两个句子的情感表达。在形式上,"吾谁与归"一句属于"吾与谁归"的倒装句,

① 王荣生.文言文教学教什么[M].上海:华东师范大学出版社,2014.

特殊的表达有特别的用意;在内涵上,"吾谁与归"一句又是两文的卒章显志句。特定的言语形式能表现出一个人精神个性,"言语形式绝不只是语言技巧的问题,从根本上说更是思想情感的问题"①。经由炼句可以进入作者言志载道的关节点、精髓处。陆游在"死者可作,吾谁与归"一句中暗寓"朝中无人"之悲,只能在傅崧卿这位爱国前辈的遗文中,寻觅爱国情感的共鸣,表达了报国无门的愤慨和抗敌御侮的政治抱负。范仲淹在"微斯人,吾谁与归"一句里表达了要像古仁人那样,具有以天下为己任的担当,"先忧后乐"居安思危的忧患意识,"苦己为人"的奉献精神。

三、章法

中考文言文选文材料无论何种体裁,在形式上都有着共同点:语言精练、章法有致、内涵丰富。"章法",就是作者考虑如何选择有文采的语言进行表达。文言章法的安排与选择,能体现文章的结构之美,能凸显作者笔下的人物韵致,能彰显作者的表达意图。

2019年浙江绍兴语文中考文言文"从怎么写人物"的角度设题,比较同一人物不同的写法,引导学生感受文言章法这种"有意味的形式"。试题如下:

小传讲求记述简略,但人物形象鲜明。甲、乙两文在刻画张元忭这一人物时使用了不同的描写方法,请从下列句子中任选一句简要评析。

(1)一岁之中,往来凡三万余里,年逾三十二发白种种,其至性如此。

(2)太仆公乃色喜,大奇之。

章法的选择有利于刻画人物形象,突出中心主旨。即使是表现相同的人物形象,好的文章都会有不同的章法,其讲究的是"章法之灵活"。(1)(2)两句都刻画了张元忭的形象,但是写法却大不同。(1)句从正面描写入手,借助多个细节,如"往来""发白"等,写出张元忭为父亲"就逮"一事四处奔波,忧思烦愁,30多岁就已"白发种种",由此体现其至情、至性、至孝的品质。(2)句则从侧面烘托的角度来刻画人物,通过对太仆公"色喜""奇之"的描写,衬托出张元忭年少多才、明辨是非、率真正直的形象。

陈满铭说:"任何一个作家,不论是在古今或中外,写作文章时,一定得把

---

① 王尚文.语文品质谈[M].上海:华东师范大学出版社,2018.

各个句子与节段做合适的配置,才能够使作品产生巨大的说服或感染力量;这正如构组一部机器一样,必须使每个机件,按照各自所担任的作用与应处的部位,一一予以配置妥当,才能构成一个整体,以发挥它最大的功能。"①文言文阅读教学与测评,要关注谋篇布局的章法,从不同的章法中,感受作者情感的抑扬、顿挫、流畅,理解作者的言志载道,体会文言文言文相融的特色。

中考文言文材料具有"章法鲜明、人物鲜活、主题突显"等特点。宏观视野下的"章法运用",是从大处着眼的言语形式表达,具体来说是指在篇章的写作上考虑如何谋篇布局,如何丰满人物的形象和凸显人物韵致,如何彰显表达意图,等等。

2020年浙江各地市中考文言文试题也不乏对文言文章法的关注。

2020年浙江绍兴、衢州、台州、湖州等地的中考文言文命题显现出了相似的价值取向。试题不约而同地聚焦在文言文章法运用上,立足全篇,因文择定不同的章法,鉴赏其艺术效果,感受人物的精神世界,思考作者的表达目的。浙江绍兴卷的文言文语料出自江盈科的《雪涛小说》,文本从富儿的"忍"写起,欲抑先扬,乞丐辱骂其妻子儿女时"不胜忿","持梃挞之,一击而毙,为仇家所持",最终落得"坐偿"的结局。后写主政也不胜骂,"命挟之二十,不数日死",同样落得"坐偿"的结局。此二人与刘公面对大骂"若不闻"进行对比,突出刘公的智慧。试题要求"请比较刘公与富儿(或主政)的表现,分析刘公的智慧",着眼于全篇,从对比的写法入手,深入理解刘公"忍"的智慧——他善于洞察人心,他认为对方"知我而故詈"一定是有所倚仗,有所谋求;他还能预判事情的后果,知道不忍或将引来祸患。2020年浙江湖州卷的命题材料来自陆游的《跋李庄简公家书》,其中第17题如下:

上文是如何表现李光的"英伟刚毅之气"的?结合文章内容进行分析。

试题要求从整体上把握李光身具"英伟刚毅之气"的形象,以分析章法作为进入文本的切口,全面深入理解用怎样的言语形式表现相应的言语内容,即以各种写法凸显人物形象。原文材料从三个角度来刻画李光的英伟刚毅之气:第一,选取最能表现李光性格的生活细节,如李光罢政归乡,言及秦桧,"必曰咸阳愤切慨慷,形于色辞"。第二,突出情态,传达精神,如当李光言及

---

① 陈满铭.国文教学论丛[M].台北:万卷楼图书有限公司,1998.

赵鼎被贬谪之事时,"目如炬,声如钟",既有对赵鼎的不屑,又含对秦桧等人的义愤。第三,对比烘托,增其光辉。作者把李光与赵鼎对待贬谪的态度进行对比,突出他的刚毅。人物的精神烛照反映在人物的细节之中,融化在人物的言行情态上,李光与赵鼎有相似的遭际,却表现出不同的态度,折射的是不同的人生境界。从某种意义上看,评析章法运用之妙的过程就是走进人物内心和体察言志载道的过程。

2020年浙江衢州卷和浙江台州卷选文材料各异,却选择了相同的章法——以正面描写和侧面描写作为命题点。衢州卷《彭天锡串戏》的试题"本文用什么写法来表现彭天锡串戏之妙? 结合内容分析",立足宏观视角,注目全篇写人的方法,进行命题立意,撬动学生阅读的思维。台州卷选择了两篇表现骆宾王才华的短文进行组合式阅读,试题设问"两文为了表现骆宾王的才华,都采用了正面描写和侧面描写相结合的方法。试结合具体内容简要分析",命题从"正面描写和侧面描写相结合"这一章法的角度,围绕人物形象,串连两则材料,建立宏观联系,激发学生思考。

文言文章法多样,不同篇章文段会选用相应的章法。比如2020年浙江温州卷《听蕉记》中的文句:

迨若匉匉潽潽,剥剥滂滂,索索渐渐,床床浪浪,如僧讽堂,如渔鸣榔田,如珠倾,如马骧。

上面的语句在言语风格上极具特色。前后相邻的语言采用相同或相近言语形式的字、句、段,以此彰显内容的意义和实现言志载道的目的。一组组的叠词和拟声词,生动传神地表现了雨落蕉叶上或疾或徐、或疏或密等特点;前后句又用一组排比句,以"如"字领起,通过僧人诵经、骏马奔驰等比喻来描摹雨打蕉叶的声音,极富新意,有通感之趣;整个句子言语互相映衬,读来节奏分明,极富音乐的律动感,让人联想到雨中芭蕉摇曳生姿的美感。基于此,温州卷在命题上巧妙设计了这样的试题:《听蕉记》是如何用文字表现雨打芭蕉的声音美的? 结合画线句,加以分析。题目有趣,有味,有深意。

四、体式

文言文的言语形式不仅反映在遣字用句、章法运用上,还表现在文章体式上,根据文言体式的特点,在文化观照下,体察古人遣词造句的用意,是文言文测评的基本思路。

王荣生教授说过："阅读是一种文体思维，即对某一种特定体式、特定文本的理解、解释、体验、感受。"[①]文章体式内涵丰富，简单地说，可以认为是文类的特性和单个文本的特定样式。文本体式指向阅读方法的获得和阅读能力的培养。

2019年浙江衢州中考语文文言文阅读在这方面进行了积极的探索与尝试。试题材料出自司马光的《涑水记闻》，主人公杜衍命运多舛，一生颇具传奇色彩。幼年时，他遭遇山洪，在洪水中漂流很久后得救，手中的帽子竟没被打湿。十五六岁时，被其二兄用剑伤脑，出血数升，却能幸免于难。继父不容他，他生活窘迫，佣书自资。后来赢得贵人相助，考中进士，获取功名，地位显贵，却能以德报怨，帮助曾经伤害他的人。试题围绕杜衍的人生，从文言文体式来审察故事，逆向思考，辨析文体。试题如下：

能否认为本文是杜衍的传记？请运用传记的知识阐释。

文言传记类作品备受命题者青睐，是中考文言文选文的座上宾。在传统的命题思路中，考生对这类文体只要了解即可，但是浙江衢州卷不走寻常路，从"是什么"走向"为什么"，依据统编版教材中有关"传记"的知识，对杜衍的故事进行文体思辨，阐述理由。试题立足文言文特殊的言语形式，聚焦文言文体式，问题开放，思维发散，考查学生在真实阅读情境中的知识运用能力，着眼于学生的语文核心素养。

传记文学强调"内容真实、事件典型、注重细节描写"等，用事实说话是传记的特点，从人物的言行展现人物的精神风貌，具体记录传主的重要事迹，作者将情感隐藏在叙述中，不加评论。考生基于传记文学的特点，结合选文言语表达形式，可以畅谈自己的观点。

文言文试题命制首先要有全局的站位，研究篇章的言语形式表达，从文本体式等宏观角度沉入文本，发现言语表达的秘妙，这符合学生阅读的认知规律和文言文阅读测评的特点，"文言文阅读测试的目的主要指向学生对文本内容的整体把握，以及对重要词句与内容的理解与欣赏能力"[②]。

---

① 王荣生.依据文本体式确定教学内容[J].语文学习,2009(10).
② 章新其.语文命题技术研究[M].杭州:浙江教育出版社,2017.

我们知道阅读是一种文体思维，是对某一种特定体式的具体文本的阅读。中考文言文测评同样要留意"这一篇"文言文特定的关注点，发现言语形式传达出的言语意图。2020年浙江杭州中考试题第19题，正体现了这样的命题用意。原题如下：

你如何看待第二段故事情节的传奇色彩？请结合相关内容回答。

命题者紧紧抓住第二段体式上的鲜明之处，为便于解说，相关文字引用如下：

式仕为郡功曹。后元伯寝疾笃，临尽，叹曰："恨不见吾死友！"寻而卒。式忽梦见元伯呼曰："巨卿，吾以某日死，当以尔时葬，永归黄泉。子未我忘，岂能相及？"式怳然觉寤，悲叹泣下，具告太守，请往奔丧。太守虽心不信而难违其情，许之。式便服朋友之服，投其葬日，驰往赴之。式未及到，而丧已发引，既至圹，将窆，而柩不肯进。其母抚之曰："元伯，岂有望邪？"遂停柩移时，乃见有素车白马，号哭而来。其母望之曰："是必范巨卿也。"巨卿既至，叩丧言曰："行矣元伯！死生路异，永从此辞。"会葬者千人，咸为挥涕。式因执绋而引，柩于是乃前。式遂留止冢次，为修坟树，然后乃去。

故事表达的传奇性和神话色彩是上述文段的一大特色。故事中说元伯托梦给范式"巨卿，吾以某日死，当以尔时葬，永归黄泉。子未我忘，岂能相及"，告知自己的死期，希望好友能来相送。范式穿上为朋友吊丧的服装前去奔丧，等到下葬的那天，因未能及时赶到，要下葬时，"柩不肯进"，直到范式赶到，叩拜灵柩说："行矣元伯！死生路异，永从此辞。"范式就拉着引棺的绳索牵引灵柩，"柩于是乃前"，这个时候灵柩才缓缓向前，顺利下葬。

这一文本体式的独特性就在于用富有传奇色彩的故事凸显范式和元伯两人友情深厚、心灵相通，表达了人们对真挚友谊的赞美和向往。文言文的文本体式一是指狭义上的文本类别（文类），也就是我们日常所谈到的文体或体裁，比如书、序、表、记、说、传等。广义上的文言文文本体式也指"单个文本的特定样式，也就是个体文本所具有的特殊的表现形态"。中考文言文命题要关注文本体式，发掘同类文章的共性和单篇文章的个性，引导学生在特定体式的文本里，发现所传达的意思和意味，指向阅读方法的获得和阅读能力的培养。

陆机在《文赋》里说："体有万殊，物无一量，纷纭挥霍，行难为状。"文章的体裁纷繁复杂,不同的文体有着不同的语言、结构特征,也有作者独特的精神结构、体验方式、思维方式和其他社会历史、文化精神。不同体式的文言文,其文言的表达形式就会不同。教学和命题中要把握文言文的文体特征,探究特定体式下独特的言说形式和言说目的。中考文言文测评以文章体式作为命题的切入口,探寻文言文体式的意义,"有助于学生了解中国古代文人的风格特点及文学的发展脉络,深刻理解文章的内涵和作者的思想情感"①,学生还能以历史的和现代的眼光评价历史人物、历史事件,审视古代作品的内容和思想倾向,提出自己的见解,进而提高探究能力,养成严谨、求实的学风。

五、本体

文言文测评还要立足于文言文文体的本体属性。文言文区别于白话文的显著特性在于言语的留白和省略,这是文言文言语形式的鲜明标志。2020年浙江湖州卷指向言语的留白,浙江绍兴卷考查言语的省略。

文言文言简义丰,意味隽永。2020年浙江湖州卷第18题紧扣文言文的言语特点,着眼于留白,引导学生在上下文的情境中,咀嚼文言,丰富语义。试题如下:

请你根据上文和相关注释,推断李光"丁宁训戒"的内容,并结合陆游的诗词简述陆游受到的影响。

李光"丁宁训戒",并无具体言说,恰给读者留下阅读想象的空间,可谓"言有尽而意无穷",原文写李光不畏权佞,英伟刚毅,表现出他的浩然正气,我们就可推知为人要有气节和正气是"丁宁训戒"的内容。通过联系注释和文本内容,我们也可以知道李光是抗金领袖之一,力主抗金,到老了,还对他的子孙"丁宁训戒",所以"爱国和抗金"也可能是"丁宁训戒"的内容。

2020年浙江绍兴卷将言语的省略直接作为考查的内容,契合文言文言语表达的特色。言语的大量省略是文言文区别于白话文的一大特点,绍兴卷的试题命制可以说是切中肯綮。原题如下:

翻译文言文时,将句子中的省略成分补充完整,有助于我们正确理解句子的意思。请在括号里写出省略的内容。

---

① 孔晓玲.初中文言文文体意义的挖掘及教学应用[J].教学月刊,2012(2).

（　　　）遇仇家欲嫁祸，（　　　　）乃贿一乞丐，于元旦托乞，（丐）故出言詈之，富儿不为（　　　）动。

正如试题所陈述的"将句子中的省略成分补充完整，有助于我们正确理解句子的意思"，这是文言文阅读的方法和姿态。当然，作为言语形式的言语省略，在特定的文本和语境中，还承载着作者的言说意图，我们决不可坐视不管，追寻言语省略的意义，也理应成为中考文言文命题的价值追求。

《语文命题技术研究》一书对文言文考点的设置建议："考点应体现古诗文'文言'的特色，立足于具有典型文言特性的词句及体现传统文化价值的内容。"[①]2019年、2020年浙江各地市中考文言文的试题整体上契合这一命题要求，同时基于学科特色、文体特点，聚焦文言文言语形式，指向对文本内容的整体把握与对重点词句和内容主旨的理解、欣赏能力，从而对文言文的教与学起着规范与导向作用。

第六节　言语形式与文言文言语活动

倪文锦教授认为，"语言教学是语文教学的正道"，"语文课必须从语言形式入手"[②]。学习言语形式如何生成言语内容，文何以载道，是语文学科的独特任务与使命。

文言文作为语文教学的重要组成部分，也要研究其言语形式如何表现言语内容，探寻文言、文章、文学、文化，何以有机统一，相融相生，一体四面。

文言文语言比现代文语言更简洁，凝练，典雅，意蕴丰富。从言语形式来看，经典篇章的文言可谓字字珠玑，言说形式尤为特别；在文章层面上看亦有独到之处，其功能价值明显，文体特征迥异，表情达意形式独特；文言文的文学性突出表现在遣字用句和谋篇布局的艺术上。

"语文课程是一门学习语言文字运用的综合性、实践性课程"，语文课程

---

① 章新其.语文命题技术研究[M].杭州:浙江教育出版社,2017.
② 倪文锦.语言教学是语文教学的正道[N].光明日报,2015-10-20(15).

"应着重培养学生的语文实践能力",同时认为"培养这种能力的主要途径也应是语文实践"。文言文教学应遵循语文课程的规律,把握课程性质和特点,在各种言语实践中,在学习活动过程里,积极促进学生自我构建言语的能力,"以自我的生活体验为基础,通过具体情境的言意转化活动,自如地驾驭言语形式,从而赋予言语以新的活力和个性化的生命"①,从而提高语文能力,提升语文素养,这是语文学习的内在规律。学生言语能力和水平的发展,言语知识和生命的丰富,主要在言语活动中发生和实现。"意义生长,思想提升,情感熏陶,能力提高,习惯养成,都有赖于学生围绕读说听写思展开的言语实践。"②

语文核心素养也只有在言语实践活动中才能落地生根,学生在真实的言语活动中,习得语言,运用语言,以审美化的视角审视文本和生活,产生情感与思维的共振。言语活动的过程,也是感知、体悟、实践、内化语文知识、语文素养和立德树人的过程。言语活动与语文核心素养的关系,如图2-1所示:

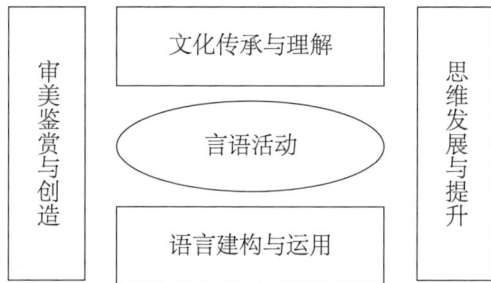

图2-1 言语活动与语文核心素养的关系

文言文教学如果脱离了积极的言语实践活动,失去了创设的言语活动情境,那么所谓"语言建构与运用""思维发展与提升""审美鉴赏与创造""文化传承与理解"等,都将是无源之水、无根之木。所以王宁教授提醒:"语文核心素养是学生在积极主动的语言实践活动中构建起来,并在真实的语言运用情境中表现出来的个体言语经验和言语品质。"③

---

① 沈锦程.基于言语实践的初中文言文教学个案研究——以苏教版初中语文《小石潭记》为例[D].宁波:宁波大学,2015.

② 王良.发展言语能力,丰富言语生命——论言语教学的目的、路径与价值追求[J].语文教学通讯,2017(4).

③ 王宁.语文核心素养与语文课程的特质[J].中学语文教学,2016(11).

言语形式视野下的文言文教学可以有哪些积极的言语实践活动呢？

一、吟咏诵读

学习文言文要从诵读入手，因声求气是传统语文教育重要的读书方法，也是文言文教学有效的学习活动。刘大櫆说："我之神气，即古人之神气；古人之音节都在我喉吻间，合我喉吻者，便是与古人神气音节相似处，久之自然铿锵发金石声。"[①]文言文教学借助各种形式的吟咏，通过停顿、重音、语调、语速等，来感文意，赏辞章，悟文化；可以将"看不见的情气、意味转化为具体可感的物质形式"，"实现文本言语情味的整合体"[②]。比如，《湖心亭看雪》的教学就可以在诵读吟咏中，经"言"得"意"，悟"言"赏"文"，从而在由"言"到"意"，由"意"到"文"，再由"文"到"言"之间走一个来回。张岱一直在等待看雪的时机，选择雪后晚上"更定"出行，意味深长。因为有等待，他的心情如何？笔者紧紧抓住"是日更定矣"一句，组织学生反复吟咏，从一个虚字"矣"中，因声求气，体会作者的情思和神气。教学实录片段如下：

师：通过刚才的交流，大家一致认为张岱去湖心亭看雪不是乘兴而往，而是择日而行。文中哪一句话写出了张岱去湖心亭看雪的时间？

生1："是日更定矣。"

师：特别的选择背后有特别的心情。这句话怎么诵读才能表达张岱此时的心情？谁来读一读。

生2："是日更定矣"。重读"更定"，表达张岱期待看雪的心情。

生3："是日——更定矣"（"是日"后停顿，"更定矣"语速急促）。张岱很激动，也很兴奋，大雪三日，湖中鸟飞绝，人迹罕至，看雪的机会终于等来了。

师：正如两位同学所解释的，此时张岱的心中有激动、兴奋、期待，也有急切。大家再读这个句子，我将句末的语气词"矣"删去了，会有什么变化？

生4：没有了"矣"，读后平淡无奇，只是客观记录一个时辰。

生5：如果删去"矣"，我读不出张岱的心情。

师：一个虚字"矣"中渗入了作者的情绪、情感和情怀。同学们，再按原句

---

① 刘大櫆.论文偶记[M].范先渊,点校.北京:人民文学出版社,1959.

② 童志斌.对诵读法的新认识——朗读[J].语文教学通讯,2007(1).

朗读,"矣"怎么读才有情趣?

生6:"是日更定矣——","矣"字拖音,读出张岱想去湖心亭看雪的急切。

生7:"是日更定矣——",我也觉得朗读"矣"要有延长,读出张岱终于等到看雪之时的欣喜。

师:几位同学的朗读有滋有味,深得张岱之心。一个"矣"字情味无穷,所谓"小虚字,大世界",学习文言文要"沉潜吟咏,慢慢欣赏"! 张岱急于前往湖心亭看雪,还有哪句话可以得见?

生8:"余拏一小舟,拥毳衣炉火,独往湖心亭看雪。"(句与句之间读得急促)"拏""拥""往""看",四个动作前后相承,可以想象张岱收拾好装备就急匆匆赶往湖心亭看雪的情状。

师:通过朗读,你们走进了张岱的语言、张岱的内心。文言文的一半生命在朗读之中,借用叶嘉莹先生的话,"感情一定是跟声音结合在一起的"。

曾国藩说:"非高声朗读不能展其雄伟之概,非密咏恬吟则不能探其深远之韵。"吟咏诵读是文言文教学的不二法门,诵读不仅是一种文言文言语的学习活动,也是进入文言文言文合一的通途。

王小波认为:"文字是用来读,用来听,不是用来看的。"纵情朗读可以抵达文言的美妙之境,纵情朗读也能唤醒文言文的生命活力。朗读已然不是简单的教学手段,在解字会意时,我们可以朗读;在阅读思维阻滞时,我们可以朗读;在走进作者的精神世界时,我们可以朗读;在感受文言的余韵悠长时,我们可以朗读;在融入我们的生命情怀时,我们可以朗读……文言文教学如果离开了朗读,就会成为一潭波澜不惊的死水。

在所有经典的文言文中,韩愈的《马说》可以称为朗读生趣的范本。笔者在课堂里采用师生对读的形式,以读解文,以读传情,以读促思。

师(朗读):其真无马邪?(平淡柔和的语气)

生1(朗读):其真不知马也。(重读"真")

师:为什么你朗读时将重音落在了"真"上?

生1:千里马就在面前,可是"食马者"竟然说"天下无马",他们有眼无珠,真的不认识千里马,所以想强调"食马者"的愚蠢无知。

师:我们再来演绎一次。我读后一句,你来读前一句。

生1:其真无马邪?(强烈激动的语气)

师:她朗读得很有激情,语气也强烈,是不是比我刚才好多了?

生2(笑):肯定好多了。因为这是一个反问句,你没有读出这种句式的感觉。

师:哪些语言上要读出反问的语气?

生3:"邪"吗?

师:其真无马邪?("邪"字语音上扬,语气渐强)但是,我总觉得朗读的语气还不足以构成反问,是不是还有其他语言的语气没有读出来?

生4:"其",也要上扬,"其"与"邪"表示反问的语气,难道真的没有千里马了吗?(说得很激动。)

师:原来这个"其"字这么重要。我再来朗读,听听我有没有长进。"其真无马邪?"(以激昂质问的语气朗读,学生以掌声回应了教师的朗读,并尝试继续朗读。)

生5(朗读):其真不知马也。("真不知"三字都重读)韩愈还想表达对"食马者"的不满,抨击他们的无知。

生6(朗读):其真不知马也。("也"字拖音延长。)

古人说,用叠字难,而韩愈在《马说》一文中,连用五个"也",字字意味深长,情感饱满,一声声"也",一声声哀鸣,一声声叹息,一声声悲愤……撼动人心,响彻古今。在文言文阅读中,纵情朗读能唤醒文言文的生命活力,纵情朗读无时无刻不令课堂增辉添色,通过朗读,我们享受到文言带来的愉悦之美。

二、说言会意

文言是文言文教学的起点,"言"的积累是基础,不可或缺;只有把握"言",才能鉴赏文言文的文学性,领悟丰富的文化内涵。但是,处理"言"的方式却大有讲究,传统的大行其道的做法是以"工具性"为主要导向,以字词的解释、翻译为主要目的。教学形式单一,教学低效无趣。

文言文教学要着眼于"言"的学习、理解、欣赏、感悟,依据文本体式、文言文的特征、学生学习的起点和兴趣点以及困顿处等,通过设置情境,营造学习活动场,以多种"说言"的方式对文言文进行"言"与"意"的转化,感知并探究"言"的意思、意义、意味乃至意蕴,从而通过对"言"的解读来阐释它所承载的内容,以"言"所蕴含的文化来反观"言",融文言于一体。

以蒲松龄《狼》的教学为例,在学习活动的设计上,作为文言小说可以采用师生说故事的形式来进行言语教学,即师生以第一人称(屠户)说狼的故事情节,按照故事情节的发展脉络,将涉及主要字词的内容隐去,提示学生说正确的故事,教师故意说错误的故事,引导学生指出其中的言语表达错误。比如,教师说故事的结尾:

一会儿,我看见一只狼径直离开了,有一条狗蹲坐在我前面。很长时间后,狼好像闭上了眼睛,神情悠闲得很。我看机会来了,悄悄用刀杀死了它。另一只在柴草堆后打洞的狼,也被我从后面砍断了屁股,最终也被我杀死了。

通过师生双向说故事,学生积累了语言,理解了文意,梳理了内容,言语教学扎实有效。

立足文本的言语形式开展"说言会意"的言语活动,教学才能灵动起来,学生才会活跃起来。教学《答谢中书书》时,依据本文以四字句迭现画面的言语特点,设置"用偏正短语的形式,概说陶弘景笔下的山川美景"的言语活动,比如直接霄汉的山峰、色彩斑斓的石壁、清澈见底的溪流、青葱翠绿的山林和丛竹……通过这样的说话活动,教学避免了因琐碎的文白对译而遗落篇章大意,既保留了文言句式上的美感,也最大限度地解读了文言作品的价值。

文言文教学中,学生不是被动接受,而是积极参与,主动体验。"说言会意"的言语活动丰富多彩,"注重学生的学习主体地位,在文言作品的情境体验和文言义的表达运用中,推动文言阅读的自主化、深度化,学会思辨化、个性化的文言思维,获得古典化、民族化的文言审美"[①]。《答谢中书书》的教学还要体会作者发现的山川之美,这个时候学生可以化身为导游或摄影师,选择陶弘景笔下的一处美景,进行言语实践活动,用发现美的眼光和感受美的心情介绍其中的"美意"。有学生这样介绍"青林翠竹":

山林一年四季不寂寞。尤其在林寒涧肃的深秋与万物蛰伏的严冬,林木与丛竹依然青葱翠绿,生机勃发。

还有学生如此描述"清流见底":

人看水中的游鱼细石,直视无碍。人与物,物与人不隔。人与物相亲相

① 张旭,韦冬余.基于核心素养的高中文言文学习新探[J].语文建设,2018(6).

融,所谓"山光水色与人亲"。

"说言会意",是学生对文言的理解与积累,更是对文章、文学、文化的寻觅、探析和深究,学生徜徉在文言的途中,漫步在趣味、情味、美感和思辨的文言文境域里。

三、借词发挥

经典文言文阅读的魅力与乐趣,还在于透过文言可以照亮作者的精神和我们回家的路。阅读文言文时,我们要在文言的千沟万壑之中寻觅清流;我们要在作者的精神轨迹里爬梳;我们要"揪住"每一处文言,发掘其价值与功能;我们要揭示每一处文言的秘密;我们要燃烧文言的热情,激发它们的活力,让孩子们体味文言的无穷魅力。

就《五柳先生传》中陶渊明的三大爱好,在课堂教学中,可以从平淡处见精神,组织"借词发挥"的学习活动,咬文嚼字。

师:好读书、嗜酒、著文,这些兴趣爱好,对于五柳先生有什么意义?

生1:文章说"忘怀得失,以此自终"。五柳先生可以不把得失放在心上,过完自己的一生。

师:五柳先生了不起啊!为什么呢? 你们看,按照我们的生活经验,你们觉得一个人是容易把"得"还是"失"不放在心上?

生(众):得。

生2:我们很容易满足于得到的东西。

生3:很多时候对没有得到的或者失去的东西会斤斤计较。

生4:我们对失去的东西会耿耿于怀,无法忘却,不能割舍。

师:五柳先生,他不仅能忘怀"得",还能忘怀"失",这是多么了不起的境界! 这种精神境界的内涵是什么?

生5:在乎内心的感受,不在乎荣利。

生6:看淡物质。

生7:不在意身外之物。

生8:他追求内心和精神的满足与愉悦。

课堂中,从"得失"切入,借"得失"一词探讨五柳先生的精神世界。学生通过"得失"明白了,只要内心满足,精神世界丰富,就可以忘怀"得失";如果内心"空空如也","萧然",那么"得失"就会填满我们的心,我们就会被它们牵绊,生活就难以洒脱。阅读文言文,要借词发挥,点亮文言,释放文言的光芒,文言文的光彩才能彰显出来。

四、展开遐想

阅读陶渊明的《五柳先生传》,如果受制于文句"家贫不能常得。亲旧知其如此,或置酒而招之;造饮辄尽,期在必醉"的意思,无异于味同嚼蜡,兴味索然。有意思的文言文阅读,要引导学生在知其意的基础上,尽其味,将文言的意味展现出来,丰富起来,表达出来,见言如见人,知言会神。陶渊明"嗜酒成性",然为生计所困,他在《归去来兮辞·序》中写道:"余家贫,耕植不足以自给。幼稚盈室,瓶无储粟,生生所资,未见其术。"爱喝酒的陶渊明,怎样喝才算"造饮辄尽,期在必醉"? 在教学中,笔者和学生通过对话,从一个"醉"字展开遐想,打开想象的阀门,搅动文言的波澜,教学片段如下:

师:爱喝酒的陶渊明,怎样喝才算"造饮辄尽,期在必醉"?

生1:大口大口地喝。

生2:一碗一碗地喝。

生3:像李白那样"一杯一杯复一杯"。

师:大碗大口喝酒,一杯杯喝酒,直到喝醉方罢休。五柳先生就像是一个酒鬼,怎么来认识五柳先生的酒"醉"?

生4:他不是酒鬼。因为他"造饮辄尽",喝酒图的是满足,喝个尽兴,不像酒鬼那样喝得烂醉如泥,不省人事。

师:哪里可知五柳先生喝酒尽兴就好?

生5:"既醉而退,曾不吝情去留。"五柳先生喝醉了就回家,如果贪酒的话,他不可能想到回家。

师:所以,五柳先生"期在必醉""既醉而退"的"醉",不是一般意义上的"醉酒""烂醉",而是"陶醉"于喝酒的兴致中。尽兴了即可,不求多,不贪杯,什么时候尽兴,什么时候精神快乐了,什么时候就回家。通过一个"醉"字,我们可以想象陶渊明虽生活贫困,但有着率真的性情和追求精神自在的生活。

文言文言简义丰的特点,要求在教学中通过想象还原或再现文言字词背后丰富的画面和意蕴,唤醒孩子的阅读体验,走进文本的深处和作者心灵的深处。阅读《桃花源记》，由渔人"停数日，辞去"一句，可以想象渔人在桃花源的所见、所闻、所感，从而帮助学生理解陶渊明虚构"桃花源"的现实意义。在文言文的阅读教学中，借助丰富的想象，让学生不仅能沉入文言，还能透过作者独特的语言和作品的具体语境来感受作者的情绪、情愫。

五、动作演绎

当前的文言文教学带给学生的多是对文言本身的理解，所谓"见言是言"，而非"言中之味"，究其根源，在于教师的文言文教学理念滞后，更在于课堂言语实践活动的缺失，未经体验、感悟、想象、运用的文言都是僵化的语言，这样学文言文，学生"没有打通表象、情感、愿望、意志、直觉、灵性乃至潜意识的东西，没有根，学到的语文既是浮光掠影的，又是支离破碎的，处于一种蛰伏的状态"[①]。卢梭说："我们只主张我们的学生从实践中去学习。"[②]文言文教学要让文言深深植入学生言语生命的最底层，要实现学生个体的发展，要塑造学生的品格和人格，自然离不开言语活动。

在积极的言语活动中，文言文之味不断丰富，从无到有，由淡入浓，学生能读出潜伏在文言深处的趣味、情味、意味，画面、风景、故事……阅读文言文，与其说与文言相遇，不如说际会一个个鲜活的生命。因此，阅读文言文是与美丽的邂逅，也是精神的还乡。

阅读蒲松龄的文言小说《狼》，我们可以请学生当场演绎"屠暴起，以刀劈狼首"中"暴起""劈"的动作，在模拟体验中感受屠户随机应变、果断、勇猛的形象，这样的教学效果远甚于对"暴""劈"进行直接释义。因为从"言"直接到"意"，是一种抽象的、逻辑的学习。而经过言语活动这个中介，"学生的语文学习实现了具象与抽象、感性与理性、情感与理智、头脑与心灵、意识与潜意识的有机统一"[③]。

《送东阳马生序》中宋濂的求学之"艰难"如何不成为空洞的言说？衣食无忧的学生如何走进宋濂贫穷的生活？面对不同的文言文，"量言裁衣"显得尤为重要，在动作演绎的言语活动中给文言注入活力，更给课堂以思考的力

---

①③ 王崧舟.爱上语文[M].济南:齐鲁书社,2019.
② 卢梭.爱弥儿[M].李平沤,译.北京:商务印书馆,1978.

量。如阅读以下文字：

当余之从师也,负箧曳屣,行深山巨谷中,穷冬烈风,大雪深数尺,足肤皲裂而不知。

"负箧",我们摆出曲背的动作,是否比解释"背着沉重的书箱"更形象而直观?"行深山巨谷中",宋濂当时是"走",还是"趋"?如果是行走在深山大谷之中,宋濂行走的动作是怎样的?能快步向前吗?能一路无阻吗?能雄起赳气昂昂吗?"穷冬烈风",寒风凛冽,宋濂极可能逆风雪行走;明代的一尺大约为31.1 cm,在这样"数尺"的深雪里,宋濂又怎么行走?路上的碎石、荆棘、沟壑怎么避免?为此,我和学生们分别演绎宋濂不同的行走姿态,最终有这样的画面和故事:

在风雪的肆虐下,在茫茫无际的白雪中,宋濂伛偻而前,踽踽而行,一路蹒跚,深一脚浅一脚……

动作演绎,将无形的语言转化为有形的姿态,营造文言文阅读的"磁场"和温度。如此阅读文言文,学生还会视文言文为"洪水猛兽"吗?

六、以图解言

"教师最要注意的是所用的教学方法须和所希望达到的教学结果相适合。否则,隔靴抓痒,必无效果。"[1]每一种教学结果,都有它适宜的教学方法。文言文教学也要从教学目的这一角度选择合适的言语活动,学生在言语实践中进入课文,在品析义言中,领悟课文意蕴,把握人物形象。

如何引导学生真切感受欧阳修笔下卖油翁精湛的酌油之技?教学时可以摒弃以文解文的传统思路,大胆尝试以画品文、以图解言的方式,让学生画一画"徐以杓酌油沥之,自钱孔入,而钱不湿"的情景图(图2-2)。我们知道,汉语的语言是一种具象思维,汉语的精神是充满感受和体验的精神。因此,文言文教学要在语言和精神、思想之间搭起一座桥梁,激活学生阅读和探究的兴趣。课堂里,笔者呈现了对卖油翁"酌油沥之"的两种不同理解的情景图,以此展开品言析文、咬字嚼文的言语活动。

---

① 杨同芳.国文国语教育论典(下)[M].北京:语文出版社,2014.

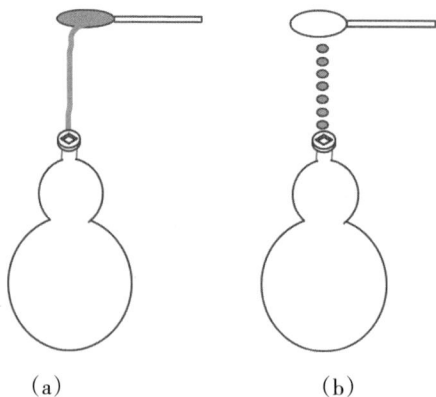

(a)   (b)

图2-2 "徐以杓酌油沥之,自钱孔入,而钱不湿"的情景图

图2-2(a)中的油,滴滴连成缕缕丝线,不偏不倚注入葫芦。图2-2(b)中的油,一滴接着一滴落下,宛若下坠的水滴,滴滴落入葫芦口。由此,引导学生辨析哪幅图像符合"沥"字的意境和意味。文言就在图文并茂的解析中鲜活起来,卖油翁精湛的技艺也就有了着落,出神入化的酌油之术自然留在了学生的心里。语文教学要为学生的语文实践创造条件,"直奔人物形象或课文意蕴结论的所谓短平快的教学,轻视乃至忽视引导学生探究结论的过程,实际上是忽视学生的'语文实践'"[①]。故而,教学《记承天寺夜游》可以引导学生在因言悟情的基础上,把苏轼丰富的情感借助心理曲线图表现出来。教学纪昀《河中石兽》时,也可以启发学生根据老河兵对石兽位置的阐述,画一画石兽的位移图。知识在情境中才能激活,语言在实践中才能催化学生的素养,正如有人说的"人们不可能在情境之外发展他们的能力"[②]。

七、微言小语

文言文教学要走出无趣、无味、无知的困境,就必须变"教"为"学",创设学习情境,设计学习活动,搭设任务支架,在学习任务的驱动下,体验由"言"到"文",再由"文"到"言"的螺旋式上升的学习之境,最终让学生形成"语言建

---

① 鲍道宏.在积极的语文实践中提升学生思维品质——统编本七年级下册《卖油翁》教学谈[J].语文建设,2018(11).

② 柳夕浪.今天谈"能力培养"意味着什么[J].人民教育,2012(20).

构与运用""思维发展与提升""审美鉴赏与创造""文化传承与理解"等语文核心素养。

情境是能力的缘起和孵化器。文言文教学除了听、说、读之外,还可以写在文本的空白处、关键处、转折处、矛盾处、精彩处等,让学生进行文言微表达,"借助学生生活的体验,巧妙地连接课堂、融合文言的言语实践"[①],对话语言,对话文本,对话作者,对话生活。

比如宋濂的《送东阳马生序》里描写同舍生的穿戴时极尽笔墨,"同舍生皆被绮绣,戴朱缨宝饰之帽,腰白玉之环,左佩刀,右备容臭,烨然若神人",穿戴几近奢华,"烨然若神人"。但对他们每天吃几顿、吃什么却只字未提。奇怪的是文章却写到了作者的吃,"主人日再食,无鲜肥滋味之享"。我们就可以借助这一语言空白,引导学生进行想象还原,具体写一写同舍生每天可能吃的食物,从中去体会宋濂的生活之艰、求学之苦,感受宋濂"冒风雪受饥馁以求名师,叙以往述己志为勖后人"的殷切劝勉之情。

古代寓言故事的教学也可以进行入微表达。我们知道寓言故事情节设置的好坏关系到寓言的未来。教学《杞人忧天》时,我们可以让学生改写或续写原来的故事,使文章产生新的寓意。在学习活动中,笔者的学生在寓言故事的结尾,续写了这么一句:

杞人之忧如故,晓之者叹然而去。

通过改变情节,寓意随之丰富,思维也相应激活。契合文体的微表达,带给学生表达的乐趣,又能促进学生对寓言这一体式的深度认识。可见,"不开展言语活动,缺乏情境支持的内容展示、知识灌输、结论传递,意义不大"[②]。

文言经典篇章《湖心亭看雪》备受传诵,可是真正能走进文本核心和张岱内心的读者,少矣!开篇一句"余住西湖",作为文章的关键句,直指文本的"要害",只有反复推敲"余住西湖",才能打开张岱幽微心灵和苍茫精神世界的大门,才能发现其中的文化密码。我们同样可以让学生以"余住西湖……"为开头,写一写张岱的梦或张岱的西湖,感张岱之感,发一己之见。课堂上笔者带着学生设身处地想象,让他们带着各自的生活经验、阅读积淀、生命体

第二章 言语形式与文言文教学

---

① 桑苗.在语文活动中学习文言文[J].基础教育课程,2017(22).

② 王良.发展言语能力,丰富言语生命——论言语教学的目的、路径与价值追求[J].语文教学通讯,2017(4).

验、审美幻想,去创造性地还原属于他们自己的"张岱的西湖""张岱的梦"。

一个学生这样写道:

余住西湖,可谓悠然自乐:春日,即可步于湖畔,看"几处早莺争暖树,谁家新燕啄春泥";夏日,即可乘舟水上,赏"接天莲叶无穷碧,映日荷花别样红";秋日,即可攀登高峰,望"晴空一鹤排云上,便引诗情到碧霄";冬日,即可观雪于亭,品"忽如一夜春风来,千树万树梨花开"。然西湖之景,已成过往;悠然之梦,业已破碎。悲乎!

一个学生这样写道:

余住西湖,清泉如镜,柳暗花明,池边树与亭掩映,时隐时现,余尝挈一小舟,提酒,独往湖心亭赏四季之景,醉梦方休。天与云与山与水,与湖中亭,湖上舟,舟中人皆余所爱甚。然今我来思,恍若浮生若梦,何处为家,何处为心之所属矣?

一个学生这样写道:

余住西湖。西湖之山,巍巍而立;西湖之水,脉脉相迎。晴初雨后,浓妆淡抹;大雪三日,素白如一。西湖之景,唯我独钟。

箫管声声,歌舞袅袅。歌吹为风,粉汗如雨。绿烟红雾,珠翠罗绮。赋诗饮酒,吟赏烟霞。西湖繁华,唯我独醉。

繁华靡丽,过眼皆空。陶庵梦醒,恍若余住西湖。——昔我往矣,杨柳依依。今我来思,雨雪霏霏。

八、融入生活

文言文教学要看到今天,想到未来,就必须突破文言原点,树立与生活、时代融合的课程意识,"要将思维的触角伸向时代,在现实生活中找到生长点,架通'古''今'之间的桥梁,才能焕发生命的活力"[1]。

中学教材中所选的文言文都是经过历史积淀的经典篇章,深藏中华民族的精神,蕴含丰富的人生阅历。教学中要因时因课发掘其中的深刻思想,汲取其中的人生智慧,在学生的心中播下精神生活的种子。在教《〈论语〉十二

① 殷秀德.文言文的学习兴趣应该来自哪里?——来自七节文言文课堂实录的启示[J].语文教学通讯,2017(10).

章》时,就《论语》中的学习、为人、生活之道,我们设计"选取一句作为书签上的名言警句"的活动,要求学生用情朗读,认真选择,合理阐释。课后要求学生背诵默写名句,制作卡片,赠送他人,让那些历久弥香的典雅且生生不息的良语箴言在亲切真诚的话语中苏醒复活。教学《狼》时,可以变换思路阅读小说,创设"小说结局我来写"的活动环节。屠户最终奋起反抗,两狼一命呜呼。如果你来写小说,你会选择哪一种结局?是屠户杀狼还是屠户被狼吃掉?从而认识人性的善与恶、美与丑。阅读《河中石兽》,我们可以走出故事的狭小天地,解开"然则天下之事,但知其一,不知其二者多矣,可据理臆断欤"的枷锁,基于志怪小说特点——借故事表达自己的寄托和感慨,设置"改写情节,重生道理"的活动,以尝试改变部分情节,改变故事中三人出场的次序,改变判断结果,等等,来探究小说折射的现实意义。

一个学生这样改写:

老河兵认为石兽在上游,讲学家听后固执地认为石兽在地中,僧人听后则坚持认为石兽在下游,后来经过打捞发现石兽在上游。借此想说明我们要善于听取并虚心接受他人的意见。

一个学生这样改写:

僧人在原地求取石兽,但是寻之无果。讲学家认为石兽在下游,但是求之无迹。老河兵则言石兽埋于沙中,但同样无迹可寻。最终寻数月石兽也不知所踪,最后再买了两只石兽。借此想说明凡事要懂得变通,若原来的路行不通,可另辟蹊径,不必拘泥于一处。

文言文的言语活动只有植根于鲜活的土壤,才会有生活的芬芳。文言文教学应在融古汇今中建立与古人相通的思维方式,深入传统,汲取民族的智慧,思考生活,评判社会,传承和反思文化。

语文学习始于言语活动,又复归于言语活动。积极的文言文言语活动可以促进学"言"达到教"文"的目的,学生在主动的言语实践活动中丰富言语经验,提高语言能力,同时掌握思维方法,提升思维品质,"达到对文章、文学、文化的深层次理解,从而触摸文本的精神内涵,获得精神的成长"[1]。

第二章 言语形式与义言文教学

---

① 曹勇军.追求文言、文学和文化的和谐统一—[J].语文教学通讯,2007(2).

第三章
文言文言语形式聚焦

中国台湾作家张大春先生在《文言启蒙》一文中,谈及在他小学六年级时先父与他聊《项羽本纪》中楚霸王乌江自刎的故事。

当时的张大春先生并不清楚释书上的文句为什么那么写,因为每个字他都认识,却看不懂其中的意思,于是他问父亲:"为什么你看得懂,我看不懂?"

父亲的回答令他念念不忘:"一个个的人,你都认识;站成一个队伍,你就不认识了。是吧?""文言文的难处,是你得自己把那些空隙填上。你背得愈多,那空隙就愈少。"

时隔近五十年,张大春先生依旧清楚地记得父亲当时念出的如下字句:"公少颖悟,初学书,不成。乃学剑,又不成。遂学医。公病,公自医,公卒。"这是父亲对他的文言启蒙,为他点亮了一盏灯,自此文言文的学习一路光辉。

后来,张大春先生发现了父亲念的那一段文字的妙处所在:

从用字的细微处体会:"初""乃""又""遂"领句,让重复的学习有了行文上的变化,可是末三句显然是故意重复的"公"字,却点染出了一个一事无成者此生的荒谬喜感——即使它有个悲剧的结局。①

张大春先生对《项羽本纪》中上述文字的分析,正是站在文言文言语形式的角度来看的。不论是虚字使用,还是言语的反复,都是文言文言语形式的表达,体现了文言文以怎么说(言语形式)来实现说什么(言语内容)的意图。

文言文教学要致力于发现和传送文本怎么说的独特言语形式的秘密,让学生从"怎么说"中学习怎么说,理解怎么说,揭秘怎么说,从而帮助学生养成文言文阅读的言语形式观。在文言文的阅读教学中,我们怎么引导学生关注言语形式? 我们走进文言文的言语形式有哪些路径?

对于任何一个文本,我们可以经由宏观、中观、微观三个角度去观照文言文的言语形式。从宏观角度看文言文的篇章结构、章法运用、文本体式等,从中观角度看文言文的句段表达,从微观角度看文言文的炼字炼句。

---

① 张大春.文章自在[M].桂林:广西师范大学出版社,2017.

第一节　宏观视野下文言文的言语形式

"包世臣论王羲之的字,说他的字单看一个一个的字,并不觉得怎么美,甚至很不平整,但是字的各部分,字与字之间'如老翁携带幼孙,顾盼有情,痛痒相关'。"①

文学语言也是这样,汪曾祺先生认为:"句与句,要相互映带,相互顾盼。一篇作品的语言是有一个整体,是有内在联系的。文学语言不是像砌墙一样,一块砖一块砖叠在一起,而是像树一样,长在一起的,枝干之间,汁液流转,一枝动,百枝摇。"②

这告诉我们任何文本都是一个有机融合的整体,阅读的时候首先要宏观把握,立足全局,以免挂一漏万,只见树木不见森林。

文言文教学要在整体宏观的视野下审视文言篇章,从文本体式、篇章结构、章法运用等角度走进文言文的言语世界,探寻言语形式表达的奥秘,读懂言语形式承载的言语内容,在潜移默化之中提升学生的语文素养。

一、立足文本体式,探寻文体意义

在阅读教学中,我们首先接触的是一篇篇脾气、个性、体貌等特征差异显著的文章。从宏观角度审视这些作品,体察不同作品的言说方式,就要辨识每一篇文章的体式。所谓体式,是指文类的特性和某一文本的特定样式。宏观视野下的文言文体式,偏重于文言文的文体类型,即文章体裁。

"阅读是一种文体思维,即对某一种特定文本的理解、解释、体验、感受。"③阅读教学要量体裁衣,面对不同类型和个性的文本,教学内容的确定,

---

①② 汪曾祺.晚翠文谈[M].郑州:河南文艺出版社,2017.
③ 王荣生.依据文本体式确定教学内容[J].语文学习,2009(10).

教学方法的选择,学习活动的组织,就会因体而异,随体而变。统编版教材文言文选文类型丰富,如"书"(《诫子书》等)、"铭"(《陋室铭》等)、"说"(《马说》等)、"记"(《小石潭记》等)、"序"(《送东阳马生序》)、"表"(《出师表》)等,还有其他具有鲜明文体特色的文章,如《与朱元思书》和《答谢中书书》,选自《史记》的《周亚夫军细柳》,选自《孟子》的《得道多助,失道寡助》,选自《战国策》的《邹忌讽齐王纳谏》等。不同文体的文言文有着各自相应的目的、功能和语体特点,不同的文体也体现了不同的审美价值和实用价值,作家借此言志载道或表达自己的需求。

根据清代姚鼐的《古文辞类纂》和褚斌杰的《中国古代文体概论》等相关理论,"中学教材中的文言文大致可分为史传文、论说文、山水游记、小说、辞赋和应用文六大类"[1]。史传文以叙述和描写来突出人物形象、彰显人物精神,比如《周亚夫军细柳》,在曲折奇特的情节叙述和正面与侧面相结合的描写以及对比、衬托手法的运用中,表现了周亚夫治军严明、恪尽职守、刚正不阿的"真将军"形象。论说文作为说理性的文章,教学过程中要厘清作者说了什么理和怎么说理,就要探求"隐藏于现象背后的道理"。周敦颐的《爱莲说》就是一篇典型的论说文,本文借说莲花,表现对洁美人格的歌颂。"文章说明并比较了菊、牡丹和莲花的特性,通过对莲花形神的刻画,寓意深远地赞美一种洁身自好,不受污染的人格。"[2]因此阅读这篇文章时如果抓住了论说文的文体特点,就可以厘清文章说理的逻辑。作为"山水游记"的"记",这种文体的文言文数量较多,如《小石潭记》,这类文体以叙事、写景、状物为主,或写景,或抒怀,或发议论。应用性文体的实用功能是其主要的写作目的,在教学诸葛亮的《出师表》时,需要依据其"陈情言事"的特征,分析"动之以情,晓之以理"的语言特色。不同的文言文的文体有着不同的言说方式,表现出不同的言语形式;阅读不同体式的文言文,要借助不同的言语形式理解作品的内涵,把握作者的言说意图。

文言文的文章体式反映独特的言语形式。曹丕在《典论·论文》中说:"夫文本同而末异,盖奏议宜雅,书论宜理,铭诔尚实,诗赋欲丽。"文体特征是区

---

① 方正,龙芳琴.文言文教学须坚持"一个中心、两个基本点"[J].语文建设,2018(12).
② 褚斌杰.中国古代文体概论[M].北京:北京大学出版社,1990.

分不同文章言语形式的显著标志。《诫子书》是三国时期的政治家诸葛亮临终前写给他儿子诸葛瞻的一封家书。父亲对儿子的殷殷教诲与无限期望尽在此书信中。智慧理性、简练谨严的言语之中，不失特别的言语表达形式。书信用四个"无以"，两处"须""不能"，否定句与肯定句交错复合使用的方式，将普天之下为人父者的爱子之情表达得非常深切，劝勉儿子勤学立志，修身养性要在淡泊宁静上下功夫，最忌怠惰险躁。诸葛亮的《出师表》则体现了"文章"的实用功能，"表"作为古代臣子向君主陈述自己的请求、愿望或意见的一种文体，也叫"奏章"或"奏疏"。刘勰《文心雕龙·章表》云"表以陈情"。"表"是用来表志陈情，诉说心曲的。诸葛亮在准备出师北伐前给后主刘禅上表，文中反复劝勉刘禅要奋发有为，励精图治，拳拳之心，日月可鉴。文中以下的言语表达形式正反映了诸葛亮当时的心迹：

诚宜开张圣听，以光先帝遗德，恢弘志士之气，不宜妄自菲薄，引喻失义，以塞忠谏之路也。

宫中府中，俱为一体；陟罚臧否，不宜异同。

宜付有司论其刑赏，以昭陛下平明之理；不宜偏私，使内外异法也。

陛下亦宜自谋，以咨诹善道，察纳雅言，深追先帝遗诏。

"表"这种文体，需要用"宜""不宜"这样的言语形式来倾诉衷情，诸葛亮谆谆叮嘱、反复教导，忠诚恳切，感情真淳。

文言文的文章体式实现作者的言语目的。韩愈为抒怀"知遇之难"，发出"不平则鸣"之音，巧妙借用"说"这一文体，以千里马为喻，说明只有识才之人，才能发现人才，而人才常有，识才者却不常有，流露怀才不遇的感慨与愤懑之情，表达对不能识别人才、不重用人才、埋没人才的当权者的强烈愤慨。因为"说"这种文体，一般"都是借说明某一具体事物，或取喻一个故事，来讲明一个道理或发抒自己的某种感情，从而达到使说理和抒情形象化"。①作者总是会选择合适的文体来表达特定的写作意图，正如一定的言语内容需要借助相应的言语形式来表现。随着六朝骈文的兴起，出现了像《与朱元思书》和《答谢中书书》这般崇尚辞藻、追求雅致的文学性书札。这些书信情文相生、趣味隽永、辞藻明丽，不再是单纯的应用文体。这类文学性书牍"无非是清楚

---

① 褚斌杰.中国古代文体概论[M].北京:北京大学出版社,1990.

畅快地表达自己的性情,从容不迫地抒写自己的情感、怀抱"①。所以,文学性书信的这种功能恰能寄寓吴均和陶弘景的山水情怀,崇尚自然、自由、轻松、和谐的生活成为两人写作书信的追求。

文言文的文章体式提供阅读的具体路径。如果上述是从文本与作者的角度来阐述文言文体式的意义,那么我们更要关注文章体式之于读者的阅读价值。阅读文章时读者往往会被内容吸引,止步于内容表达,所以学者孙绍振说:"一般解读文章往往满足于内容的阐释,对于文章的体式,或者说是形式,则不置一词。原因在于,潜意识里黑格尔的内容决定形式在起遮蔽作用。其实,形式往往并不这样消极,有时,在一定程度上决定内容。懂得了这一点,就不能忽视文章的体裁。"②每种文体有着各自的特征,不同的文体有各自不同的言说方式、表达侧重和写作意图。文言文文体的丰富性和独特性,给予阅读者具体的阅读导向和明确的阅读路径。

阅读陶渊明的《五柳先生传》可以紧紧抓住"传"的体式特点。因为不论是他传还是自传,都要通过对典型人物的生平、生活、精神等领域进行系统描述和介绍。阅读中我们就无法绕开陶渊明的生活态度和精神世界,就要直面探求陶渊明"不汲汲于富贵,不戚戚于贫贱"的精神内核。阅读范仲淹的《岳阳楼记》,则可以根据"记"这一文体的特征寻求阅读的思路,"记"作为散文的一种体裁,通过叙事、写景、议论等来抒发作者的感情或见解。由此,明叙事,即明确作记的由来和背景;赏景物,即赏析洞庭湖的全景和迁客骚人不同的览物之景;悟议论和抒情,即感悟古仁人的理想抱负。缘"记"求"路",遵循"记"的文体特性,梳理出阅读思路,也厘清了文章的写作脉络,《岳阳楼记》文本的秘密就能显山露水。孟子的文章善用比喻、类比手法和对举、排比句式,阅读《得道多助,失道寡助》《富贵不能淫》《生于忧患,死于安乐》,就可以反复推敲《孟子》气势磅礴、善于雄辩、汪洋恣肆的语言,理解孟子的仁政思想、大丈夫的理想人格和忧患意识。

---

① 褚斌杰.中国古代文体概论[M].北京:北京大学出版社,1990.
② 孙绍振.《师说》:作为文体的"说"[J].语文建设,2018(10).

二、研究篇章结构,顺应文脉阅读

庖丁解牛的厉害之处在于他根据牛的天然肌理来解剖,故而能游刃有余。宏观视野下的文言文阅读也要追求篇章的行文思路,找到文章的行文脉络,找出文章的行文线索。因为结构是文章的内部构造,是作者根据主旨对内容进行恰当的组织安排。文章结构是服务于一定文意表达需要的,读者可以凭借结构,逆溯追索作品内涵。结构的价值不仅在于增添形式美感,还在于便于读者把握作品内容和深入理解作品意图。所以,古人十分看重篇章结构的意义,"譬如大匠操斤,无土木材料,纵有成风尽垩手段,何处设施?然有土木材料,而不善设施者甚多,终不可为大匠"①,认为好的文章一定拥有一个作者精心建构的结构框架。

从宏观角度看文言文言语形式的表达,首先要关注篇章的内在文脉,梳理文本表达的脉络。经典的文言篇章是文本的内在言语机理和表达脉络的自然融合,即"理"与"序"的有机结合。

《三峡》的篇章结构主要体现为文脉。《三峡》的文脉表现为既写山又写水,先写山后写水,又重点写水。这是阅读中要刨根问底的地方。从"峡"字的意思来看,两山夹水的地方叫"峡"。"峡"旁有群山约束,中有江水流淌。山为屏障,是峡之外围,水是峡之筋骨。先写山势之高,是为写夏水之迅疾蓄势,揭示了水速形成之因,又使激流和峻岭相互映衬,形成一幅险峻奇美图。

《三峡》选自《水经注》,《水经注》注释《水经》,从体式上看属于地理实用性文体,因而本文是为了给江水作注,故重点写水。

从宏观角度研究《三峡》的结构,走进文脉,发现言语形式的意义,还要引导学生探究《三峡》的"四季之序",从夏水到春冬之景再写肃杀的秋天景象,尤其是在写夏水后直接跳过秋季,而写春冬之景。这是因为如果先"写秋之瑟肃、猿之悲鸣,和前面江山雄伟、情致豪迈在意脉上不能融通"②。同时,夏水与春冬之水在逻辑上有对比。夏水湍急,猛浪若奔,而春冬之水恰好相反,

---

① 刘大櫆,吴德旋,林纾.论文偶记·初月楼古文绪论·春觉斋论文[M].北京:人民文学出版社,1959.

② 孙绍振.郦道元《三峡》:壮美豪情、秀美雅趣、凄美悲凉的三重奏作[J].语文建设,2013(3).

水流较缓而小，也比较宁静，文中写到"素湍绿潭，回清倒影"。

叶圣陶先生说："作者思有路，遵路识斯真。"柳宗元《小石潭记》的结构思路在哪里？作者的"先乐后忧"，便是文章的行文脉络。"隔篁竹""伐竹取道"，这是小石潭之清幽；"青树翠蔓，蒙络摇缀"，这是小石潭之清冷；"潭中鱼可百许头，皆若空游无所依，日光下澈，影布石上"，这是小石潭之清澈。柳宗元从"伐竹取道"探奇猎美开始，闻听"如鸣珮环"水声，迫不及待流露"心乐之"；寻见小石潭直视无碍之游鱼，心觉"似与游者相乐"。之后心情陡转而下，"四面竹树环合，寂寥无人"，这是小石潭之冷清；"寂寥无人，凄神寒骨，悄怆幽邃"，这是小石潭之凄清。最终柳宗元"以其境过清，不可久居，乃记之而去"。

如何追溯柳宗元一喜一忧的矛盾心情？吕叔湘先生认为："从语言出发，再回到语言。"文本细读的起点和终点都是语言，柳宗元隐晦曲折的心迹就在其描述小石潭之景和不经意的自述心情中显现出来，在字里行间形成了巨大的语言"空白"和"矛盾"。

同属于"记"这一文体的《岳阳楼记》，阅读时也须尊重文本的逻辑之序。范仲淹离开"属予作文以记之"的作记初衷，大肆渲染迁客骚人眼里的不同之景，其目的何在？阅读《岳阳楼记》，如果仅根据史料认为"范仲淹没有去过岳阳楼，更没有登过岳阳楼，他只知道滕子京重修岳阳楼这件事情本身，文章是他依据滕子京寄上的一幅描绘洞庭风景的山水画《洞庭秋晚图》写成"，那么文章的脉络就会割裂，本文内在的思维痕迹就会被遮蔽。阅读者如果不从阴雨和晴明两种不同之景中探究作记的原委，就等于舍弃了《岳阳楼记》的表达脉络，绕路远行，迷途不归。阅读时要遵循文本"原初的语境"，辨析先写阴雨之景，后写晴明之景的原因。览物者以悲情为主，这与他们的人生遭际吻合，贬谪失意之人，处境萧然，心境凄然，滕子京便是这样的迁客，后来由悲及喜，情随物迁。史料记载，滕子京因动用公款犒劳边关将士，祭奠英烈，抚恤遗属，遭人弹劾滥用公款"其间数万贯不明"。幸得范仲淹等人从中解释，方未处刑，仅贬官而已。当时的滕子京悲愤愁苦，牢骚满腹，打算在岳阳楼竣工之后，凭栏痛哭以泄其愤。范仲淹借写迁客骚人"以己悲，以物喜"的览物之情，与后文古仁人"不以物喜，不以己悲"的情怀作比，以此劝勉好友滕子京要有宠辱不惊的处世态度，正如范公偁《过庭录》所言："滕子京负大才，为众忌嫉，自庆阳帅谪巴陵，愤郁颇见辞色。文正与之同年，友善，爱其才，恐后贻祸。

然滕豪迈自负,罕受人言,正患无隙以规之。子京忽以书抵文正,求《岳阳楼记》。"

文言文的篇章结构不仅"让行文更有条理,它还蕴含着表情达意的作用,隐藏着写作目的的密码"①。因为行文结构的本质是思维,用朱光潜的话来说,"在作文运思时,最重要而且最艰苦的工作不在搜寻材料,而在有了材料之后,将它们加以选择与安排,这就等于说,给它们一个完整有生命的形式。材料只是生糙的钢铁,选择与安排才显出艺术的锤炼刻画"②。

阅读中可以通过寻找"文眼",梳理文本脉络。文眼一旦确立,行文线索便清晰明了。南宋吕祖谦在《古文关键》中说过:"第一看大概主张,第二看文势规模,第三看纲目关键,第四看警策句式。"此中的"纲目关键"不妨理解为文眼。文眼可以是揭示主旨的内容,也可以是涵盖内容的语言,还可以是引发思考的词句。

比如,苏轼《记承天寺夜游》中的"空明",就可以看作揭示主旨的文眼。"空明"表面上指庭下积水的澄澈,侧面表现月光皎洁、纤尘不染,实际上暗指苏轼的精神世界。如此,整篇文章写景和抒情的内容就能统摄于"空明"之下,文本的"纲"就被牵起,行文的脉络就显露无遗,深度阅读就有了可能。苏轼的人生充满了苦难和坎坷,他虽有治国济世之才,但在仕途上不得意,生活上不如意,精神、心理上屡遭打击,为什么他能发现并欣赏到唯美的月下之景? 因为苏轼的内心像水一样澄澈,心如止水,只有这样的人才能把苦难当成生活的馈赠,以乐观豁达的态度诗意地化解苦难,正如道家所言"独与天地精神往来",放下俗念,真正与自然、生命、宇宙、自我对话,抵达"逍遥于天地之间而心意自得"的境界。殷秀德老师在他的教学设计里曾这样评价这种境界:

空明是一种境界,将静谧的庭院、银色的月光、高大的竹柏这些具体的景物写得虚幻缥缈,幻化成一个空明澄澈的世界。

空明是自由的境界,可以安放心灵,可以驰骋思想。

空明是澄澈的境界,可以清晰观我,在这样的世界里,作者能获得精神的

① 郑慧.初中文言文阅读命题策略例谈(下)[J].教学月刊,2018(11).
② 朱光潜.谈文学[M].桂林:广西师范大学出版社,2004.

慰藉与解脱。

空明是天人合一的境界,作者忘了现实,忘了自我,仿佛我即自然,自然即我,自然与自我融为一体。①

正因为苏轼拥有"空明"的心境,他才能在人生困顿接踵而至时,随遇而安,时时处处发现生活的诗意与美好。他被外放杭州时写道:"我本无家更安住,故乡无此好湖山。"[《六月二十七日望湖楼醉书五首》(其五)]他被贬到黄州时写道:"长江绕郭知鱼美,好竹连山觉笋香。"(《初到黄州》)他被贬到惠州时写道:"日啖荔枝三百颗,不辞长作岭南人。"(《惠州一绝》)他被贬到儋州时写道:"九死南荒吾不恨,兹游奇绝冠平生。"(《六月二十日夜渡海》)

"文眼"是窥看主题思想的窗口,是厘清全文脉络的筋节,是掌握文章各部分相互联系的关键。寓言《塞翁失马》的文眼何在?

塞翁面对得失的态度与众人迥异,因其是一个"善术"者。"善术"作为文本第一层面的文眼,因为塞翁精通术数,故他能推测祸福,预见人生的得失。然而仅此还不能进入文本的内核,揭示《塞翁失马》之于当下的现实意义。塞翁的"善术"并非一般所言的"迷信活动",寓言的第一句"近塞上之人有善术者"中的"近塞"是文本第二层面的文眼,如果说"善术"是文眼,那么"近塞"是眼中之眼,只有讲清楚"近塞"的意义,才能破除塞翁的迷信权威形象,重塑塞翁的形象和审视寓言的意义。"近塞"是塞翁生活的环境,正因为靠近边塞,塞翁知道双方的马匹会进入对方的地域,丢失马匹可能是常有的事;正因为靠近边塞,也常会有民族间的冲突与战争,所以胡人侵犯边塞也在情理之中。边塞的生活环境给了塞翁足够的生活经验和丰富的阅历,这些是他巧于判断和善于预测的基础,同时塞翁与他人的不同之处还在于他能在生活经验之上形成对福祸辩证关系的认识,拥有独特的长远眼光。塞翁的"善术"有其现实基础和思想基础,绝非一般的精通迷信之"术"。

"文眼"者,文章之窗也。打开了文眼,文章的结构布局和作者的苦心经营便一览无余。比如《送东阳马生序》的教学,多数教师立足于"嗜学",以"嗜学"作为教学主线,初看并无问题,但细察后发现这很难全面概括文章内容,没有提纲挈领的效果。《送东阳马生序》存在并行的叙述结构,即边叙写求学

---

① 殷秀德.《记承天寺夜游》教学设计[J].中学语文教学,2015(6).

之艰,边描写求学之勤,宋濂求学的勤勉与艰苦贯穿文章的始末,水乳相融,以此达到勉励马生勤奋学习的目的。所以"盖余之勤且艰若此"中的"勤"与"艰"就是涵盖内容的文眼。它们犹如渔网的总绳,一拉则纲举目张。抓住这二字展开教学,组织教学活动,课堂的教学思路便一目了然。所谓教师教得清晰,学生也学得明白。因为文章分别呈现的是作者的求学之艰难和勤奋:无书之艰、无师之艰、生活之艰,借书、抄书、还书、寻师、叩问先达、从师。教学中,抓住了"勤"与"艰",便遵循了文本特质,简化了教学环节,突出了教学内容,所谓"寻常二字,尽得风流"是也。

"文眼"也可以是激活思维的语言,引发探究的词句。《岳阳楼记》第一段"属予作文以记之"中的"记"可作为本文的文眼。"记"字交代了范仲淹作记的缘由。按理文章要从"记"字上落笔,浓墨重彩,记述岳阳楼修建的过程、岳阳楼的规模、修建岳阳楼的结果,以及修建者的其人其事,等等,而《岳阳楼记》却"不走寻常路",其中的原委何在? 阅读中,笔者以"记"为思考的起点,让学生自由驰骋在思维的原野上,课堂对话精彩迷人。

师:当我们读到"属予作文以记之"时,如果你是范仲淹,你会在文中记哪些内容?

生1:修建岳阳楼的背景。

生2:滕子京怎样修建岳阳楼,修楼的具体过程。

生3:岳阳楼修好后的情况,与原来岳阳楼的不同。

生4:还可以记录修楼过程中的一些逸事。

生5:我觉得还应该介绍修岳阳楼的滕子京的情况。

师:我觉得也应该这样写文章。可是看完《岳阳楼记》,我们发现范仲淹"记"的并不是这些内容啊,范仲淹的写作怎么跑题了? 滕子京嘱托他写重修岳阳楼这件事,可是他却以大量笔墨写迁客骚人眼中不同的览物之景,这是为什么?

课堂从"属予作文以记之"中的"记"引入,比较内容,探寻奥秘,思考范仲淹写作的隐秘情怀。文言文阅读中抓住了文眼,便抓住了文本的脉络,找到了进入文本的大门,也有益于阅读内容的选择,阅读空间的拓展,阅读趣味的培养,阅读思维的提升,所谓"不论平地与山尖,无限风光尽被占"。

三、解析章法之妙，发现审美价值

学习文言文要重点研习谋篇布局的章法，提高自己的欣赏品位和审美情趣。章法的选择与安排可以让读者从"有意味的形式"中感受结构之美，更有利于凸显中心主旨，因为文言文的章法考究处，"往往就是作者的情感和文章主旨所在，是文章的精髓所在，也是文言文的审美价值所在"①。宏观视野下的章法多指"谋篇布局的技巧"，比如情节的布局、人物的安排、段落的结构、表达的方式等。

章法的运用与文章的体式相关，阅读文言要从文章的体式中发现章法之妙。矛盾冲突是小说情节的基础，皮埃尔·马歇雷说："小说就是对观念矛盾的想象性解决，小说本身就是对矛盾的一种反应，它的独特价值在于把握矛盾的方式。"探讨小说的矛盾冲突，对于解读小说人物的形象、作者的创作意图不无裨益。《陈太丘与友期》作为文言志人小说，围绕陈太丘、友人和元方展开情节。三人之间有两组矛盾冲突，分别是陈太丘与友人，友人和元方。

第一组矛盾冲突的焦点是"信"。守信与失信成了情节冲突的核心，陈太丘与友人的矛盾冲突起于故事中所写的"太丘舍去"，陈太丘与友人相约于日中，友人"过中不至"，友人先失信于人，"太丘舍去"，也自在情理之中。细细咀嚼"过中不至，太丘舍去"，我们可以体会陈太丘不见友人如约而来，离去时毫不犹豫的情态。历史记载，陈太丘做过县令，文中友人的官职比陈太丘高两品。面对不及时赴约的朋友兼上司，陈太丘最终不再等候就走了，这让当下的人们难以置信。陈太丘坚守的是原则，是"信"，更是其内心，随心而行，毫不顾忌世俗礼法。

第二组矛盾冲突的焦点是"礼"。"守礼"和"无礼"之辩，成了故事继续推进的力量。友人先称元方父为"尊君"，说明友人并非粗俗无礼之人，更何况，友人是太丘的朋友，为人修养自然毋庸置疑，可友人为何破口大骂？在七岁的元方眼里，友人怒骂固然是无礼之举，但当友人自感惭愧，下车"引"元方来表示歉意时，元方"入门不顾"的行为是否也"失礼"？元方的无礼之举又怎么理解？两组矛盾冲突，令故事曲折有致，情节波澜起伏，人物丰满立体。

---

① 朱刚.训诂·章法·原型——文言文教学三要素[J].语文建设,2017(5).

文本的体式包括文本的类性和"这一篇"文本的个性，文言文阅读还要揭示"这一篇"章法的奥秘，突出"这一篇"文本的独特审美价值。比如《狼》的教学离不开对狼和屠户形象的分析，但是怎么分析却大有讲究。文言小说《狼》的独特性在于"情节叙述一波三折，故事结局意外突转"。阅读《狼》要从"这一篇"小说故事叙述的技巧中突破常规，寻求突围，紧握体式的缰绳，以故事结局的突转作为切入口，引导学生思考小说结局为什么能突转，为什么要突转，即"狼为什么不直接吃掉屠户""屠户是如何战胜狼的""蒲松龄为什么要安排这样的结局"。

从人物的安排与设置上探究文言文的章法，走进人物的精神世界，提高审美鉴赏能力。李长之认为《史记》写人时，"用两种突出的性格或两种不同的情势，抑或两种不同的结果，作为对照。"《周亚夫军细柳》写人的最大特点就是正面描写与侧面描写相结合，通过对比、衬托的手法来刻画人物形象。文章中对周亚夫言行的描写着墨不多，极其简洁，总共只有两处："亚夫乃传言开壁门。""将军亚夫持兵揖曰：'介胄之士不拜，请以军礼见。'"大量笔墨用在霸上军、棘门军与细柳军的对比描写上。文帝劳军，策马驱车"直驰入"霸上和棘门军中，而在细柳军中先驱"不得入"，"上至，又不得入"，且在营中"不得驱驰""按辔徐行"。在霸上和棘门军中"将以下骑送迎"，而周亚夫却"持兵揖"并说"介胄之士不拜"。在文帝的不同"待遇"和将军的不同表现的比较中，周亚夫恪尽职守和刚正不阿的形象已深入人心。文章还把不少笔墨用在描写细柳军的严明军纪上。细柳营的将士严阵以待，整装待发，"被甲，锐兵刃，彀弓弩，持满"，时时防备匈奴的入侵。细柳营上令下达，令出如山，"军中闻将军令，不闻天子之诏"，"将军约，军中不得驱驰"，周亚夫治军有方，不言而喻。这些对比、侧面衬托的写法有力地烘托了周亚夫这一人物形象，让读者感受到其"真将军"的威严和风范。

篇章结构的本质是思维，章法是对思维规律的总结和提炼。"起承转合"本是我国传统诗文写作结构章法的术语，文言文的创作同样体现了章法谨严、脉络清晰、结构摇曳的特点。比如，余映潮老师从章法上对《记承天寺夜游》重新分段，探究作品的结构之妙，从谋篇布局上将课文分为"起、承、转、合"四个部分。学生顿然就明白了作者的思维规律，真正领会到了苏轼文章的结构之妙。《虽有嘉肴》的说理过程也是如此。文章起笔非凡，以"虽有嘉看"作类比,引出"虽有至道";继而文章以"是故学然后知不足,教然后知困"承接上文;尔后笔锋一转,"知不足,然后能自反也;知困,然后能自强也";最后"合",水到渠成,得出结论"教学相长",引用《兑命》来证明。在"起承转合"的分析中,我们既能感受行文一波三折、跌宕起伏的章法结构,又能体会作者说理的逻辑和趣味。

特殊的段落结构,就是特别的章法,文言文的段落结构考究处,往往是作者言志载道的关节点、精髓处,所谓"文道统一"。我们以《塞翁失马》的故事结构为例进行说明,本文结构的独特性,在于叙述结构的关联性和循环性。

"祸福同门"正是寓言想要揭示的道理,然而作者在叙述故事的过程中,有意呈现出故事的关联性和循环性特点:失马—得马—折髀—相保,祸—福—祸—福。如果仅为阐述祸福关联,"祸中有福,福中有祸",那么故事叙述完全可以止于"家富良马,其子好骑,堕而折其髀"。然而故事到此并没有结束,作者似乎还意犹未尽:"人皆吊之,其父曰:'此何遽不为福乎?'居一年,胡人大入塞,丁壮者引弦而战。近塞之人,死者十九。此独以跛之故,父子相保。"这一部分的叙述除却增强故事情节的跌宕起伏外,更在于通过塞翁的生活经历向世人昭示人生正处于这样福祸的无限循环中,生活中要戒过度,不能过分悲与喜,一个人能不受祸福的扰动,才能获得内心的宁静。

章法的选择还体现在表达方式上,表达方式往往反映文本的内容和深厚的意蕴,表达方式不同,作者表情达意的目的也不同。周敦颐的《爱莲说》整体由叙述和议论两个部分构成。文章第一段为叙述部分,先总说"水陆草木之花,可爱者甚番",后分说菊、牡丹、莲以及爱这三种花的人,重点写莲花,衬托莲花的卓然独立、超然不群、与众不同。第二段为议论部分,首先评价三种花的品格,其次由评花到论人,抒发作者感慨,表达作者对君子人格的追求。阅读时抓住了《爱莲说》的表达方式,就能辨清作者的行文思路和体认作者的情志。

要走进范仲淹的《岳阳楼记》,也离不开章法的分析,"从交代写作缘由到想象岳阳楼的景观,再到迁客骚人与古仁人的比较,这些都是铺垫与蓄势,一步一个台阶,最终指向一个终点,引爆在作者高尚的宣言中"①。郑慧老师所讲的"作者高尚的宣言",就是《岳阳楼记》结尾的议论、抒情部分,本文从记叙、描写到议论、抒情,行文条理分明,写作目的明确。"予尝求古仁人之心"中的一个"尝"字,含蓄地表达了范仲淹对古仁人情怀的向往,可以说他自己就是一个典型的古仁人,忧君忧民,心怀天下。范仲淹一生都志在致君尧舜。他二十七岁始入仕,尽管仕途坎坷,但其对儒家的修身、齐家、治国、平天下的理想坚定不移。他"一心为国、为民""一心忧君、忧民"。所以,他在现实的处境下探寻古仁人的足迹时,才会发出"微斯人,吾谁与归"的慨叹。范仲淹的叹息撞击着每一个阅读者的心灵,他的精神气质,他的家国情怀,令我们观照自我,反思当下,传承文化,踏步前行。文言文阅读的落点与归宿是对传统文化的研习、传承、反思,从表达方式中走进作者的"言志载道",感受古代仁人贤士的情意与思想。

汪曾祺先生认为,"语言和内容是同时依存的,不可剥离的,不能把作品的语言和它所要表现的内容撕开"②,宏观视野下文言文的言语形式和内容也是密不可分、同时存在的。不论是文本体式、篇章结构,还是章法运用,都是为了让读者能感受到作品言语形式带来的审美体验,获得美感效果,深入体会言语内容的丰富意蕴,从而提高学生的语文能力和素养,体悟传统文化经典的思想精华,传承中国传统文化。

第二节 中观视野下文言文的言语形式

"我觉得研究语言首先应从字句入手,遣词造句,更重要的是研究字与字之间的关系,句与句之间的关系,段与段之间的关系。"③从中观视野观照文言文的言语形式,研究文言篇章中字与字、句与句、段与段的关系,从字、句、段

---

① 郑慧.初中文言文阅读命题策略例谈(下)[J].教学月刊,2018(11).

② 汪曾祺.晚翠文谈[M].郑州:河南文艺出版社,2017.

③ 朱光潜.谈文学[M].合肥:安徽教育出版社,1996.

之间的关系中去揭示言语形式的意义,文言文阅读才有意味、趣味和真味。

文本语言的美不仅在一字一句一段之中,更在语言与语言之间的关系之中,因为"语言不是一句一句写出来,而是'加'在一起的。语言不能像盖房子一样,一块一块砖,垒起来。那样就会成为'堆砌'。语言的美不在一句一句的话,而在话与话之间的关系"。朱光潜举例:"一个字所结的邻家不同,意义也就不同,比如'步出东南门,遥望江南路。前日风雪中,故人从此去'和'骏马秋风冀北,杏花烟雨江南'两诗中同有'江南',而前诗的'江南'含有惜别的凄凉意味,后诗的'江南'却含有风光清丽的意味。"①文言文阅读教学也是如此,文言意义的生成在于字句段之间的关系。文言篇章在句段关系的表达上往往通过言语的省略、留白、矛盾、顺序、映照、延宕、节奏等特殊的言语形式来表达言语内容,突出言语意义,实现言说目的,以言志载道。

一、言语的省略:简约而不失风华

文言文言简义丰,语言的省略就成了文言文的常见现象。

关于省略,吕叔湘先生说过:"第一,如果一句话离开了上下文或说话的环境意思就不清楚,必须添补一定的词语意思才清楚;第二,经过添补的话实际上是可以有的,并且补的词只有一种可能,这样才能说省略了这个词语。"省略属于语言运用的层面,即言语层面。在实际运用中,运用了省略的句子就可以称为省略句。

很多时候,我们只从语法的层面来看省略句,也就是从句子成分的角度来解读省略句,分析省略现象。所以,我们的文言文教学就会进入一个为教而教的尴尬境地,学生只知道这是省略句,省略了某一内容或某一成分,而不清楚省略的意义和目的,将一切省略现象归结为追求语言简练的效果。语言的省略是自古以来就在汉语中存在的现象,其产生的原因很多,文言文言语表达的特殊性,省略现象尤为突出。从言语形式表达的角度来考察省略现象,我们不仅要明白省略了什么成分,什么内容,还要探讨在特定文本、特殊语言环境中省略的表达效果,从省略句中体会言语表达的意义和作者的独具匠心,从而感受文言文简约而不失风华的魅力。

---

① 朱光潜.谈文学[M].合肥:安徽教育出版社,1996.

初中统编版教材中文言文省略现象最典型的莫过于东晋陶渊明的《桃花源记》。如果不讲清楚这个文本，不讲透彻省略现象，那么无疑等于站在文本的外围张望文本，师生与陶渊明之间就隔着一个"桃花源"。文中渔人与村人的对话极为简约。这种把主语和宾语略去的做法，不只考虑到了文言简洁的特点，更在于其丰富的意蕴，即通过省略表现人与人之间的美好关系。我们可以试着将文中省略的成分补充完整，如下所示：

（村人）见渔人，（村人）乃大惊。（村人）问（渔人）所从来。（渔人）具答之。（村人）便要（渔人）还家，（村人）设酒杀鸡作食。

如果把主宾省略补全，一个个村人，一个个渔人，一次次村人问，一次次渔人答，语言的啰唆和庞杂，不言而明；村人的"主人翁"地位，渔人的"闯入者"形象就会被突出和强化，村人与渔人之间的主宾关系判若鸿沟。原文的省略却反映出主宾无间、言谈亲切的美好关系和氛围，可见本文的省略表现的是一种人与人之间亲切的关系和人情的温度。桃花源中的村民古风犹存，桃花源中人与人之间的关系简单，真实，这里的省略正契合了陶渊明虚构的"世外桃源"的理想境界。

同样，我们从句与句之间的关系，从言语形式意义的角度来看宋濂《送东阳马生序》中的省略现象，也能避免单纯从文言文的语法层面枯燥地讲解省略，就能有非同一般的发现与感受。文章开篇出现了大量省略，我们把省略的"余"补全后进行比较，体味省略的表达效果。

余幼时即嗜学。（余）家贫，（余）无从致书以观，（余）每假借于藏书之家，（余）手自笔录，（余）计日以还。天大寒，砚冰坚，（余）手指不可屈伸，（余）弗之怠。（余）录毕，（余）走送之，（余）不敢稍逾约。

如果补齐前后省略的十个"余"，其中表达的别扭自不消说，连续不断的"余"突出了"宋濂"的主体地位，却弱化了宋濂"嗜学"的行为表现。"嗜学"是上述这段文字的核心意义，不论是借书、抄书，还是还书，都强调了宋濂的"苦学精神"。原文前后句之间的省略，将宋濂"嗜学"中的一个个动作连接起来，一幕幕画面叠加起来，一个个故事生动起来，读者就会情不自禁地走入省略的文言，去想象其中的画面、故事、风景和精神，去体会宋濂借书、抄书、还书之中的忙碌、紧张、担忧、坚毅……

二、言语的留白:无话处皆成妙境

如果说文言文中的语言省略是一种刻意经营的言语表达现象,那么言语的留白则是作家不经意间留下的一抹绝美的风景。留白,是中国书画艺术创作为使整个作品更为协调精美而有意留下相应的空白、留有想象空间的一种艺术创作手法。文言文因其凝练而蕴藉的语言、精致而考究的字句,营造了一个言有尽而意无穷的言语世界。文言文的魅力,在于沉潜在"水下"的广阔世界,阅读文言文要善于从留白处挖掘蕴藏着的极其丰富的文言意蕴,在想象之中,体悟文言的含蓄隽永,感受文言文的博大精深。

我们可以从留白处读《孙权劝学》的趣味与意味。文中孙权有两次对吕蒙的劝言,而吕蒙与孙权之间没有直接对话。孙权第一次劝吕蒙学习,吕蒙却"以军中多务辞"。借此,我们可以进入文言文的语辞世界,想象吕蒙借口推托学习时会想些什么或对孙权说些什么,从至简的文言中读出丰富的文意。比如,从"当涂"中想象吕蒙因为"春风得意"而忘乎所以,从"掌事"中想象吕蒙因为手握权力而目空一切,从"军中多务"中想象吕蒙视治军为大事而不屑读书,从"不可不学"中想象吕蒙因孙权劝学的严厉语气而心有抵触情绪,从"孤岂欲卿治经为博士邪"中想象吕蒙因误把读书视作读经学而产生的疑虑与恐慌……文言文教学要抓住"露出水面的冰山一角",让学生想象水面下的"冰山",捕捉文本的"言外之意",不断充实、丰厚文本。学生通过留白的文言,任想象自由驰骋,在文言的世界里吟咏回味,驻足停留,低眉含笑,获得学习的愉悦和精神的享受。

文言文是一种"言中有言"的文体,作者用极简的"言"叙述故事,架构情节,勾画形象,非常类似书画艺术的"留白"。对此,我们要从有限的文言表达进入无限的想象世界,在句与句之间、字与字之间游走,经由语言的空白感受虚实相生、无话处皆成妙境的艺术效果。

蒲松龄的文言文小说《狼》中写屠户遇狼,"途中两狼,缀行甚远",屠户定然没有想到,一天做完生意过后,晚归的路上竟然会遭遇"两狼",并且这两只狼,还"缀行甚远",课文注释说"紧跟着走了很远",怎样才算"紧跟"? 联系后文的"屠惧"来分析，这里面就有着文言文留白的意味，我们可以去猜想，几千米算是紧跟，几百米也算得上，甚至三五米也是的。于是这处平淡无奇的语言，却产生了奇异的"心理表达"效果。在这样的情境下，我们就可以填补"屠惧"的言语空间，想象屠户的心理活动。两狼一直尾随屠户，紧跟到了村口晒干草的场地，并且设计偷袭屠户。我们又可以根据小说中写两狼"假寐""径去"等语言，驰骋想象，扩大文本空间，思考两狼紧追屠户的路上会密谋什么。

同样作为文言小说，纪昀的《河中石兽》在情节的叙述中也有言语留白的现象。文章开篇写僧人初次寻找石兽，"求石兽于水中，竟不可得"，僧人求石兽终不可得，这是寻找的结果，而文章并未道明求石兽的过程和其中的始末。在教学中，我们如果能注意语言空白出现后的内在联系，利用空白，找准引发想象的切入点，引导学生合理想象，抓住最能表达意境、传递情感的关键字、词、句，引导学生打开想象的大门，揣摩品味，丰富词句和作品内容，那么于学生而言，这既是一次语言训练，也是一次有趣的想象之旅。

我们可以这样激发学生的想象，僧人如何求石兽？在哪里求石兽？有多少人求石兽？耗费多少时间求石兽？各种疑问，引发学生浸润语言，穿透语言，丰富认识。学生可以通过"僧募金重修"，想到石兽对于寺庙的重要性，寺院会动用众僧人寻访石兽；学生可以结合"竟不可得"，推想寻找石兽的漫长时间；学生可以利用"山门圮于河，二石兽并沉焉"，猜想僧人起初就在靠近河边的水域寻找石兽；学生可以联系"棹数小舟，曳铁钯，寻十余里"，想象僧人第一次寻找石兽也可能会划船，拖着铁钯，在特定的水域中，来来回回地求索，整个场面热闹非凡。教学中基于语言空白的想象，深度把玩了语言，增加了语言的厚度，焕发了语言的光彩。

我们知道，极为简约的文言背后隐藏着大量言语空白，阅读时需要留意这些言语空白，并进行想象和还原，读厚文本，读出文言的趣味和意味。

宋濂的《送东阳马生序》中也有一处耐人寻味的描写同舍生的言语空白。"同舍生皆被绮绣，戴朱缨宝饰之帽，腰白玉之环，左佩刀，右备容臭，烨然若神人。"同舍生穿戴几近奢华，"被""戴""腰""佩""备"一系列动词的连用，突出强调了这点，正如宋濂所说的"烨然若神人"。作者对同舍生穿戴的描绘极尽笔墨，而对他们每天吃几顿、吃什么却只字未提。然而文章却写到了作者的吃，"主人日再食，无鲜肥滋味之享"。在阅读教学中，我们由此可以引导学生开展想象的思维活动,具体描述同舍生每天可能吃的食物,从而体会宋濂的生活之艰、求学之苦,感受宋濂"冒风雪受饥馁以求名师,叙以往述己志为勖后人"的殷切劝勉之情。

文言文的教学常落入"死于章句,废于清议"的窠臼,在"言霸权"或"文霸权"的主导下,教师教得费神费力,学生却学得索然无味。这是因为教师没有重视文言文含蓄与隽永的语言,没有发现文言的魅力与精彩,没有引导学生凭借自己的想象构筑语言之外的广阔空间。

三、言语的矛盾:容易错过的风景

我们生活的世界矛盾无处不在,作品的表达也是如此。任何一个文本一般来说很难是完美无缺的,所以我们要有"阅读超越"的观念,要有"拒绝认同"的意识,特别是作为教学的文本解读,更不应盲从盲信。文言文教学也要从研究言语的矛盾入手,促使师生把阅读焦点锁定在"矛盾之处"。

借助言语矛盾,经由言语矛盾走进文本,设疑深思,开展教学活动,提高文言文教学的效率。《曹刿论战》的教学,怎样才能切入文本的核心?怎样快速牵住文本的"牛鼻子"?不少课堂教学的案例显示,教师往往会抓住课题中的"论"来组织教学活动。比如:

曹刿具体"论"了哪些内容?

曹刿是如何"论"战的?

你如何看待曹刿之"论"?

以"论"来设计教学环节不可谓不巧妙,关注到了言语形式与言语内容的统一,从言语内容("论"了哪些内容)到言语形式(如何"论"战),然而这样教学的最大弊端在于思维的单向行进,很难构建学生的认知冲突,思维的碰撞无法形成。教学中如果紧紧揪住文本中的言语矛盾来开展学习活动,教学将会出现别样的天地。《曹刿论战》一文的开篇部分,乡人和曹刿有以下的对话:

其乡人曰:"肉食者谋之,又何间焉?"刿曰:"肉食者鄙,未能远谋。"

"鄙"和"远谋",就是一组对立和统一的言语形式的矛盾。揭示这组矛盾,可以引发学生的思维共振,促进学生积极探测,发掘,确立,直至消解矛盾。在课堂教学中,我们以此为路径,浸润文本,开展对话,深入思考,比如:

鲁庄公"鄙"在何处?

鲁庄公只是"鄙"吗?

曹刿"远谋"表现在哪里?

你如何评价曹刿的"远谋"?

通过研读文本中的言语矛盾,发现文本"司空见惯"之中的不寻常之处,引发学生对文本的多重关注和深度思考,进而揭示言语矛盾背后隐秘的文学或文化意蕴,培养学生的辩证思维能力。

发现文言文的言语矛盾,就是发现了文言文的意味和趣味。孙绍振教授认为:"正是由于矛盾、不和谐才怪异,才显得好玩、好笑、有趣味。"文言文教学要善于洞察言语矛盾,揭示言语矛盾的秘密,走进矛盾的核心,感受文言表达的美感和力量。

柳宗元在《小石潭记》的结尾写道:

以其境过清,不可久居,乃记之而去。

难道仅仅是小石潭的"过清"之境使得柳宗元弃之不顾?有读者认为这源于柳宗元自我的处境和心境,贬官使然,可是在阅读教学中如何避免空洞的言说,如王尚文先生所说"倾听文本发出的细微声响",深入文本的灵魂之处,探寻柳宗元的心境?

德国哲学家和美学家伽达默尔在《真理与方法》中曾说过:"在文本的探寻中,只有深入地阅读和感受文本,才能使文本实现由无生气的意义痕迹向有生气的意义的转换,才使文本有着现实的意义及审美的存在。"[①]

如果从言语矛盾的视角来审视柳宗元的内心,文中有如下一句漫不经心的句子会走进我们分析的视野:

坐潭上,四面竹树环合,寂寥无人。

小石潭的四周果真"寂寥无人"吗?这显然与文本收束处作者不厌其烦地罗列这次游玩小石潭的随游者构成矛盾:

同游者:吴武陵,龚古,余弟宗玄。隶而从者,崔氏二小生:曰恕己,曰奉壹。

"同游者的存在之于柳宗元已毫无意义,因为他们无法走进柳宗元的复杂的内心世界。如是,我们就能理解柳宗元如此详细记录同游者的原因了,

---

① 伽达默尔.真理与方法[M].洪汉鼎,译.上海:上海译文出版社,2004.

这分明是柳宗元有意而为的笔触，柳宗元也许在边写的时候会边感叹：吴武陵，龚古，你们怎知我内心的寂寞呢；我的弟弟啊，你也不能解我心忧啊；崔氏两个年轻人，更是无法明了我内心弥漫的孤寂啊。"①

柳宗元内心的秘密就隐藏在言语矛盾的形式之中，只有走进了《小石潭记》的言语矛盾，才能触摸到柳宗元孤寂的心灵和高贵的灵魂，才能悠游自在、从容自得地徜徉在文言文言语世界的芬芳中。

然而，发现文言文的言语矛盾何其难也！所以，孙绍振教授又说："矛盾是内在的，感觉得到但是很难直接用现成语言表达出来。一个评论家或者文学教师，如果不想一辈子说空话，就要有一种把矛盾从潜在状态揭示出来的能耐。这是一个很基本的任务，但是，又不是很容易的。"正因为这样，加上文言表达的特殊性，文言文的言语矛盾就会显得更加隐秘。以《大道之行也》中的言语矛盾现象为例，如下所录：

> 是故谋闭而不兴，盗窃乱贼而不作，故外户而不闭，是谓大同。

这里的言语矛盾表现在哪里？理想与现实的矛盾。文中以现实社会和理想中的大同社会进行对比，指出现实社会中诸多现象如搞阴谋、盗窃财物、作乱等在大同社会中将不复存在，代之而兴的将是一个和谐、安定、美好的局面。这就折射出现实之中，社会变乱纷呈，动荡不安，尔虞我诈，盗贼横行，人人自危。奸邪之谋正在发生，盗窃、造反、害人的事情也经常出现，家家大门紧闭。"不兴""不作""不闭"，尤其以三个"不"字将美好的理想彻底粉碎，打落深渊幽谷，隐晦表达作者对现实社会的不满，对理想社会渴望的矛盾心理。

文言文教学中师生很容易错过这样的言语矛盾，因为藏而不露，所以弥足珍贵。而一个称职的语文教师，就要在学生忽略掉的、发现不了的地方，发现精彩，从而到达如此美妙之境：学生读不懂的，他能读懂；学生读不好的，他能读好；学生读不出的，他能读出；学生不喜欢的，他会喜欢。《邹忌讽齐王纳谏》的教学就有不容错失却容易错过的风景，言语矛盾就在下面的文句中：

> 王曰："善。"乃下令："群臣吏民能面刺寡人之过者，受上赏；上书谏寡人者，受中赏；能谤讥于市朝，闻寡人之耳者，受下赏。"令初下，群臣进谏，门庭若市；数月之后，时时而间进；期年之后，虽欲言，无可进者。

---

① 沈华.岂一个"清"字了得——细读《小石潭记》[J].语文学习,2010(3).

阅读上面的文字,学生也许会产生这样的图式:齐国社会政治清明,人人都有进谏的机会。学生的思维很容易滑入可怕的判断误区——人人都有发言权。教师如果不能及时"拨乱",那么,就会带着世界观和历史观在逐渐形成之中的学生走向历史的"黑洞",即历史价值判断的失衡。因文本产生的思维和价值批判的审视也会断然缺失。因为阅读教学中,我们必须深度观照文本的隐性价值和创造空间。尽管接受美学观主张,教材是潜在的文本,而不是现实的文本,它只有在师生创造性阅读中才能获得生命。但是,师生的创造性阅读的前提是处于"传道受业解惑"地位的教师的创造性解读和适当的阐释,否则文本的潜在性也将失去其原有的意义。

齐威王接受邹忌的讽谏,下令"群臣吏民"进谏,而结果是"令初下,群臣进谏,门庭若市"。

进言的人群中为何没有吏民? 这就是齐威王下令让全国上下进谏的初衷和最后群臣进谏的结果之间的矛盾,抑或是"门庭若市"之貌与"门可罗雀"之实间的矛盾。特级教师陈钟梁曾指出:"对文本本身读不进,读不深,读不透,无论对执教者还是对学生都是一种缺憾。"如果我们能借言语的矛盾之"舟"顺势而下,就可以引领学生穿过历史的迷雾,获取更深层次的信息。在封建君王的统治之下,地位低下的吏和民,实际上是不可能参与政治、发表看法的。齐威王的那番鼓动人心、人人享有发言权的话语,是一个蒙蔽世人的幌子。《战国策·齐策》的这段记录,不提吏民只写群臣,真实地反映了这一政治活动的阶级局限性。教师应当引领学生读出作者言语间的矛盾,读懂言语间的破绽,穿透语言现象的云层去窥探和甄别历史的真伪是非,让学生在分辨事实和真相的过程中,树立正确的历史价值观,提高阅读的深度思维能力。

四、言语的顺序:释放文本的张力

文言文教学也要走一个来回,从语言文字出发到思想内容, 再从思想内容出发回到语言文字。文言文教学的起点和终点都指向文言。王尚文先生认为:"语文教学要守住话语形式这一门槛。""语文教学要始终着眼于语言文字怎样把人的情、意在作品中实现出来。"

聚焦文言文的言语形式时,我们还可以关注言语表达顺序。斟酌文言文的言语顺序,实际上就是推敲作者的思想和情感。言语表达顺序不单指向表达了什么,更是考量如何表达。在探究如何表达中,我们能明白行文的条理和有序,更能深刻理解言语顺序中隐藏的表情达意的作用和作者的写作目的,破译语言的秘密。因为,一种言语形式生成相应的言语内容,言语形式的变换影响着言语内容的表达。研究文言文的言语表达顺序,从言语顺序的视角阅读文言文,这是一种独特的阅读视角,也不失为一种有效的教学策略。

《陈太丘与友期》的言语形式有何特殊之处?教学中,我们不妨试着比较故事中友人说话的表达顺序:

友人便怒:"非人哉!与人期行,相委而去。"(原文表达)

友人便怒:"与人期行,相委而去。非人哉!"(修改表达)

友人的怒言能否按修改后的语言表达?比较言语形式的差异,其实就是推敲言语内容的不同,言语表达的内容随着言语形式发生变化。人物的思想情感、价值判断,甚至生命情绪全部浸润在语言中,表现在怎么说中。友人一听太丘舍去就怒,一个"便"字,说明情绪的反应时间极短,这是没有经过深思熟虑的一种自然而然的由心而发的情绪,足见友人的真实和率性。"非人哉"三字是怒之后言语的表现,是怒的结果,与"便怒"衔接在一起,很自然地表现出友人怒时真实的状态。

如果按修改后的表达,倒置语序,将"非人哉"放在最后说,则表明友人在指责陈太丘"非人哉"之前,要做一番解释,为自己怒骂太丘找一体面的幌子。如此而言,友人不免给人虚伪做作之感。原文的言语表达顺序,凸显了友人真实、率性、洒脱不羁的特点,折射出魏晋时期人物的精神世界,也体现了《世说新语》对人物之美的追求。

宗白华先生说:"汉末魏晋六朝是中国政治上最混乱、社会上最苦痛的时代,然而却是精神史上极自由、极解放,最富于智慧、最浓于热情的一个时代。"①《世说新语·方正》所记"陈太丘与友期"的故事是那个时代精神的一种缩影和文化略观,是晋人在道德观和礼法观上,不重形式,而重真性情的表征。晋人的美学是"人物的品藻",他们以性情的率真和胸襟的宽仁建立他们的新生命,摆脱礼法的空虚和顽固,这是晋人之美的神韵所在。他们以自己聪明机智的言谈、任情率性的行为等完成了极富个人魅力的个体生命的雕

---

① 宗白华.美学散步[M].上海:上海人民出版社,2017.

塑,从而摧毁了儒家"发乎情性,止乎礼义"的清规戒律。

上述教学案例足以说明,在文言文教学中关注言语顺序何其必要和重要!经由言语顺序进入文言文的阅读世界,这是一条曲径通幽之道,那里芳草萋萋,芬芳迷人。

有人认为,选择语言就是选择自我。李海林教授曾经精辟地诠释过言语形式的意义:"'语言'与'精神'与'人',其实是'合二为一'进而'合三为一'!它们共生共长,'言'入,则'神'生,'神'生,则'人'立;'言'失,则'神'亡,'神'亡,则'人'非,它们本就是一体!"

文言文教学要努力发现并破译言语形式的秘密,释放文本的张力,体悟作者的载道言志。比如《大道之行也》的教学,文中的言语表达顺序,也是师生走进这一文本纲举目张的抓手。《大道之行也》的开篇两句如下所录:

大道之行也,天下为公。选贤与能,讲信修睦。

文章一开始提出大同社会的三个鲜明特点:天下为公、选贤与能、讲信修睦。

三者孰轻孰重?曾经的人教版教材的课文导读提示说:"读这篇课文,要抓住'天下为公'这个关键词,理清课文的层次。"如何理解"天下为公"这个关键词的意义呢?在阅读中,不妨深究语序,还原作者的用意。我们可以对原文的语序做出以下调整和变化:

大道之行也,选贤与能,讲信修睦。

大道之行也,选贤与能,讲信修睦,天下为公。

把"天下为公"删去或者置于句末,比较差异,体会其重要性。与原文比较,我们发现大道要施行,关键在于"天下为公";大同社会要实现,关键也在于"天下为公"。只有"天下为公",才有可能把品德高尚的人、能干的人选拔出来治理天下,人们之间才能讲究信用,培养和睦气氛。

在"天下为公"的社会里,每个人都是国家的主人,人人平等,人人有机会参与国家管理;人与人之间不存在地位和贫富上的差异,故而人与人之间能有真诚、和睦的气氛。

而"天下为家"的结果则如《礼记》所记载:"今大道既隐,天下为家,各亲其亲,各子其子,货力为己。大人世及以为礼,城郭沟池以为固,礼义以为纪,以正君臣,以笃父子,以睦兄弟,以和夫妇……"天下为家的社会,人们各把自己的亲人当作亲人,把自己的儿女当作儿女,财物和劳力,都为私人拥有。诸侯天子们的权力变成了世袭的,并成为名正言顺的礼制,修建城郭沟池作为坚固的防守。制定礼仪作为准则,用来确定君臣关系,使父子关系淳厚,使兄弟关系和睦,使夫妻关系和谐。在这样的社会里,人人为己,私欲横行,贤能之士不能为社会所用。

发现言语顺序的过程,也是打开文本的过程,改变了语序,就改变了思想情感,因为内容和形式是相辅相成的。

从特别的言语顺序走入文言文,就能发现特别的言语意义。教学周敦颐的《爱莲说》时,可以抓住文中一处特别的言语顺序,走入文本的核心,走进周敦颐的内心世界。以笔者的教学片段为例。

师:现在,我们能明白作者写三种花的用意了吧? 请大家读屏幕上的句子:

予谓菊,花之隐逸者也;牡丹,花之富贵者也;莲,花之君子者也。

师:前面我们由外而内,感受到了莲的形象和气质。在作者看来,莲花就是?

生1:君子。

师:莲如君子,君子如莲。我们把这种写法叫作……?

生2:托物言志。

师:写莲时用到了托物言志的手法,写菊花和牡丹时也用了托物言志的手法。菊花和牡丹又各指哪一类人?

生3:文中说"予谓菊,花之隐逸者也"。注释也说"隐逸"是"隐居避世"的意思,再联系"陶渊明独爱菊",我认为菊花比喻洁身自好、隐逸避世的人。

生4:牡丹是富贵之花,我觉得牡丹应该是指追求功名富贵的人。

师:三种花代表的是三类不同的人。作者又是怎样评论爱花人的? 齐读屏幕上的句子:

噫! 菊之爱,陶后鲜有闻。莲之爱,同予者何人? 牡丹之爱,宜乎众矣。

师:在语言顺序上,这几个句子有没有特别的地方?

生5:文章前面先说菊,再说牡丹,最后说莲。可是,这里评论爱花人的顺序却发生了变化。先评价菊,后评价莲,最后评价牡丹。

师:观察得细致! 将对牡丹的评价放在最后,有何用意?

（生沉默）

师：不急。我们先分角色朗读这部分。我读"菊之爱""莲之爱""牡丹之爱"，你们读相应的内容。

（师生分角色朗读）

师：同学们，现在有想法了吗？

生：喜爱菊花之人，陶渊明之后很少听到了；喜爱莲花的人，像我一样的还有什么人呢？说明爱菊和爱莲的人很少。

生7：一个"众"突出了喜爱牡丹的人很多。

师：将少数人放在一起，把多数人置于最后，有没有更深的目的？

生8：这里是想以爱菊、爱莲人数之少来衬托爱牡丹人数之多，前面说"牡丹比喻追求富贵功名的人"，所以是想突出社会中追求名利富贵的人很多。

师：作者改变表达顺序的目的也正是如此。通过改变语序，褒贬爱憎清晰可见，作者鄙弃追名逐利的恶浊世风的态度更加鲜明。其实，周敦颐就是一个胸怀磊落、如光风霁月的君子。《宋史·周敦颐传》有这样的记载：

> 周敦颐，字茂叔，道州营道人，以舅龙图阁学士郑向任，为分宁主簿。有狱久不决，敦颐至，一讯立辨。邑人惊曰："老吏不如也。"部使者荐之，调南安军司理参军。有囚法不当死，转运使王逵欲深治之。逵，酷悍吏也，众莫敢争，敦颐独与之辨，不听，乃委手版归，将弃官去，曰："如此尚可仕乎！杀人以媚人，吾不为也。"逵悟，囚得免。

能够被选入中学语文教材的义言义，"其思想之深刻、情感之醇厚、构思之精妙自不待言"[1]，这些文章的言语形式的变化处往往是打开作者内心世界的钥匙。在文言文教学中，比较和探讨言语顺序，往往能发现一篇文章的言语表达之妙，步入作者苦心经营的言语世界，最终实现语言运用、思维发展、审美鉴赏与文化传承的统一。

五、言语的映照：天光云影共徘徊

"语文教学应通过分析文本中的语言现象，帮助学生发现语言规律，提升

---

① 方正，龙芳琴.文言文教学须坚持"一个中心、两个基本点"[J].语文建设,2018(12).

语言能力和思维能力,培养学生观察和运用语言的敏锐性。"①中观视野下的文言文教学也要努力发现字义、词汇、句子、段落、结构等言语现象,从言语映照的角度来研究文言文的言语形式,探求"作者着意和用力的地方,找出那创新的或变古的、独特的东西,去体会,去领略,才是切实的受用"②。

言语的映照,是指在文言文言语表达中,前后相邻的句段采用相同或相近的字词,以此彰显内容的意义和实现言志载道的目的。

先来看《大道之行也》里的一段文字:

故人不独亲其亲,不独子其子,使老有所终,壮有所用,幼有所长,矜、寡、孤、独、废疾者皆有所养,男有分,女有归。货恶其弃于地也,不必藏于己;力恶其不出于身也,不必为己。(着重号为笔者所加。)

如果对大同社会的认识仅拘泥于"人人都能得到社会的关爱""人人都能安居乐业""货尽其用,人尽其力"等文字粗疏处,那么阅读的空间将会受到挤压,文言文阅读构建深度思维能力的愿景也终将成为空中楼阁。

文言文教学要深入其里,始终牵住言语的缰绳,从言语的映照中去发现表达的秘密,嚼出文字的味道,触摸文字背后的温度。

上述文段前后句子用六个"有"来彼此照应,又以"恶"与"不必"前后映衬,其意义何在?六个"有"字句,句句呼应,尽显大同社会的美丽图景:老年人能够安享晚年,壮年人能够为社会效力,小孩子能够茁壮成长,弱势群体能够得到社会的奉养,男子能够乐业,女子能够安居。

六个"有",可谓"前者呼,后者应",不厌其烦,融为一体,强调大同社会中的每一种人,每一类人都能感受到这个社会带给他们的爱和幸福,也都能自由而有尊严地生活,这个社会给了人们充分的物质保障,人们在物质生活上很富足。而"恶"和"不必"前后照应,交替表达,意在突出大同社会中人的自觉与自省的意识,人人不为己,人人顾及他人,人人考虑社会,好恶是非分明,价值观取向趋同,人们精神世界也十分富足。

六个"有"和两处"恶""不必"照应使用,恰如其分而又意味深长地揭示了大同社会的特点——社会爱人,人爱社会,彼此和谐。

---

① 李节.小大由之:语文教学访谈录[M].上海:华东师范大学出版社,2014。
② 朱自清.朱自清语文教学经验[M].北京:教育科技出版社,2007.

朱光潜先生认为："最适当的字句安排在最适当的位置。那句话只有那一个说法,稍加增减更动,便不是那么一回事。"① 文言文的言语映照就体现了字句运用之妙,以特殊的言语形式彰显特定的言语意义。

《虽有嘉肴》谈"教学相长"的观点,师生如何不流于空洞的言说或避免以抽象的议论文术语做出定义? 通过言语映照走入《虽有嘉肴》,才能解开本文言语形式上的秘密,走出文言文教学的困境。

文章反复四次使用"然后"一词,前后映照,奇特而精巧:

> 是故学然后知不足,教然后知困。知不足,然后能自反也;知困,然后能自强也。

经典作品在遣词用语上极为考究,即使言语照应,一字一句也会尽量不重复使用,落入俗套,因为作家要避免词穷而不达意的现象。而《虽有嘉肴》作为70字的短文,竟然前后四处出现了相同的"然后"一词,令人匪夷所思。作者不厌其烦,前后不断呼应的目的何在?

把玩前后四个"然后",细细体味言语映照的意味,我们可以意会出,强调"学之后"知不足,"教之后"知困;"学之后"自反,"教之后"自强。强调只有学和教之后,才能让自己长进;强调学和教对自我的促进作用;强调学和教的重要性。同时,也是为了得出"教学相长"的意义,教和学互相促进,教别人也能增长自己的学问。"教学相长"的意味,相融于"然后"之中,我们从言语形式走入言语内容的途中,会不经意发现每一个文言字词都遮掩着一个无底洞。

《生于忧患,死于安乐》中的"然后""后",与《虽有嘉肴》中的"然后"有相似的意趣。原文如下:

> 人恒过,然后能改;困于心,衡于虑,而后作;征于色,发于声,而后喻。

从"然后"到"后",语意上的一次次反复,语言上的一回回照应,犹如一首回环往复的歌曲,在曲调的特别之处情意绵长,情思飞扬。只不过,这里的反复与照应,强调了面对困境、忧患时,我们只有不断地改变自己,思考方法,寻找出路,才有可能战胜困难。

《生于忧患,死于安乐》中的言语照应现象还出现在以下两处:

> 舜发于畎亩之中,傅说举于版筑之间,胶鬲举于鱼盐之中,管夷吾举于

---

① 朱光潜.谈文学[M].合肥:安徽教育出版社,1996.

士,孙叔敖举于海,百里奚举于市。

故天将降大任于是人也,必先苦其心志,劳其筋骨,饿其体肤,空乏其身,行拂乱其所为,所以动心忍性,曾益其所不能。

这是《生于忧患,死于安乐》的第一段文字,从事实举例到阐发观点。上述的第一处言语照应清晰了然,所举的六个事例,一气呵成,洋洋洒洒,人物的身份不同,人物的故事不同,人物的经历不同,但是不同人物的命运却十分相似——他们都遇到了贤君明主,都得到了重用,才华得以施展。所以,前后六个句子表达时选用的语言近乎一致,他们都被"举",被选拔和任用,只是说到舜时进行了微调,写为"发"(兴起,指被任用)。尽管教材注解的意思完全一样,但是前后言语上的照应和微小的变化,为阅读提供了思考的契机。课堂教学中,我们可以就此带领学生在言语的丛林里摸索,比较,探究,各抒己见,畅所欲言,在言语的照应里看风景,在言语的变化中求真知。傅说、胶鬲、管夷吾、孙叔敖、百里奚等是臣,是贤人,他们的成功,固然有自身的才能与努力的原因,但主要靠的是明主的知遇,故曰"举";舜是君子,是圣人,他的成功,固然是因为尧的赏识,但主要靠的是他自身的才能与努力,故曰"发"。

上述第二处语句在哪里有言语照应?因为文言文文体的特殊性,阅读文言文很容易进入"隔"的胡同。文言文阅读,会浅尝辄止,会浮光掠影,会见言是言,而无法达到"天光云影共徘徊"的美妙之境。这个时候,我们要学会比较,在比较言语形式的异同中,获取思维的灵感和妙趣。乌申斯基说得好:"比较是一切理解和思维的基础,我们正是通过比较来了解世界上的一切的。"

我们试着对第二处文句进行言语的变形,如下所述:

故天将降大任于是人也,必先心志苦恼,筋骨受累,体肤挨饿,身陷贫困,做事不顺,所以动心忍性,曾益其所不能。

比较显现差异,差异唤醒发现,发现拨动思维,思维生成美丽。通过不同言语形式的比较,我们就会敏感地发现,原文前后几个句子有言语的照应现象,"苦""劳""饿""空乏""拂乱"等都采用了"动词的使动用法",从而前后出现了语言的叠加效应,犹如千流俱下,形成滔滔万里不可阻挡的气势,进而强化了忧患的影响力和"杀伤力"。由内而外,从精神到身体,从心情到物质行为,无一例外都要经受折磨和考验,忧患会让人难以承受,甚至会毁灭一个人。只有承受住忧患，才能增强意志，增加才能，也才能"生于忧患"。

六、言语的延宕：穿透语言的甲胄

延宕，本是戏剧文学的用语。在戏剧中，它指在尖锐的冲突和紧张的剧情进展中，作者利用矛盾诸方各种条件和因素，以副线上的某一情节或穿插性场面，使冲突和戏剧情势受到抑制或干扰，出现暂时的表面的缓和，实际上却增加了冲突的尖锐性和情节的紧张性，增强了观众的期待心理。

延宕，在戏剧之外的文学作品表达中并不新鲜。文学作品的言语表达有时会出现有意的"拖延行为"。作家在叙述事件、安排情节、刻画形象、抒发情感和调节语言时，出于审美效果的需要，有意放慢艺术节奏，延缓事件进程，以期达到引人入胜的目的。

为了说清楚"言语延宕"的现象和效果，我们先以鲁迅的回忆性散文《阿长与〈山海经〉》为例。这篇散文无一处文字不流露少年鲁迅的童心、童真、童趣，表达成年鲁迅对阿长的怀念、感激和祝愿等情感。散文的结尾一句最富情感，读来意味深长：

我的保姆，长妈妈即阿长，辞了这人世，大概也有了三十年了罢。

鲁迅作为语言大师，写文章素来惜墨如金，笔墨俭省，凝练含蓄，但是这一句的表达却有悖鲁迅简约的行文风格，语言"啰唆有余，简洁不足"，对于同一个人物，且是一个无名无姓无身份无地位的女工，不断变换称谓，连用三个称呼。

遗憾的是，我们的阅读往往会自我遮蔽，无法穿透语言的甲胄，言语黯淡无光，最终沦为尘土，被掩埋在课堂的琐碎之中，语文的美丽悄然而去。

从言语的延宕来看语言表达，我们竟会赞美鲁迅独特而巧妙的表达艺术。上句中的三个称呼，在与鲁迅的关系上似乎存在由远及近，由疏到亲的变化，散文开篇的叙述中鲁迅说"说的阔气点，就是我的保姆""我平时叫她'阿妈'，连'长'字也不带"。从"保姆"到"阿妈"，而不是"长妈妈"，鲁迅拉近了与阿长的距离，表达了对这位曾经给予自己快乐的童年、如母亲般宠爱自己的阿长的感念。成年后的鲁迅回望儿时的那一段充满温情的往事，称其"阿长"丝毫没有曾经的憎恶，相反有着"亲昵"的味道，而更多的是感激和怀念之情。连用三个称谓看似烦琐之至，但鲁迅的良苦用心在于延缓读者在阅读文字上逗留的时间,因为读者注目文字的时间远甚于仅仅称其"我的保姆"或"阿长",抑或"长妈妈",在时间的延展中,强化了抒情效果,一如诗歌般反复咏叹。

在文言文阅读中,也不乏语言的延宕现象。在《孙权劝学》中,孙权的第二次劝说就巧妙地运用了延宕的语言艺术。劝说的原文如下:

> 初,权谓吕蒙曰:"卿今当涂掌事,不可不学!"蒙辞以军中多务。权曰:"孤岂欲卿治经为博士邪!但当涉猎,见往事耳。卿言多务,孰若孤?孤常读书,自以为大有所益。"蒙乃始就学。

在吕蒙"以军中多务"推辞后,孙权完全可以接过话荏从"卿言多务,孰若孤",顺势开始劝说,略去中间的劝说内容,如此言说,顺理成章,不蔓不枝。

然而孙权并未以吕蒙的"多务"直接回以"多务",却宕开一笔,先说"孤岂欲卿治经为博士邪!但当涉猎,见往事耳"。这就放慢了劝说的脚步,延缓了劝说的过程,却强化了劝说的艺术效果,使第二次劝说有了"柳暗花明"的转机。

具体来说,一个"欲"字说明孙权已开始洞察吕蒙内心的世界,"孤欲"实为"吕蒙欲",孙权站在吕蒙的立场上思量吕蒙先前拒学的心理,在吕蒙看来读书可能就是读《诗》《书》《礼》《易》《春秋》等,因而读书让吕蒙举步维艰。"但当涉猎,见往事耳",则消除了吕蒙心中积郁的疑虑,看到读书的可能和希望,因为读书的门槛很低啊!"涉猎"给吕蒙提供了读书的具体方法,粗略地阅读,不求甚解,观其大略,而非成为专业的"治经博士";而"见往事耳"又给吕蒙指明读书的目的和方向,书若烟海,"弱水三千只取一瓢饮"。如此劝说,岂能不成功呢?

从言语的延宕看言语的表达,文言文的阅读教学就拥有了穿透言语甲胄的利器,文言的意味和美感便无处遁形。

七、言语的节奏:顺着节律的摇摆

苏轼在《文说》里写道:"吾文如万斛泉源,不择地而出,在平地滔滔汩汩,虽一日千里无难。及其与山石曲折、随物赋形而不可知也。所可知者,常行于所当行,常止于不可不止,如是而已矣,其他虽吾亦不能知也。"

这是苏轼自己写文章的体会,也是对文艺不可多得的真知灼见。他的文章大多是在"不能不为"的时候,兴会与灵感来临之际写的。心中有所感触和积蓄,就如骨鲠在喉,不吐就会不快,发而为文,也就不免直抒胸臆,坦率自然,一下笔就文如泉涌,势不可挡。他的文章信笔抒意,千变万化,姿态横生,没有统一固定的格式。所以他说:"常行于所当行,常止于不可不止。"

汪曾祺先生也就此论及语言的奥秘,他说:"流动的水,是语言最好的形象……语言,是内在地运行着的。缺乏内在的运动,这样的语言就会没有生气,就会呆板。"他认为好的语言就在于其中的变化与灵动,语言的秘密"说穿了不过是长句与短句的搭配。一泻千里,戛然而止,画舫笙歌,骏马收缰,可长则长,能短则短,运用之妙,存乎一心"①。长句与短句的交错运用,整句与散句的巧妙变化,长短整散彼此协调,语言就会有张力,语言就成了景致,语言的意蕴也随之而来。文言文教学需要在这样的言语形式处移步换景,驻足停留,欣赏文本的深厚意蕴和内容,因为真正的文本意义往往深藏于形式的背后。关注言语的节奏,可以顺着言语节律的摇摆走向文本的深处,发现别有洞天的言语意义。

文言文通过变换长句与短句来改变叙述的语气与节奏,从而实现表达的目的。语言节奏的变化,是出于音韵的需要,更是为了表情达意。一般来说,长句长于叙述,短句长于抒情,长短句相配合更能表现曲折、复杂的文意。《孙权劝学》一文里孙权有两次对吕蒙的劝说,我们来看孙权的第二次劝学:

权曰:"孤岂欲卿治经为博士邪!但当涉猎,见往事耳。卿言多务,孰若孤?孤常读书,自以为大有所益。"

孙权的第二次劝言以四言为主,兼以三言与七言,然而第一句劝言竟用十个字。用长句劝说,说话的节奏一开始就会慢下来。这是因为吕蒙起初"以军中多务"来"辞学",他把治理经学与读书混为一谈,孙权需要慢慢解释,细心开导,丬头的第一句非常关键,急不得,急了容易生错,急话不能直指吕蒙的内心。于是,孙权放缓说话的速度,耐心细致地劝导,才能如穿透内心重重阴霾的阳光,照亮和抚慰吕蒙惶然的心。这样的言语表达舒缓有致,张弛有度,吕蒙又怎能再推托?

节选自司马迁《史记》的《周亚夫军细柳》一文,同样以长短句的变化来行

① 汪曾祺.晚翠文谈[M].郑州:河南文艺出版社,2017.

文,呈现出言语之中的不同意味和美感。选文开篇叙述当时的背景,以"大入边"三字预示大战迫在眉睫,京都安危系于旦暮,让人"顿觉烽火烛天,胡尘匝地,一派紧张气象"①。

> 文帝之后六年,匈奴大入边。乃以宗正刘礼为将军,军霸上;祝兹侯徐厉为将军,军棘门;以河内守亚夫为将军,军细柳,以备胡。

边关吃紧,战势严峻,情况危急。上述文句连用三个排比句,以齐整的长句给人以排山倒海之势,有一种"山雨欲来风满楼"的危急感。三个长句好似琵琶独奏,十面埋伏;又让人身临其境,紧张的战况如在眼前,战争防备刻不容缓。

司马迁让周亚夫在这危急存亡的时候出场,读者便会好奇"周亚夫如何部勒士卒,经营防务"。选文第二段做了如下描写:

> 上自劳军。至霸上及棘门军,直驰入,将以下骑送迎。已而之细柳军,军士吏被甲,锐兵刃,彀弓弩,持满。

文帝所到"霸上""棘门"两处,皆如入无人之境,可以想见君王的霸气和将士的媚气,群臣恭敬迎送,跪拜;劳军车马长驱直入,君王威风凛凛。当描写到细柳的驻军时,司马迁的语言一改上文的姿态,化作了四个短句,犹如四个聚焦的特写镜头,"军士吏被甲,锐兵刃,彀弓弩,持满"。文帝的面前是一个个披甲执刀、张弓搭箭的军士,军士们整装待发,随时准备冲锋陷阵。短句的力量在于营造"剑拔弩张"的紧张气氛,"短句的运用与镜头的特写相得益彰,很好地体现了细柳军营严肃的氛围,与霸上和棘门军营迥然不同"②。场面惊心动魄,故而,苏辙评价《史记》为"其文疏荡,颇有奇气"。

教师好比舞台上的音乐指挥,学生就如尽情演奏者。在文言文教学中,教师要带领学生在言语起伏的节奏中捕捉作者内心的旋律,倾听作者内心的声音,与文字的节律一起舞蹈,一起摇摆,动情而忘我。在张岱《湖心亭看雪》的教学中,笔者就和学生一起玩味"是日更定矣,余挐一小舟,拥毳衣炉火,独往湖心亭看雪"一句的言语节奏,留下过难忘的记忆,写成《语文课要常教常新》的教学随笔,刊载于《语文报》。现选择其中有关言语节奏的部分内容,再

---

① 赖汉屏.《周亚夫军细柳》鉴赏,古文鉴赏辞典[M].上海:上海辞书出版社,2014.

② 陈治勇,朱匡飞.言语细节的力度——《周亚夫军细柳》的词句秘妙[J].语文教学通讯,2018(1).

次回望研读短句的魅力：

张岱急于前往湖心亭看雪。何以见得？孩子们被我这一问全蒙住了。我猜他们肯定会想不是"矣"字句么，还有其他地方吗？他们左看右看，上下求索，不得而知，于是课堂陷入了沉静，这在意料之中。因为言语的直觉如刀刃，砥砺才见锋芒，久之不练，便锈迹斑斑，钝化不可用。孩子的言语判断能力从引导中来，从言语训练中来，从言语阅读中来，阅读教学，养成孩子言语阅读的能力至关重要。

当孩子在山重水复中迷路时，我们要为他们指路搭桥，目送他们，去发现柳暗花明的景致。陶渊明的《桃花源记》中渔人从桃花源出来后，做了什么？孩子们开始回忆，口中念念有词：

"既出，得其船，便扶向路，处处志之。及郡下，诣太守，说如此。"

"及郡下，诣太守，说如此。"渔人向太守禀报发现世外桃源的事实，三个短句，九个字，渔人的心情……没等我说完，孩子们便豁然开朗。一个男孩子抢先说：

"余挐一小舟，拥毳衣炉火，独往湖心亭看雪。"

也是三个短句，"挐""拥""往""看"四个动词，动作与动作相承，张岱有如渔人一样急切的心情，急匆匆赶往湖心亭看雪。[1]

文言文的言语节奏，还表现为整句和散句的交替使用。"整"和"散"都是指句子的言语形式。形式整齐匀称，结构相同或相似的，叫整句；形式不同，长短不一的，叫散句。整句节奏鲜明，音韵和谐，朗朗上口，语势强烈；散句则富于变化，错落有致，形式灵活。整句和散句交错配合，往往可以收到生动活泼、挥洒自如而又节奏鲜明、气势贯通的效果。

骈体文相对于散体文而言，多以四字、六字相间定句，特别讲究对仗的工整和声律的铿锵。句式两两相对，犹如两马并驾齐驱，整体上给人一种整饬之美。骈文的典范之作，是被誉为"骈文双璧"的《与朱元思书》和《答谢中书书》。吴均的《与朱元思书》被视为骈体文写景的精品，文章模山范水，描写山的语言尤其耐人寻味：

夹岸高山，皆生寒树，负势竞上，互相轩邈，争高直指，千百成峰。泉水激

---

① 沈华.语文课要常教常新[N].语文报,2017-01-05.

石,泠泠作响;好鸟相鸣,嘤嘤成韵。蝉则千转不穷,猿则百叫无绝。

起笔先以六个四字句,句式整齐,短促有力,凸显高山挣脱束缚、突破自我、向上生长的力量,原本静默的山峦突然有了生气与活力,有了"欲与天公试比高"的雄起之心。其后几句以声衬静,从"视觉的动态转化为听觉的喧响"[①],好似一曲曲动听悦耳的交响乐,彼此和鸣,悠扬婉转,如在耳畔,回旋不息。其中"泉水激石,泠泠作响;好鸟相鸣,嘤嘤成韵"以整齐的四字句,和谐的节奏,传达天籁之音。然而,即使同为骈句,在整齐的句式之中言语内在的节奏也会有起伏变化。"蝉则千转不穷,猿则百叫无绝"一句相比前文的四个四字句,转换成了两个六字句,尽管整体上仍然是四、六句的骈文,但是前后出现了整、散句式上的变化,打破了原有的叙述节奏,语言表达更添舒缓之感。言语形式的调整影响了言语节奏,言语意图也随之变动。在这里,我们就可以顺势引入言语形式的比较,培养学生"审美鉴赏与创造"能力,提升学生的思维发展能力,培养语文核心素养。比如:

蝉则千转不穷,猿则百叫无绝。(原文)

蝉转不穷,猿叫无绝。(改文)

改动后的四字句,句式上与前文一致,但是言语的节奏被破坏了,相较原文节奏的急促,而此时此刻作者正想通过悠扬舒缓的六字句来调整情感,表达沉醉忘我的生命状态。"简单的字数变化,对朗读语速、内涵、意境等方面都会产生影响。以这个细微的角度为切入点展开教学,学生就能结合自己的朗读体验与阅读理解,从言语间获得更为丰富的内涵,真正理解作者寄情山水的意趣。"[②]

整句与散句的结合运用,体现的是将整齐美和参差美置于对立统一的矛盾中去追求一种变化美。不同句式的选择是作者情感表达的需要,考量的是作者的写作用意。另一篇经典的骈文《答谢中书书》也恰能说明这一点。

山川之美,古来共谈。高峰入云,清流见底。两岸石壁,五色交辉。青林翠竹,四时俱备。晓雾将歇,猿鸟乱鸣。夕日欲颓,沉鳞竞跃。实是欲界之仙都。自康乐以来,未复有能与其奇者。

---

① 孙绍振.在骈体文的约束中抒写情志——读《与朱元思书》[J].语文建设,2013(6).

② 沈程.文言文句子形式教学的三个切入点[J].教学月刊,2019(5).

这封特殊的骈文书信，内容奇特，言语节奏也甚为奇怪。全文从"山川之美"起笔，均以四字句描写作者眼中和心中的山川奇美之景。山峰直插青冥，与天比高；溪水清澈见底。两岸石壁，色彩斑斓，与水色交相辉映。山林青翠，贯穿四季，好不寂寞。晓雾浓淡相间，宛如仙境；猿鸟自由自在，无所羁绊。夕阳"欲颓"，动感十足；沉鳞生机无限。一个又一个的四字句构成的整句，交叠出现，宛如一幅幅美丽的山川画卷，直逼人眼。这组整句音韵和谐，节奏短促有力，读者朗读这些句子，景美自不用说，还能触摸到画卷背后陶弘景欣喜而激动的心。面对如此瑰丽而神奇的山川之景，陶弘景或许一边欣赏，一边咏叹；一边亲近山水，一边忘怀自我。"魏晋时期自然美进入士人的生活中，他们以审美的人生态度，将一往情深投入大自然，山水草木开始真正作为独立的对象进入人的审美活动领域，成为一种独特的审美形态，具有了自身的审美价值。"①

然而，除整体以四字句表达之外，结尾处的两个句子从整句变为散句，语言节奏陡然缓慢下来。语言节奏的变化处往往是作者言志载道的关键处、精髓处，作家就从言语形式的变化处来传情达意。

"实是欲界之仙都。自康乐以来，未复有能与其奇者。"书信的最后两句，从写景转为抒情，以赞美和感慨收束全文。这个时候需要用舒缓的散句来表达这种情感，因此改变句式，不"以言害意"。读者也就要随文言节奏的变化，或朗读，或体会，或沉思，或探究……

"在欲界，人们有太多的羁绊，在世俗的泥沼中越陷越深，不能自拔，终而蒙蔽了发现美的心灵。无怪乎，陶弘景在文末发出了'自康乐以来，未复有能与其奇者'的感叹……静如水，清明澄澈，通透到不含一丝杂质，性灵自由，不为外物所羁的陶弘景能发现山川自然之美、山水之趣，获得精神慰藉，这就不足为奇了。《答谢中书书》是魏晋士人心灵与自然浑然一体的典范之作。"②

明人张岱曰："古人记山水，太上郦道元，其次柳子厚，近时袁中郎。"郦道元的《三峡》作为一篇绝妙的散文，唐代柳宗元的山水游记、晚明的山水小品都受其影响。从语言角度来看，其文笔精妙，也带有骈文的特点，句式整齐，

① 吕逸新.魏晋文学自然审美的生命意识[J].名作欣赏,2007(22).
② 沈华.山中宰相的山川深情——解读《答谢中书书》的四个关键词[J].语文学习,2015(2).

音韵和谐。揣摩《三峡》的言语表达，我们会发现作者表达的妙趣和意趣。试以三峡"春冬之景"为例：

> 春冬之时，则素湍绿潭，回清倒影，绝巘多生怪柏，悬泉瀑布，飞漱其间，清荣峻茂，良多趣味。

这一段写"春冬之景"的文字"趣味"何在？

——雪白的是急流，碧绿的是深潭，回旋的是粼粼的清波，晃动的是模糊的物影。色调润泽，动静有致。

——绿潭倒映两岸景物的影子，写出江水沉静优美，和缓从容。

——那柏树生长在悬崖峭壁之上，毫无遮挡，加之峡谷之中风力强劲，天长日久，自然就形成一种"怪"状，景象新奇。

——"飞"瀑侧面写出山之高峻，也可想见其流势之猛，其声势之壮，可谓震撼。

——"漱"与"飞"相应，瀑布飞沫四溅，荡涤着岩石与怪柏，更见出瀑布之白，草木之绿，山石之苍，可谓色彩分明，明与暗相辉映，宛如一幅中国山水画。

——水清、树荣、山高、草茂，山水之间呈现一派生机盎然的风光。

这幅画面有静有动，有声有色，有明有暗，有线条有画面，有山有水，趣味良多。

这一段写"春冬之景"的文字言语节奏有何特点？

整个语段以四字句为主，句式和谐整齐，节奏分明，短促有力。"绝巘多生怪柏"一句突兀奇崛，六字横生，与前后的四字句式构成极大的反差，由整句入散句，原本连贯的语句经此停顿，放缓节奏，看似"断裂"与不和谐，却完成了视角的转变，表达作者凝神欣赏，物我两忘的快慰。

言语形式是一个秘密，未经省察难以发现，而作者的表达意图却潜藏在各种言语形式之中，以此示知读者。言语形式的选择，包括言语节奏的变化，必然引发言语意图的调整。文言文教学要引导学生留意整句与散句的转换，玩味言语形式，推敲言语表达意图。

刘禹锡的《陋室铭》作为一篇韵文，全文整散交织，句式齐整，音韵和谐。为方便解说，原文摘录如下：

> 山不在高，有仙则名。水不在深，有龙则灵。斯是陋室，惟吾德馨。苔痕

上阶绿,草色入帘青。谈笑有鸿儒,往来无白丁。可以调素琴,阅金经。无丝竹之乱耳,无案牍之劳形。南阳诸葛庐,西蜀子云亭。孔子云:何陋之有?

文章开篇用比兴手法,用"仙之于山,龙之于水"的重要性,引出"陋室",强调居室主人的"德馨"——学识格调高雅非凡,即使身居陋室也自有风流,连续三个四字整句,节奏明快,音律谐美。其后表达以五字整句为主,以居室幽静淡雅的环境突出自己恬淡、鲜活的生命状态;以选择交往的人表现自己深厚的学识、高远的志趣;以调弄素琴,阅读佛经,表明自己高雅的情趣;以没有嘈杂音乐的喧闹,没有批阅案卷的劳苦,表达内心的自在与自得。最后两句由整句变为散句,将自己的陋室与诸葛孔明的草庐、扬雄的屋舍类比,意在自慰和自勉;而引用孔子的话,则说明自身的志趣与圣人之道相符合。

如果我们再深入研究《陋室铭》整散句式构造的节奏变化带来的言语意味,则会有非同一般的审美感受和思维的快感。我们以言语节奏的转换为切入点,探求其中的言语表达目的。以下是相关的教学片段:

师:请大家选择其中一句进行批注赏析,可以推敲用字,可以揣摩句式,可以调动想象,可以⋯⋯读出字句的意味,读出作者的"德馨"。

生1:我批注的是"可以调素琴,阅金经",作者调弄不加装饰的素琴,可以想见其生活的质朴;作者看的是佛经,情趣十分高雅。

生2:作者弹的是素琴,而不是装饰精美的琴;看的不是四书五经,而是佛经。我感受到了作者的超然物外、内心安适。

师:大家有没有发现这两句的句式十分奇怪?

生3:先是五个字,后变成了三个字。

生4:这句的前面有两个对仗工整的五字句,后面也有一个整齐的六字句。

师:两个同学说得对。前后都是结构齐整、形式匀称、字数一致的整句,但是"可以调素琴,阅金经"的句式突然"变了脸",结构凌乱,字数不等,看上去很散。为什么会有这样的变化?改成"调素琴,阅金经",岂不更好?

生5:改为"调素琴,阅金经"后,前后的句式是相对整齐了,但是音韵上总觉得很怪,读起来不和谐。

生6:改成"调素琴,阅金经",语言短促有力,节奏感很强;有了"可以"的调节,节奏就显得舒缓,可以感受到作者内心的欣喜和轻松。

生7:作者说"可以调素琴",(可以)"阅金经",言外之意是说他尽管生活在陋室,但是内心很自由,也很满足。

师:生活的自由,内心的自由,精神的自由,甚于一切,所谓"若为自由故,一切皆可抛"。刘禹锡的生活是艰难的,仕途是失意的,但是他毫不在意这些,反而享受自由带来的快乐! 所以说,刘禹锡在世俗中保持了高尚人格的精神追求。这样的人当然会以其德而播撒芬芳。

上述这个教学片段,留给我们的思考良多。文言文教学要聚焦言语形式,要引导学生关注字数的变化,理解言语节奏的真正内涵,从长句与短句、整句与散句的运用、调整和变化中沉入文本,斟酌文言,学生才能体会语言的丰富内涵,获得精神的成长。

第三节　微观视野下文言文的言语形式

从不同视角走进文言文,我们看到的文言世界风光无限,千姿百态。基于宏观视野阅读文言文,我们从文本体式、篇章结构、章法运用等层面探寻文言篇章的整体风貌,发现言语形式表达的奥秘。站在言语形式的中观立场阅读文言文,文言篇章中的字句段之间的关系更显明朗,更能揭示多重言语形式的意义。相比于宏观视野下着眼于篇章全局的言语形式和中观视野下立足研究语言与语言之间的关系,微观视野则偏重于言语形式的细微处,从遣字用词造句入手,咬字嚼句,探索言语表达的奥秘。

从微观角度研究文言文言语形式,也正如王荣生教授所指出的:"文言文阅读的要点,是集中体现在'章法考究处、炼字炼句处'的'所言志、所载道'。"①文言文阅读教学的着力点,是引导和帮助学生通过"炼字炼句处"具体地把握作者的"所言志、所载道"。文言文教学要仔细揣摩和用心体会一字一词一句,才能领会炼字炼句处的意蕴,掌握字词使用的艺术,提升文学的鉴赏和审美能力。只有这样,才能深入理解文言字句的背后意境、意味和文化

---

① 王荣生.文言文教学教什么.[M].上海:华东师范大学出版社,2014.

深义。

文言文中所谓"炼字",简单地说就是在一定的语言情境下选择最恰当的字词来表情达意。选用哪一个字词要看其含义是否确切,色彩是否鲜明,声音是否和谐,意味是否深长,想象是否打开,表达效果是否有效,等等。

张志公先生认为:"古人重视用字,并且把'用字'说成'炼字',就是说不仅要求用得对,还要要求用得好,用得精,这是符合汉语汉文的特点的。"[①]

由此来看,微观视野下的文言文言语形式的教学要重视炼字,要从最基本也是最煞费苦心的言语形式字词中琢磨出意味、趣味和深味,不仅要推敲字词的意义,还要经由炼字与文本对话,与作者对话,引发深度思考。

"炼字"作为一种常见的文言文言语形式,读者走入其中的路径很多,常见的"炼字"类型,可以从以下几方面来研究。

一、立骨:立片言而居要

晋朝文学家陆机在《文赋》中写道:"立片言而居要,乃一篇之警策。虽众辞之有条,必待兹而效绩。"写作的时候,关键的地方只要写简要的一句或几句,这就是一篇文章精练扼要而含义深刻的文句,也就是警语。借助警句,写文章才会更有效果。

陆机的这番言论可以看作"一字立骨"的发端。真正明确提出"一字立骨"笔法的是清代人李扶九,他在古文写作技法的著作《古代笔法百篇》中,记录写作技法二十种,包括对偶、题字生情、一字立骨、波澜纵横、曲折翻驳、起笔不平、小中见大、无中生有、借影等。每种笔法有几篇文章做例文,每篇文章又有"题解""评解""书后"做解读和赏析。

写文章讲究炼意立骨。"意不炼,不能深刻感人;骨不立,不能紧凑挺拔。炼意又立骨,则意深而文俊。"[②]"一字立骨",就是通过一两个字,把文章的"主心骨"树立起来,使文章的叙事、说理、描写、议论都有所遵循,文章的曲折变化都是为了把那个立骨之字写深写透。这个"骨"就成了文章的主旨或称主题。一篇文章,如果一个字或一个词,可以勾连全篇,贯串始终,那么这个字

---

① 张志公.汉语辞章学论集[M].北京:人民教育出版社,1996.

② 吕健.一字立骨[J].中文自修,1996(12).

或这个词无疑是文章构思的焦点和关键词,通过它,文章的主旨或主题得到了鲜明的体现。

文言文教学也要借助"一字立骨"法,通过锤炼一字一词,走入文言的深处,比如柳宗元的《小石潭记》。阅读《小石潭记》需要徜徉在语言之途,沉吟于文本的细微之处,穿行在多重话语之间,我们可将目光锁定在文中的"以其境过清"的"清"字上。因为一个"清"字勾连了文本内容,传达了柳宗元幽微的心迹。柳宗元眼中的小石潭究竟是怎样的一个地方呢? 阅读本文时,我们先从"清"字感知小石潭的环境:

"下见小潭,水尤清冽",这是小石潭之清冽。

"如鸣珮环",这是小石潭之清静。

"隔篁竹""伐竹取道",这是小石潭之清幽。

"青树翠蔓,蒙络摇缀"("青""翠"属于色彩上的冷色调),这是小石潭之清冷。

"潭中鱼可百许头,皆若空游无所依,日光下澈,影布石上",这是小石潭之清澈。

"四面竹树环合,寂寥无人",这是小石潭之冷清。

"寂寥无人,凄神寒骨,悄怆幽邃",这是小石潭之凄清。

柳宗元从"伐竹取道"探奇猎美开始,闻听"如鸣珮环"之水声,迫不及待流露"心乐之";寻见小石潭直视无碍之游鱼,心觉"似与游者相乐";之后陡转直下,"以其境过清,不可久居,乃记之而去"。如何深入文本探寻柳宗元认为"过清"的心境? 以"清"字立"骨",这个"骨"就是"在柳宗元身上我们看到的古代圣贤在人生困顿之时坚守的济世情怀",就是"柳宗元崇高的人格和高贵的灵魂"[①]。

文言文教学要敲打一字一词,通过炼字让学生体味字里行间的情趣、意趣和理趣,读出"力透纸背,情透纸背,热透纸背"的语言温度甚至是生命的温度。

节选自文言短篇小说《阅微草堂笔记》的《河中石兽》,故事中的哪一个字最具有情趣、意趣和理趣? 哪一个字可以担当"窥看主题思想的窗口,理清全

---

① 沈华.岂一个"清"字了得——细读《小石潭记》)[J].语文学习,2010(3).

文脉络的筋节"的使命？僧人、讲学家寻找石兽的方法为何就与老河兵不一样？讲学家评论僧人的行为时说："沿河求之，不亦颠乎？"老河兵评价讲学家则说："求之地中，不更颠乎？"一个"颠"字道破了僧人和讲学家求石的荒唐行为。僧人因为颠，才会做出轻率的决断，罔顾事实，盲目认为石兽顺流而下；讲学家因为颠，才会自视清高，自恃聪明，嘲笑僧人，纸上谈兵，妄下结论。究其二者"颠"的实质，在于缺少调查了解，脱离实际，据理臆断，故而表现出癫言癫行，闹出笑话，留了话柄。"而老河兵因为阅历丰富，常年在河边巡河、守河，他能究物理，懂得石性、沙性和水性三者之间的关系，因而能冷静处之，从实际出发，既知其一，又知其二，得出正确的结论，从而避免癫言癫行。纵使有个中意味，尽在一个'颠'中矣！"

二、用韵：心旌摇曳之美

白居易在《与元九书》里曾写道："感人心者，莫先乎情，莫始乎言，莫切乎声，莫深乎义。"他说能打动人心的事物，没有能超过情感的，没有不是从语言开始的，没有比声音韵律更切合的，没有比道理更深入的。所以，有人认为天底下最动人的莫过于声音，因为即使语言不通，即使不解其意，我们也能从"音"中求得情感的共鸣。声音的力量，很多时候不亚于文字，文学作品都重视"声音"的营造，在遣字用韵上追求节奏、声调、韵律等和谐妥帖，在"音"上引人入胜，因为声韵本身就有表情达意的作用。

古人作诗讲究平仄，清代冒春荣在《葚原诗说》中说："仄起者其声峭急，平起者其声和缓。""平声者哀而安，上声厉而举，去声清而远，入声直而促。"四声平仄不但能产生一种音乐美，而且直接影响着意义。汪曾祺先生也强调，"不但写诗，就是写散文，写小说，也要注意语调。语调的构成，和'四声'是很有关系的"。[①]

汉字是一种音乐性文字，其语音本身就有音乐性，它的一个字就是一个音节，而每一个音节基本上都有一个元音。元音相比于辅音更响亮，加上语调的"四声"，就会发出高低抑扬起伏的声调。比如李清照的词《声声慢》：

乍暖还寒时候，最难将息。三杯两盏淡酒，怎敌他、晚来风急？雁过也，

---

① 汪曾祺.晚翠文谈[M].郑州：河南文艺出版社,2017.

正伤心,却是旧时相识。

满地黄花堆积。憔悴损,如今有谁堪摘? 守着窗儿,独自怎生得黑? 梧桐更兼细雨,到黄昏、点点滴滴。这次第,怎一个愁字了得!

全词除了巧用叠字"寻寻觅觅,冷冷清清,凄凄惨惨戚戚"外,用韵也极有特点,押韵的字"觅""凄""戚""息""急""识""积""滴"都是齐齿呼韵母,产生一种语音上的低回的凄楚感、孤独感、失落感。

不要以为遣字用韵只是诗歌语言的特性,汪曾祺先生的话已说明文学作品的写作都会斟酌语音语调,文言文也不例外。我们来看范仲淹的《岳阳楼记》里写阴雨和晴明两种不同天气的文字:

若夫淫雨霏霏,连月不开,阴风怒号,浊浪排空;日星隐曜,山岳潜形;商旅不行,樯倾楫摧;薄暮冥冥,虎啸猿啼。登斯楼也,则有去国怀乡,忧谗畏讥,满目萧然,感极而悲者矣。

至若春和景明,波澜不惊,上下天光,一碧万顷;沙鸥翔集,锦鳞游泳;岸芷汀兰,郁郁青青。而或长烟一空,皓月千里,浮光跃金,静影沉璧,渔歌互答,此乐何极! 登斯楼也,则有心旷神怡,宠辱偕忘,把酒临风,其喜洋洋者矣。

作为一篇散文,上述两段文字却有韵文的气息。阴雨天气中的"号"与"曜","形""行"与"冥"押韵,晴明天气中的"明""惊""顷"与"青","集""里"与"璧","泳"与"空"押韵。前后两段分处不同位置的遣字用韵,使得文章读起来充满了和谐的音律美,将不同的景色带给人心旌摇曳、起伏变化的感受表现得淋漓尽致。学者唐钺说:"散文用韵,在古人是自然流露。他的功用引起读者的特别注意于韵语所表的意义,可以使人觉得声调和美。"①

三、溯源:据形求索意味

汉字是充满灵性和文化的。古人在作诗为文的时候对字词的斟酌十分看重,因为每一个文言字词都有可能是无法一眼看穿的"无底洞"。所以,文言文教学就不能落入"文言字词机械翻译"的窠臼,否则,见"言"只是"言","言"之无"文"自不必说,"言之无物""言之无趣"也将会在课堂尘嚣而行。

---

① 唐钺.国故新探[M].北京:商务印书馆,1969.

现代汉语的发展必然离不开古代汉语这一根源,从训诂学的角度教授文言文,可以探本溯源,察古知今,培养学生的言语构建和运用能力,提升学生的语文思维。"这就需要教师在教授文言文时,能够在'据形索义'的基础上'文中求义',理解文章内容和情感。"①

教学蒲松龄的文言文小说《狼》时,离不开对狼"狡诈"形象的分析。这个时候,就可以顺势据形索义,追溯汉字的本源,从而探寻狼的形象。教学中,我们可以紧紧抓住"途中两狼,缀行甚远"中的"缀"字,进入文言的深处,提升学生的思维。"缀"的小篆如下:

许慎《说文解字》曰:"缀,合箸也。从叕从糸。"所谓"合箸",王筠在《说文解字句读》中解释:"谓连合使之相著也。"所谓"从叕从糸",段玉裁《说文解字注》曰:"联之以丝。""缀"的意思是"用丝线连合使相互附着在一起"②,也就是"缝补衣服"。

以此,教学时可以追问:缝补衣服时针线与针线之间的距离近不近? 此时,狼与屠户的距离近不近? 通过"缀"字的形象,读者可以进入想象的画面,丰富言语的意义。一个"缀"字,说明两狼既不能跟得太近而引起屠户的过度紧张,又不能拉得太远以免屠户逃脱;传达出当时危急的形势和屠户微妙的心理。更重要的是,两狼为何要"缀行"其远? 为何不直接采取"饿狼扑食"或"前后夹击"的方式? 诸如此类的问题就潜藏在了"缀"字里。

从微观视角追溯文言字词意义是"炼字"的有效途径之一。"据形索义"的方法可以让普通的文言词语变得光彩夺目,熠熠生辉,可以激活学生的思维,享受言文相融的趣味,文言文的文化因子也能得以生长。

小说如是,寓言故事也可以"据形索义",引发学生的深度思考。《塞翁失马》中塞翁丢失了马匹,人们都去安慰他,寓言是这样写的:

塞翁失马,人皆吊之。

人们安慰塞翁的真正原因是什么? 作为语文教师,要教学生看不到的地

① 朱刚.训诂·章法·原型——文言文教学三要素[J].语文建设,2017(5).
② 汤敬之.《说文解字》[M].北京:中华书局,2018.

方,或者学生自以为看到却没有看明白的地方。正是这些不为人留意或看不明白之处,使语文教师无法被替代。

我们来溯源"吊"的文义:

这是"吊"的甲骨文。在远古时代,人死了不葬,只是放在荒野里用柴草盖着,但怕禽兽来吃,所以送丧的亲友都带着弓箭帮助驱除禽兽。"吊"的本义是悼念死者。人死了确实不幸,人们需要安慰,但是塞翁只是丢失了马匹,人们为什么要去安慰他? 寓言说:"近塞上之人有善术者,马无故亡而入胡。""近塞",靠近长城一带,塞翁很可能是这一地带的游牧民族,马是重要的生存资源,是生活的保障,可见失马对于塞翁来说是一种不幸。"入胡",塞翁的马进入了胡人的地域,寓言故事的结尾写到"胡人大入塞",可见当时经常发生民族间的冲突和战争,"马入胡"意味着失马终不可复得,对塞翁而言,"亡马"就如"马亡",这是一种亡失之痛。"无故",马逃跑毫无征兆,无缘无故,强调不幸发生的莫名性和突然性,突出马丢失是突如其来的消息,让人感到不可思议,无法接受,这对于塞翁而言是无妄之灾! 原来塞翁失马竟然包含着三重不幸,无怪乎人们要去"吊之",安慰他。①

经典文言作品的妙绝之处在于语言的锤炼。教授文言文必须"咬文嚼字",只有这样才能深入理解文言语句背后的深义,才能准确理解文言作品的意境。从微观言语形式的角度追溯文言本义是"咬文嚼字"的有效途径之一,"中国文学作品里所用的词汇,虽然是分析的、孤立的,但因为有浓厚的情感贯串其中,把每一个动人的画面,都活生生地表现了出来,这才是中国语言的最高表现"②。"据形索义"的方法可以让司空见惯的文言词语变得光彩夺目,迷人亮丽,可以激活学生的思维,享受言文相融的趣味,文言文的文化理解与传承才有落地生根的可能。

陶渊明的《桃花源记》借武陵渔人行踪这一线索,把现实和理想境界联系

---

① 沈华.做一个精通生活之道的塞翁[J].语文教学通讯,2015(1).
② 刘小枫.中国文化的特质[M].北京:生活·读书·新知三联书店,1990.

起来,通过对桃花源的安宁和乐、自由平等生活的描绘,表述了作者追求美好生活的理想和对当时现实生活的不满。桃花源充满了和美的气息,百姓生活简朴而富足,宁静而安乐。教学中,需要由言入文,因言悟文。下面是笔者"据形索义"探求言语意义的一个教学片段。

师:桃花源里的人的生活怎样?

生1:生活很安宁。文中说"阡陌交通,鸡犬相闻"。这里到处可以听到鸡鸣狗叫,以声音来写环境的安静。

生2:我也觉得百姓的生活安宁,不受外界打扰,俨然是一个和谐的世界。我们看这一句"其中往来种作",人们在田野里来来往往耕种劳作,让我想到了古人"日出而作,日落而息"的画面,宁静祥和。

生3:这里的百姓生活得很开心。"怡然自乐"直接表达了这层意思。

师:刚才你说百姓很开心,文中特指哪几类人?

生3:"黄发垂髫",是指老人和小孩。

师:对的。同学们要知道这里的指代意义。黄发,旧说是长寿的象征,用以指老人。垂髫,垂下来的头发,用来指小孩子。

师:你来把这句话的意思告诉大家。

生3:老人和小孩都很愉快,自得其乐。

师:好的,就是这个意思。他刚才说"老人和小孩都很愉快,自得其乐","都"这个意思,是哪个字告诉我们的?

生(齐声):"并"。

师:"并"可否换成文中出现过的"咸""悉"等字?

屏幕出示:

黄发垂髫,并怡然自乐。

黄发垂髫,咸(悉)怡然自乐。

生4:不能换。读起来特别别扭,不顺口。

师:哦,能从语音角度考虑也是一种文言文学习的思路。这几个字的意思一样吗?

生(齐):完全一样。都是"都"的意思。

师:如果真的完全一样,那么作者为何对"并"字情有独钟?文言文学习,要懂得追本溯源才行。大家看,"并"的甲骨文:

大家看这个"并"字,前后两个人在一起。《说文解字》说:"并,相从也。"也就是"两人一起"。

生:在这里,陶渊明可能想强调,桃花源里的老人和小孩一起快乐。老人看着小孩快乐,他们也快乐;小孩看着老人快乐,他们也快乐。有一种"快乐相随"的意思。

生:这个"并"让我想到了桃花源里祖孙满堂、其乐融融的美好景象。

生:桃花源里老人过得安乐,可以颐养天年;小孩过得快乐,可以茁壮成长。所以,作者用"并"字。

师:同学们,刚才我们用了"探求字源,追溯本义"的文言文阅读方法,这也是文言文的"炼字"。通过"据形索义",我们发现了汉字的奥秘、文言的意趣。一个"并"字为读者勾勒出桃花源里老人小孩和乐的美好画面,这也是陶渊明向往的理想生活。

四、动词:语不惊人死不休

"为人性僻耽佳句,语不惊人死不休。"这既是杜甫自我解剖之词,诗人自谓平生特别喜欢、刻意追求最能表情达意的诗句,达不到语出惊人的地步,是决不罢休的;这又道出了杜甫诗作的特色,反映了他认真严谨的写作态度。这十四个字对我们的文言文阅读启发也大有裨益,那就是面对篇章语句,要细细琢磨,直到发现字句隽永深刻的意义。

诗人们为了让自己的诗文生动传神,经常会对诗文中的某些词语和语句反复斟酌和推敲。唐人卢延让在其诗作《苦吟》里自叹:"吟安一个字,拈断数茎须。"贾岛《题诗后》说:"两句三年得,一吟双泪流。"贾岛又在《题李凝幽居》里留下了传为佳话的炼字故事:"鸟宿池边树,僧敲月下门。""推"与"敲"之间的反复权衡比较,反复考虑玩味,已成为诗歌锤炼字词,尤其是推敲动词的典范。

文言文教学首先要抓住关键动词,体会作者遣字用词上的良苦用心,把握文本的内容和主旨,读出言语形式的弦外之音和象外之旨。唐代文学家、哲学家刘禹锡的《陋室铭》作为一篇托物言志的铭文,表现了作者洁身自好、不慕名利、安贫乐道的生活态度。语言精练而又清丽,音调和谐,音节铿锵。文章的用字尤其是动词的表达也极为考究,比如写陋室内外之景的两句:

　　苔痕上阶绿,草色入帘青。

　　这两句语言的绝妙在哪里? 评论者多以下面的语言品评:

　　"上阶""入帘",化静为动,写出"苔""草"的神态,又将外景引入室内,为陋室增添了勃勃生机,洋溢一片盎然春意。而一"绿"一"青",色彩鲜明,更映衬出陋室的闲雅、清幽与别致。

　　如此评价看似"了了",实未"必佳",因为落入了俗套与窠臼。色彩映衬,自不必说;化静为动,更是人云亦云。动词"上"和"入"的意趣和真趣被隐藏甚至消解了。我们拿原句与下面的句子试着进行比较:

　　苔痕上阶绿,草色入帘青。(原句)

　　苔痕长阶绿,草色映帘青。(改动)

　　一"长"与一"上",一"映"与一"入",传达出两种截然不同的用字境界。"苔痕长阶绿,草色映帘青",纯粹是客观景象的再现,苔痕长上阶石,一片翠绿;草色映照竹帘,满室青葱。刘禹锡却以"上"描写苔痕,用"入"突出草色,赋予两者鲜活、灵动、生命的气息,可谓"反客为主",写出苔痕、草色主动亲近作者的美妙景象,陋室主人的心境恬淡,情趣高雅,志行高洁,也就可见一斑。可见,改变了文字,就是改变了思想感情,形式和内容是相辅相成,也是互相映衬的。

　　苏轼《记承天寺夜游》里的"入"字也有异曲同工之妙。文章开篇说:

　　元丰六年十月十二日夜,解衣欲睡,月色入户,欣然起行。

　　动词"入"字,言浅意深。苏轼在此偏偏不写"月色进户""月色照户",是因为"照""进"与"入"的表达效果不可同日而语,也在于苏轼此时的心境。细察几个动词的差异,我们不难发现"入"字的"主体性"特别强,作者在刻意强化月色的主动走入,其不容分说,没有迟疑就进来了,似与苏轼有约,两者心灵相契相合,在这里,月色俨如苏轼的知己。所以,遣词造句,往往也在抒遣心志。

　　陶弘景在书写山川美景时,意趣相投,也选择了"入"字。《答谢中书书》里是这样描摹高山的：

高峰入云，清流见底。

我们也通过比较体会"入"字的艺术表现力。比如：

高峰接云，清流见底。

高峰插云，清流见底。

将"入"改为"接"如何？蒲松龄《聊斋志异》中的《山市》里曾写"既而风定天清，一切乌有，惟危楼一座，直接霄汉"。如此，"高峰接云"岂不更好？山峰无限接近于云层，突出了山峰高耸的形象。但是，陶弘景眼里的"山峰"仅仅是巍峨高大吗？不止于此。

将"入"改为"插"如何？山峰高大挺拔的气势不就出来了吗？尽管"插"字极富动态，但是"插"字太俗，毫无美感可言，陶弘景眼里的山川是一幅自然和谐的风景画。

那么，此处"入"字的魅力何在？山峰高耸不言而喻，陶弘景更想以一"入"字，表现山峰与云雾的关系，山峰与云雾和谐共生，相融一体，云雾缭绕山峰，或隐或现，给人以无限遐想；一个"入"字，还写出山峰自然的、永不止息向上的生长状态，其气势与活力尽在其中。陶弘景赞美着，欣赏着，陶醉着……这番推敲，方能讲清楚陶弘景眼里的"山川之美"，文字的推敲，实则是思想感情的推敲。

文字的推敲往往斧凿无痕，以至于读者阅读时不经意间就会错失风景，无所会意，甚至还会戴上浅读或误读的枷锁。比如，《曹刿论战》中的曹刿和鲁庄公。

我们常拘囿于对曹刿的评价：曹刿具有卓越的军事智谋和指挥才能，能在瞬息万变的战争中沉着、冷静、果断地号令军队。

我们常流连于精心而含蓄的描写：以"请见""请从"简短、果敢的言行描写表现曹刿深谋远虑、精明干练的形象。

我们常嘲笑鲁庄公"鄙陋"的形象：在曹刿与鲁庄公的对比中，以曹刿的机敏、持重反衬庄公的驽钝、急躁。

不推敲文字，不品味动词，就容易产生阅读的障壁，比如对鲁庄公的片面、粗浅的认识。

文章开篇写：

十年春,齐师伐我。公将战,曹刿请见。

战事吃紧,军情危急。曹刿,一介布衣请见鲁庄公,鲁庄公竟能逾越封建时代地位的鸿沟,不仅使曹刿请见的愿望得到满足,还与其进行了"对话"。由此来看,鲁庄公是一个有担当、有责任感、重视民情的当权者,而且"草民曹刿请见即得见,没有受到任何来于上位者的阻挠,可见鲁国的政治,已经出现了民主的微光"①。

曹刿论述完战争的条件后,向鲁庄公提出了直接参战的请求。

对曰:"忠之属也,可以一战。战则请从。"

令人不可思议的是鲁庄公答应了曹刿的请求,并且在两军的交战中,鲁庄公还向曹刿请教进军、追击的经验。从"请见"到"请从"的过程,我们感受到了鲁庄公的另一面:谦虚、善于纳言,也看到了鲁国的政治清明。

同样,寓言故事《杞人忧天》中的"蹰步跐蹈"四字,我们也极易擦肩而过。因为教材编者没有给出详细解释,只注解为"这四个字都是踩、踏的意思"。阅读中如何不含糊其词,刨根究底? 这就需要我们有推敲文言的姿态。

"蹰",有蹰躇、犹豫、徘徊之意,如《三国演义》:"操欲立后嗣,蹰躇不定。"

"步",此处是行走的意思,如"望而却步"。

"跐",脚尖着地,抬起脚后跟走,如"跐起脚(跐起脚)"。

"蹈",本义是踩、踏,往往有冒险的意味,如《庄子·达生》中的"至人潜行不窒,蹈火不热"与明代张溥《五人墓碑记》中的"蹈死不顾"。

这四个字如果仅仅说"都是踩、踏的意思",那么必将有意义的文言置于僵死的地步,晓之者是想借这四个字来告诉忧天者:"不管你是犹犹豫豫地走,还是正常地行走,或者小心翼翼地跐起脚走,抑或大踏步冒冒失失地走,地都不会陷下去的。"②杞人忧天,岂不庸人自扰乎? 如此推敲文言,推敲言浅意深的动词,才能了悟文字的极妙处,刘大櫆在《论文偶记》说:"作文如字句安顿不妙,岂复有文字乎?"

① 言丽花.基于"炼字炼句"的中学文言文教学探究[J].语文教学与研究,2019(3).

② 刘思远.出入文本,读出厚度——文言文备课例谈[J].语文教学通讯,2017(2).

五、代词：平凡能照见乾坤

文言代词在文言文中极为常见，却又被我们忽略，是所谓最熟悉的陌生词。文言代词在一定的语言环境中也是一种特殊的言语形式，值得读者玩味。阅读文言文要留意人物的称谓，关注称呼的变化，因为人物称谓里暗含人物的形象，隐藏作者的言语意图。

《唐雎不辱使命》中秦王的使者奉命出使，对安陵君这样说：

> 寡人欲以五百里之地易安陵，安陵君其许寡人！

安陵尽管是当时战国的一个小国，但是安陵君毕竟是一国之君，作为秦国臣子的使者侍君之理何在？一个"其"字咄咄逼人，傲慢无礼，不给安陵君商量的余地，这哪里是外交谈判？因为使者的背后是霸道的秦王和强大的秦国，弱国无外交就是这个道理。

使者的出使目的没有达成，秦王不悦，安陵君心怀惧意，于是派遣使者唐雎出使秦国，进行外交斡旋，妄图修复与秦国的关系。秦王直接对话唐雎：

> 寡人以五百里之地易安陵，安陵君不听寡人，何也？且秦灭韩亡魏，而君以五十里之地存者，以君为长者，故不错意也。今吾以十倍之地，请广于君，而君逆寡人者，轻寡人与？

恃强凌弱的逻辑，何来谈判之理？阅读中，我们不仅要关注使者和秦王说了什么，更要留心他们是怎么说的。两人的语气何其相似，两人说话的方式何其相似，使者对安陵君说话，没有称呼；秦王质问唐雎，也无称呼。而不用称谓进行的对话却能充分展现人物形象，"无声胜有声"的艺术表达效果就在于此。

但是，随着秦王与唐雎谈判时针锋相对局面的出现，秦王称唐雎为"公"：

> 秦王怫然怒，谓唐雎曰："公亦尝闻天子之怒乎？"

好一个"公"字！

其实，"公"的内涵有一个发展演变的过程。在周代，如在《诗经》中提到周公、庄公等，或是天子，或为王侯。在那个时代，国君封赐贵戚功臣为公侯伯子男，"公"是至尊的一等。到先秦，"公"成为诸侯的通称，如晋文公。后来，"公"的词义进一步泛化，成为对有身份的人的尊称。

显然，使者没有把安陵君放在眼里，更何况是秦王。称唐雎为"公"，只是因为经过第一回合的言语交锋，秦王有所觉察，唐雎言辞凿凿，毫无退却之态，这不得不让秦王重新打量唐雎。一个敬辞"公"字，透露出秦王不敢小觑唐雎，内心微妙的变化。后来，唐雎以"布衣之怒"对"天子之怒"，步步紧逼，毫不示弱，挺剑而起，誓死不屈，秦王改称唐雎为"先生"：

先生坐！何至于此！寡人谕矣：夫韩、魏灭亡，而安陵以五十里之地存者，徒以有先生也。

查考资料所知，"先生"是对年长有道德、有学问，或有专业技能者的尊称。比如：

《战国策》："乃见梧下先生，许之以百金。"

罗贯中《三国演义》："深感先生见爱。但凡人死生有命，岂马所能妨哉！"

清代全祖望在《梅花岭记》中说："和硕豫亲王以先生呼之。"

秦王前后两次称唐雎"先生"，喊得殷勤，喊得无奈，喊得无力。我们从"先生"一词里听出了秦王的怯弱，更听出了讨好之意。在对唐雎前后不同的态度中，秦王的形象跃然纸上，深入人心。平凡的代词里也有风景，也有故事，也能照见乾坤，也可以直抵人心，读者岂能等闲视之乎？

欧阳修《卖油翁》里代词的运用同样妙不可言。陈尧咨对卖油翁前后的称呼不同：

康肃问曰："汝亦知射乎？吾射不亦精乎？"

康肃忿然曰："尔安敢轻吾射！"

陈尧咨前者称卖油翁为"汝"，后者称为"尔"。前后不同的称呼，其中自有值得推究之处。我们知道，"射箭"是古代的一种技艺，古人有六艺之说，"礼、乐、射、御、书、数"，这是儒家要求学生掌握的六种基本才能，也就是当时一个人的核心素养。一个卖油的老头看见陈尧咨射箭"十中八九"，只是"微颔之"，陈尧咨对此充满好奇与不解，对卖油翁称"汝"，而"汝"字多用于同辈或后辈。

卖油翁没有夸赞陈尧咨，反而觉得这是寻常的技艺，是十分正常的表现。陈尧咨又改用"尔"称呼卖油翁。一字之差，却再现了陈尧咨内心的愤怒和蔑视。"尔"一般称呼比自己辈分低或等级低的人，一个"尔"字举轻若重，写出陈尧咨盛气凌人、居高临下、不可一世的形象。

《愚公移山》中代词的表达同样非同一般，也存在值得我们揣摩玩味的地方。面对愚公移山,愚公的妻子和河曲智叟的态度截然不同,作者巧妙地借用人称代词传达其中的意味,而阅读作品时,"君"与"汝"的差异很容易走出我们的视线。寓言是这样表达的:

其妻献疑曰:"以君之力,曾不能损魁父之丘,如太行、王屋何?且焉置土石?"

河曲智叟笑而止之曰:"甚矣,汝之不惠!以残年余力,曾不能毁山之一毛,其如土石何?"

"君"是用于夫妇之间的尊称。比如,杜甫《新婚别》里说:"君行虽不远,守边赴河阳。"李商隐《夜雨寄北》中有言:"君问归期未有期。"愚公的妻子深知丈夫移山面临重重困境:山势高大,年老体衰,人力单薄,等等。凭丈夫一己之力无法完成移山的浩大工程。妻子称丈夫为"君",既是对丈夫的关切、担忧,也出于妻子对丈夫的爱。

"汝"则用于上对下,长对幼,是对对方不客气的称呼。一个"汝"字充满了强烈的鄙视意味,说明了智叟对愚公移山持怀疑和否定的态度。

六、数量词:包藏智慧天地人生

任何言语只要运用得妥帖,放在恰当的位置,就能焕发光芒,产生表达的奇迹。言语的魅力,如清人沈德潜所语,"平字见奇,常字见险,陈字见新,朴字见色"。在平淡无奇、波澜不惊的言说里,包藏智慧锋芒,天地人生。汪曾祺先生的语言足以为证,我们试举一例说明。汪先生的散文《昆明的雨》中有这样一段:

莲花池边有一条小街,有一个小酒店,我们走进去,要了一碟猪头肉,半市斤酒(装在上了绿釉的土磁杯里),坐了下来,雨下大了。酒店有几只鸡,都把脑袋反插在翅膀下面,一只脚着地,一动也不动地在檐下站着。酒店院子里有一架大木香花,昆明木香花很多。有的小河沿岸都是木香,但是这样大的木香却不多见。一棵木香,爬在架上,把院子遮得严严的。密匝匝的细碎的绿叶,数不清的半开的白花和饱涨的花骨朵,都被雨水淋得湿透了。我们走不了,就这样一直坐到午后。

汪曾祺的文字初读如水,再读如酒,此言不虚。上述文字过眼一望毫无滋味可言,然而慢慢欣赏,却发现其味无穷,尤其是那一串串毫不起眼的数量词。作者想极力营造一种静谧的氛围:外面的世界嘈杂不安,战火不断,但是眼前的世界是那么小,小得只能安放两个人的心。雨越下越大,"我"和德熙就坐在一条小街的一个小酒店里,看着檐下一只脚着地,一动也不动的鸡,看着一架鼓足了劲却静静开放的大木香花,默默对酌,所有的一切都展现出岁月静好的模样。字里行间透出浓浓的诗意和情味。汪曾祺先生十分讲究语言的运用,他说:"使用语言,譬如揉面。面要揉到了,才软熟,筋道,有劲儿。水和面粉本来是两不相干的,多揉揉,水和面的分子就发生了变化。写作也是这样,下笔之前,要把语言在手里反复抟弄。"①

文言作品中也不乏看似寻常却值得玩味的数量词。《核舟记》就有多处数量词的表达:

舟首尾长约八分有奇,高可二黍许。中轩敞者为舱,箬篷覆之。旁开小窗,左右各四,共八扇。

舟尾横卧一楫。楫左右舟子各一人。居右者椎髻仰面,左手倚一衡木,右手攀右趾,若啸呼状。居左者右手执蒲葵扇,左手抚炉,炉上有壶,其人视端容寂,若听茶声然。

通计一舟,为人五;为窗八;为箬篷,为楫,为炉,为壶,为手卷,为念珠各一;对联、题名并篆文,为字共三十有四。

上述数量词向读者具体介绍用桃核雕刻成的核舟的大小,核舟上人与物的数量,等等,便于读者形成直观的认识和感受。"修狭"的桃核竟然能雕刻出如此众多而又栩栩如生的人与物,王叔远"奇巧"的手艺令人赞不绝口,无怪乎作者也在文末情不自禁赞叹:"嘻,技亦灵怪矣哉!"

阅读张岱的《湖心亭看雪》,就不能错过其中为人称道的数量词:

湖上影子,惟长堤一痕、湖心亭一点、与余舟一芥,舟中人两三粒而已。

湖上的影了只有·道长堤的痕迹、一点湖心亭的轮廓和我的一叶小舟,舟中的两三粒人影罢了。好一幅水墨朦胧的湖山夜雪图,张岱以空灵之笔点染出中国传统艺术里的西湖之美。从构图角度来看,整幅雪景图点线面布局和谐匀称:"雾凇沆砀,天与云与山与水,上下一白"是"面";"长堤一痕"是"线";"湖心亭一点""余舟一芥""舟中人两三粒"是"点"。作者借用"一痕、一

---

① 汪曾祺.晚翠文谈[M].郑州:河南文艺出版社,2017.

点、一芥、两三粒"几个数量词,白描勾勒看到的雪景——天地广袤无际,混沌一片,烘托长堤、湖心亭、小舟、舟中人的渺小,表现张岱对人在天地间如"太仓稊米"的深沉感慨。在苍茫的雪国中,万物归寂,人鸟声俱寂,其他物体浑然不得见,一痕长堤、一点湖心亭、一芥小舟、两三粒人成了苍茫天地间的独有存在,张岱独享这天人合一的雪后气象,陶醉自得。尤其是几个数词"一","江天茫茫的宏大背景之下,宛若游龙的长堤也只是淡淡的'一痕',往日直映眼帘的湖心亭也只是静静停驻的'一点',小舟及舟中之人于浩渺深邃的宇宙而言本就显得渺小如'一芥',更何况于今夜'上下一白'更多了一份旷远的孤独"①。

七、时间词:隐含的言语秘密

从微观视角进入文言文的言语世界,通过聚焦时间词,透视言语,拂拭言语,走入作品的曲径通幽处,发现"见山不是山,看水不是水"的趣味,读出作者秘而不宣、显而不露的情义志趣。

苏轼的《记承天寺夜游》起笔一句,一组时间词扑面而来:

元丰六年十月十二日夜,解衣欲睡,月色入户,欣然起行。

"元丰六年"也就是公元 1083 年,第一个时间词无人可以绕过,这是本文的写作背景,也暗示了苏轼的人生遭际。这一年是苏轼因罪被贬黄州的第四年。他在黄州任团练副使一职,也就是地方长官的助理,不能签发文件,也不能随便离开此地。苏轼在《答李端淑书》中记述了被谪贬后自己的处境:"得罪以来,深自闭塞。扁舟草履,放浪山水间,与樵渔杂处,往往为醉人所推骂,辄自喜。渐不为人识,平生亲友,无一字见及,有书与之亦不答,自幸庶几免矣。"苏轼在仕途上不得意,生活上不如意,精神上不适意,偶遇入户的月色,"欣然起行",其中的意味值得深究。

"十月"和"夜"这一组时间词,看似平平常常,但是与后文苏轼"欣然起行"至承天寺寻张怀民相联系,就会有不同寻常的思考与发现。此处的"十月"是农历的计时,按照时序推演可知此时已进入冬天,因此"十月十二日夜"

① 房福建.淡雅·脱俗·决绝·凄楚——《湖心亭看雪》的审美意境[J].语文建设,2015(6).

为初冬之夜。天气渐寒，冬意渐浓，在这样的晚上，苏轼寻张怀民相与赏月，漫步中庭，其中的滋味非细读不能得知。

"有一种画轴，且细且长，静静垂于厅堂之侧。她不与那些巨幅大作比气势，争地位，却以自己特有的淡雅，高洁，惹人喜爱。在我国古典文学宝库中，就垂着这样两轴精品，这就是宋苏东坡的《记承天寺夜游》和明张岱的《湖心亭看雪》。"①作为另一画轴的精品，张岱《湖心亭看雪》的开篇，也以时间年号示人：

崇祯五年十二月，余住西湖。

崇祯是明思宗朱由检的年号。"湖心亭看雪"的事件发生于崇祯五年（1632）；崇祯十七年（1644）明朝灭亡，清顺治帝登基，清朝建立；顺治元年（1644）张岱反清复明失败，逃入山中著书；顺治三年（1646）左右张岱隐居剡溪卧龙山后写《陶庵梦忆》。

虽然此时明朝已亡，而张岱依然沿用"崇祯"年号。其中的一种观点普遍认为他有对亡国的追思和沉痛，以此表达对故国的忠诚。张岱在《〈陶庵梦忆〉序》中写道："陶庵国破家亡，无所归止，披发入山，骇骇为野人。"张岱在明亡后不仕，入山著书，披头散发，以示不做清朝的子民。

当然，也有研究者并不认同"亡国之思"的观点。《湖心亭看雪》开篇用崇祯年号并无他意，因为在《陶庵梦忆》中，还有些篇目也用到了明代的年号。如《闰中秋》："崇祯七年闰中秋，仿虎丘故事，诸酒徒轰饮，酒行如泉。""他躲避在自己的个人体验和情感经历中，用旧有的、已往不复的人事，来填补苍凉，唤醒温暖。所以《陶庵梦忆》的写作，就完全是私人的，私下的，个人中心的，一己体验的，不想归类不想承担的，亦是一个温暖的，美好的，像不愿醒来或者不愿失去的梦一样的。"②所以，张岱有对年轻时绚烂奢华、美好生活的强烈追忆和渴慕，如他《陶庵梦忆》序里所言："因想余生平，繁华靡丽，过眼皆空，五十年来，总成一梦。"

年号之外，《湖心亭看雪》中另一时间词"更定"同样能成为阅读的焦点。

是日更定矣，余挐一小舟，拥毳衣炉火，独往湖心亭看雪。

① 梁衡.秋月冬雪两轴画——《记承天寺夜游》与《湖心亭看雪》的写景欣赏[J].名作欣赏,1983(3).

② 姜贵珍.自出手眼隔世说梦:张岱《陶庵梦忆》析[J].安徽文学(下半月),2007(2).

"更定"是晚上八时左右。张岱选择看雪的时间很特别——大雪连续下了几日,西湖中的行人、飞鸟的声音都消失了,这一天的晚上八点左右。这个时候的西湖万物岑寂,只属于张岱一个人,张岱不希望有人来打扰日日入梦的西湖,搅乱他的梦。他在《〈西湖梦寻〉序》说:"余生不辰,阔别西湖二十八载,然西湖无日不入吾梦中,而梦中之西湖,实未尝一日别余也……余之梦西湖也,如家园眷属,梦所故有,其梦也真。"

蒲松龄文言小说《狼》里的时间词"晚"也极有妙趣,意味深长。

一屠晚归,担中肉尽,止有剩骨。

屠户不夜行,狼也不可能出现,故事也就无法发端。因为"晚",小说才有了故事;因为"晚",小说才有了曲折;因为"晚",小说才有了想象;因为"晚",小说才有了张力……

八、陌生词:非常态言语风景

阅读经验告诉我们,文学表达常以各种特殊的方式运用语言,也就是说,文学不是以日常说话的规律来组织语言,而是以反常态的语言形式来表达,以引起读者的注意和思考。这与俄国形式主义的"陌生化"理论有异曲同工之妙。

关于语言的"陌生化",英国学者伊格尔顿认为:"文学语言的特殊之处,即其有别于其他话语之处,是它以各种方法使普通语言'变形'。在文学手段的压力下,普通语言被强化、凝聚、扭曲、缩短、拉长、颠倒。这是被'弄陌生'了的语言;由于这种与'普通话语'的距离,日常世界也突然被陌生化了。"[1]

文言文阅读中,我们同样要关注那些与常规表达不一致的地方,在看似不和谐、不自然、不熟悉的言语之中,敏锐地捕捉"陌生化的语言",由言入文,读出"陌生"的面纱下精彩的言语风景,丰富的言语意味,特别的言语意图。比如,陶弘景的《答谢中书书》中有以下一句:

晓雾将歇,猿鸟乱鸣;夕日欲颓,沉鳞竞跃。

我们尝试将上述文言文转换成白话文,两句的大意为:

---

① 伊格尔顿.二十世纪西方文学理论(导论)[M].吴晓明,译.北京:北京大学出版社,2007.

清晨的薄雾将要消散的时候,传来猿、鸟此起彼伏的鸣叫声;夕阳快要落山的时候,潜游在水中的鱼儿争相跳出水面。

先姑且不论"乱鸣"的释义是否合理合情,翻译本身的破坏力就已经直接消解了文言文的"文学"味,乃至破坏了文言文的"文化"。"文言文的学习不是简单地将文言翻译成白话,它有一套独立的表达体系,通过掌握这一套体系,读者可以直接阅读古代文化文学经典,深入了解古代文化,或者说就是让文化通过语言的使用动态地传承下去。"[①]

说雾霭将要消散,说夕阳快要落山,这是我们司空见惯的通俗表达,毫无新意可言。陶弘景选用的"歇"与"颓"二字极有味道,一扫俗气,唱出新曲,这就是一种"陌生化"的表达。"歇"是休息,"颓"有疲态,均是人的意愿和情态。"歇"和"颓"还传神地展现了作者的审美视界:晓雾如同观景的游者,来去自如,累了便歇息,无拘无束,随心所欲;阳光普照万物,与山林为伴,与猿鸟对视,与沉鳞相娱,心生倦意。陶弘景将晨雾和夕阳视如他的朋友和知己,所以他能体察入微,选用陌生化的语言表达事物的情态,从而传达出人与自然心意契合相通的美妙境界。

文言文的阅读,在遇到陌生化的表达时,我们首先要从"言"中探"文",读出"文"的情致与趣味,而非去"言"求"文","并不是脱离文本语言,恰恰相反,是要回归文本语言,由语言的门径入文学的殿堂"[②]。教师要有洞穿言语奥秘的"火眼金睛",发现文言文的陌生化表达,在陌生的言语世界里享受言语智慧带来的乐趣。阅读寓言故事《穿井得一人》时,我们会不会注意下面这句话?

宋之丁氏,家无井而出溉汲,常一人居外。

教材对"溉汲"给出的注释是"打水浇田"。"溉",浇灌,灌溉。"汲",打水,取水。由是观之,应该先打水后灌溉浇田才是,原文与成"汲溉"才合乎逻辑。而文中却倒置语序,写为"溉汲"。这一反常的语言结构,就是语言的陌生化现象。作者通过拉开与常态语言的距离,意在告诉我们:

在那个生产力低下的年代,没有井而要外出汲水灌溉是多么辛苦!按照日常的逻辑,我们在向别人陈述自己的辛苦时,往往将最重要、最辛苦的内容

---

①② 郑乔力.中国文言文教学的现代转型[M].北京:国家行政学院出版社,2013.

先说,以期引起听者的注意。①

在文言文教学中,从微观言语视角去审视"炼字"的重要性,深入分析字词尤其是往往为学生所忽略的、一扫而过的字词在文中所表达的含义,才能发现文言的魅力和体会作者的情思,才能将这一篇文言文讲深讲透。文言文教学需要在陌生的表达中发现不寻常的风景,在看似已知的文言中揭示出未知,读出隐藏在文言背后深厚的"文学"和"文化"意味。

九、虚字:万水千山尽其中

中学文言文教学长期徘徊在"言"与"文"之间,或"言之无文",或"文游离于言","言"与"文"孤立相隔。言文合一的文言文教学包含文言、文章、文学、文化相辅相成的四个方面,学习文言文,要因言释文,因文悟言,在言与文的共生相融中,体认作者的言志载道。

文言文教学从文言进入文章、文学、文化,再回到文言,走一个来回,这样才能领略到文章的价值、文学的风采、文化的内涵,才能突出"文言"这一独特语体形式的魅力。文言文教学除重视文言实词"炼字"外,还要打开"虚字"这一扇门,走进文言文教学的万水千山。

吟"虚"讽诵,因声求气。学习文言文要从诵读入手,清代桐城派提出"因声求气"之说。"声"就是语言的音节美,"气"是指作者在表达思想感情时所形成的气势的抑扬徐疾顿挫。简言之,"因声求气"就是要通过讽诵文言文来体会作者的思想感情。清代学者袁仁林在《虚字说》中说:"凡书文发语、语助等字,皆属口吻。口吻者,神情声气也……其随本字而运以长短、疾徐、死活、轻重之声……而其声如闻,其意自见。故虚字者,所以传其声,声传而情见焉。"文言文教学就可以借虚字用声之"长短、疾徐、死活、轻重",讽其音,观其文,因声求气,体会作者的情思和神气,从而获得艺术审美的享受。

如教学蒲松龄的《狼》,体会屠户"投以骨"却无法摆脱两狼"缀行"的窘境时的心情,笔者就借助讽诵虚字,因声求气,教学片段如下:

师:屠户一次次向狼投骨头,直到骨头扔完,但是"两狼之并驱如故"。此时,屠户会有怎样的心情?哪个字可见?

---

① 刘思远.出入文本,读出厚度——文言文备课例谈[J].语文教学通讯,2017(2).

生1:"屠惧,投以骨"中的"惧"直接写出了屠户内心的恐惧。

生2:"骨已尽矣"中的"尽"说明了屠户内心的紧张不安。

生3:"而两狼之并驱如故"中的"而"暗示了屠户投骨计策无法奏效的失望。

师:你的发现与众不同。读出"而"字中蕴含的语气和神气,才能读好这个句子。我们来合作朗读上下文。

师:"骨已尽矣。"(语速急促,"矣"读得短促)

生3:"而两狼之并驱如故。"(语速急速,"而"进行了重音重读)

师:谁来评价刚才同学的朗读?

生4:面对两狼紧追不舍的困境,屠户内心很急,所以要读得急速;但重读"而"似乎不合适。

生5:我认为"而"应该轻读,因为屠户投出的是骨头,也是希望,骨头投完,希望渺茫,内心从"希望"变为"失望"甚至"绝望",轻读"而"能够表现屠户此时无望而沉重的心情。

师:感谢你精彩的分析和评价,你来朗读"而两狼之并驱如故"。(生朗读)

师:哪位同学给老师的朗读提提建议?

生6:老师朗读的语速没有问题,可是我觉得句末的语气词"矣"的朗读太短促了。

师:这个"矣",是延长读好,还是短促读合适? 请大家比较着读一读。(众生自由朗读)

生7:延长读好,"骨已尽矣——",延长"矣",读出屠户内心的惊慌失措。

生8:"骨已尽矣——"。我也觉得朗读"矣"要有延长,读出拖音,读出屠户内心满满的恐慌和无望。

讽诵虚字"而"和"矣"的过程,就是感受虚字气脉和情调的过程,也是实现言文相融的过程。所谓"虚字通其气",讽咏虚字能释放含而不露的情感。即使是同一虚字,文言的情境有变,"则欲通之气不同,欲传之态有异"。范仲淹在《岳阳楼记》中面对阴雨和晴明之景,发出了不同的感慨"感极而悲者矣"和"其喜洋洋者矣",同是虚字"者矣",讽诵时却截然不同,前者哀婉低沉,后者明快奔放。所以在讽诵文言虚字时"如果在应该停顿的地方没有停顿,应该奔放的地方没有奔放,应该分高低的声调没有高低变化,那么文章只是文章,读者还是读者"①。

　　循"虚"渐进,贯通文气。文言虚字是相对实词而言的,它无法单独成为句子成分,而主要附着于实词之上体现特定的语法意义。文言虚字主要包括副词、介词、连词、助词、叹词、代词等。文言文教学往往只关注虚字的意义和用法,却错失了它在贯通文气、理顺文脉上的功能。

　　例如《大道之行也》一文,论述三个层面的内容,先对大同社会进行纲领性说明,后描述大同社会的基本特征,最后总结强调大同社会是一个和平、安定的社会。教学中只要遵循体现文脉的两处虚字"故""是故",就能顺着作者的思路,进入文本结构,如此,文本的"丘壑"将了然于胸。文章先由"故"引出大同社会的具体表现,不分男女老幼,不论强者,在这样的社会人人都可以找到归属感,都能幸福、有尊严地生活;在这样的理想社会,社会关爱每个人,每个人又爱护这个社会,彼此和谐地存在。再用"是故"一词,进而描述大同社会不复出现现实生活中诸如奸邪之谋、盗窃、造反、害人等黑暗现象,"是故"承上启下,既有再次对大同社会的美好展望,也顺理成章为"大同"社会作结。由此,我们就不难理解"大道之行也,天下为公。选贤与能,讲信修睦",这是构建大同社会的先决条件。教学中抓住文言虚字"故"与"是故",就能顺文脉而下,揽文本之妙,察作者之意,体作者之情。

　　所谓文脉,是文章的行文脉络和线索,亦称写作思路。叶圣陶先生说过:"思路,是个比喻的说法,把一番话一篇文章比作思想走的一条路。思想从什么地方出发,怎样一步一步地往前走,最后达到这条路的终点。"文言文教学只有找寻到文章的脉络走向,然后顺着作者的思路一步一步深入文本中去,才有可能抓住文本的核心,领悟文本的结构之美、精妙之处。

　　由此观之,《虽有嘉肴》的教学,我们也可以紧紧握住两处虚字"是故""故"的缰绳,顺应文本的脉络,凸显文本的结构特征。教学中抓住了"是故"与"故"这两处结论性的语言标志,便牵住了文章的结构总绳,阅读时可以顺势而下,避开议论文抽象的术语,自然得出文章讨论"教学相长"的道理。

　　在"文"的视野下关注文言虚字,诵读玩味,读出意脉,理顺文脉,才有可能全面把握文言虚字在贯通文气方面的作用。

① 桑苗.在语文活动中学习文言文[J].基础教育课程,2017(22).

趁"虚"而入,凸显形象。文言虚字被称为"不为义、无义、句子之助"等,因为虚字大多无实际意义且难以直接表达情意,故而在阅读中被认为是无足轻重的。《马氏文通》认为:"无解而惟以助实字之情态者,曰虚字。"然而,虚字不虚,抽象的虚字恰能留下不可尽言的潜台词,更容易为阅读延展广阔的想象空间,以达到言简而义丰的特殊效果。

文言文阅读要在"炼字炼句处"着力,因为这里"往往就是作者言志载道的关节点、精髓处"。文言文阅读中的"炼字",既要炼实词,潜心研究文言实词;也炼虚字,咀嚼玩味文言虚字,尤其在"虚字以待"时更要趁"虚"而入,借助虚字作为思维的跳板,走到文本的深处,因为虚字能帮助实词刻画人物的情态,这足以引起阅读的重视。

在《卖油翁》的教学中,笔者和学生就文中的两个虚字"尔",展开对话,搅动文本,辨析形象。

师:老师演绎陈尧咨,你来扮演卖油翁,我们还原两人的对话。

师:你一个卖油的老翁也懂射箭吗? 我射箭的技艺不也很精湛吗?

生1:没有别的奥妙,只是手法技艺熟练罢了。

师:卖油翁只说了六个字,却让陈尧咨"忿然"。读一读卖油翁的话,从语气上看,哪个字对陈尧咨最有杀伤力?

生2:"无"字,这是对陈尧咨的否定。

生3:"但"字,告诉陈尧咨不用太自得,这其实很正常。

生4:我认为是"尔"字,注释说相当于"罢了",这是一种语气。卖油翁想提醒陈尧咨这没有什么好炫耀的。

生5:我也选语气词"尔",这个词其实就想表明善射也是不值得自矜的。

师:从语气词"尔",谈谈对卖油翁的认识。

生6:面对陈尧咨的质问,卖油翁并没有迎合吹捧。

生7:陈尧咨连用两个反问句,语气强烈,充满怀疑,卖油翁的回答以"尔"作结,平静淡然。

生8:我从"尔"中感受到了卖油翁的不卑不亢,因为他面对的是一个有地位的人。

师:陈尧咨很气愤。于是卖油翁给他露了一手自钱孔滴油的绝活,并且说了一句:"我亦无他,惟手熟尔。"从这里的"尔",再看卖油翁的形象,你们又有什么认识?

生9:自得又不张扬,卖油翁谦虚内敛。

生10:卖油翁很自信,却不过分渲染。

生11:卖油翁说话如同倒油一样,气定神闲,超然物外。

生12:相比于陈尧咨咄咄逼人的气势,一个"尔"字让我感受到了卖油翁的从容沉稳。

一个虚字"尔"成了文言文阅读的"抓手",趁"虚"而入,打开文言文阅读的另一扇窗,通过对虚字的解读来阐释它所承载的内容,比如人物形象,捕捉语言的象外之意、弦外之音,就能发现文言文的万水千山。

删"虚"探文,体认情志。清朝学者刘淇认为"虚字一乖,判于燕越",虚字用得恰当与否,表达效果就如北方的燕地与南方的越地那样遥远。清人王鸣昌亦言:"作文者不难于用实字,而难于用虚字。"[①]虚字如同人的性情,虚灵而又不可或缺。故而体察虚字就成了体悟作者性情的通途,也就走进了作者及文章的世界,体认了作者所要表现的志趣。

教学蒲松龄文言小说《狼》的最后一段,我们可以采用删虚探文的方法,认识虚字成为写文章的法门,读文章的关键的奥秘所在。

狼亦黠矣,而顷刻两毙,禽兽之变诈几何哉?止增笑耳。(原文)

狼亦黠,顷刻两毙,禽兽之变诈几何?止增笑。(改动)

相比原文,改动文字中仅仅少了"矣""而""哉""耳"等虚字,然而情味全无,意味不足,正所谓"一字之失,一句为之蹉跎"。原文有了虚字的衬托,句子的语气和节奏得以流动和舒缓;有了虚字的铺垫,得以传递出作者对狼的讽刺和嘲笑;有了虚字的插入,还能引发读者对文本的深度思考,从故事蕴含的道理体悟到作者在故事中寄托的孤愤之情。

"咬文嚼字,在表面上像只是斟酌文字的分量,在实际上就是调整思想和情感。"朱光潜先生的一番话启发我们,删虚探文就是为了斟酌虚字的分量,在嚼"虚"字中咬文,推敲虚字里的"志与道"。比如,推敲周敦颐《爱莲说》的三个"而"字:

予独爱莲之出淤泥而不染,濯清涟而不妖,中通外直,不蔓不枝,香远益

---

① 卢以纬.助语辞集注[M].王克仲,集注.北京:中华书局,1988.

清,亭亭净植,可远观而不可亵玩焉。(原文)

予独爱莲之出淤泥不染,濯清涟不妖,中通外直,不蔓不枝,香远益清,亭亭净植,可远观不可亵玩焉。(改动)

莲花生长于淤泥之中,污浊的现实并没有改变莲的本性,第一个"而"字,拉开了莲花与世俗的距离,"举世皆浊我独清,众人皆醉我独醒",莲就是挣脱黑暗现实樊篱、遗世独立的君子。第二个"而"突出了君子之美,君子如莲花一般,洗尽铅华,清新脱俗。第三个"而"区分了君子与非君子的不同之处,尽管都生活在凡尘俗世之中,但君子坚守洁身自好的节操,抵御周遭的世俗之恶。通过比较,我们会关注表转折意味的虚字"而",会情不自禁地为莲花、为君子击节赞赏,周敦颐正是这样的君子,黄庭坚由衷地赞美周敦颐:"茂叔人品甚高,胸中洒落,如光风霁月。"

古文难于用虚字。善用虚字能有效地增添文句的声情韵致,表达含蓄婉曲的言外之旨,也会具有文言实词无法达到的审美情趣。阅读文言文,遇到虚字时细细品味,慢慢欣赏,或许就能发现言文合一的瑰丽世界。

统编版教材中的文言文,都是历久传诵的经典名篇,不论是写景叙事的散文,还是经世济用、阐述观点的实用文章,它们都有着共同点:注重炼字炼句。"字总是用在句子里,重视炼字,相应地就必然重视炼句。炼句,就是着重考虑字在句子里的配合,安排。"[1]

这种字在句子里的配合和安排的艺术,一如陈满铭教授所言:"任何一个作家,不论是在古今或中外,写作文章时,一定得把各个句子与节段作合适的配置,才能够使作品产生巨大的说服或感染力;这正如构组一部机器一样,必须使每个机件,按照各自所担任的作用与应处的部位,一一予以配置妥当,才能构成一个整体,以发挥它最大的功能。"[2]所以,文言文教学要体察古人遣词造句的用意,推敲炼字炼句的艺术,从字句的运用和表达上去探究作者的"载道言志",这是文言文教学的基本路径。

作为文言文微观言语形式的"炼句",不同于中观视野下研究"句与句之间"的言语关系,而是指文言文一个句子内部的言语形式,尤其是各种句式的

---

① 张志公.汉语辞章学论集[M].北京:人民教育出版社,1996.

② 陈满铭.国文教学论丛[M].台北:万卷楼图书有限公司,1998.

表达运用。文言文中常见的句式如陈述句、判断句、反问句和特殊结构的倒装句等。"从作品形式的角度来看,作品的形式不能有跟内容不相干的多余的成分,形式的任何一个成分对于它所表现的内容来说,是唯一的不可移易的"①,因为一定言语形式的句式反映特定的言说内容和表达目的,选择哪一种言语形式的句式主要取决于作者的言说意图。经典文言作品在句式的推敲运用上必然是煞费苦心的。

十、审视陈述句的言语力量,思考不寻常的表达智慧

文言表达多为陈述句,因为寻常所见,熟悉之至,故习焉不察,所以在文言文教学中这类句式并未引起我们足够的重视。其实,陈述句看似"波澜不惊",却也有非凡的力量、深长的意味和言说的智慧。

在纪昀的《河中石兽》中,山寺二石兽并沉于河,无迹可寻。讲学家和老河兵就此发表了自己的看法。汪泰陵说:"本文虽然短小,但结构却相当严谨。寺僧的话、讲学家的话,特别是老河兵的话,一层深似一层,犹如剥笋一般,极具说服力。文章的语言亦精练准确,有一种不容辩驳的力量在。"②文章的力量,就在于文中人物的语言,尤其是老河兵的话。讲学家和老河兵陈述理由时的句式十分考究,即使同是陈述句,也颇具情味。我们来看两人的话:

一讲学家设帐寺中,闻之笑曰:"尔辈不能究物理,是非木杮,岂能为暴涨携之去?乃石性坚重,沙性松浮,湮于沙上,渐沉渐深耳。沿河求之,不亦颠乎?"

一老河兵闻之,又笑曰:"凡河中失石,当求之于上流。盖石性坚重,沙性松浮,水不能冲石,其反激之力,必于石下迎水处啮沙为坎穴,渐激渐深,至石之半,石必倒掷坎穴中。如是再啮,石又再转,转转不已,遂反溯流逆上矣。求之下流,固颠;求之地中,不更颠乎?"

讲学家解释石兽埋没在沙里,越沉越深的原因时,以"乃"领起进行解释,用"乃石性坚重,沙性松浮,湮于沙上,渐沉渐深耳"这样的陈述句式,加之四字短句,言谈之中充满了自信乃至自负。老河兵则认为石兽在上游,也以陈

① 童庆炳.文学审美特征论集[M].北京:北京师范大学出版社,2016.
② 汪泰陵.清文选[M].贵阳:贵州教育出版社,2002.

述句式阐述理由,用"盖"领起表明原因,论述恳切,语气笃定,表达逻辑客观准确,表现出经验丰富、理性稳重的"真行家"形象。

平静的叙述中不乏言语的意趣,陈述句突出的是"以弱胜强"的表达效果,体现"此时无声胜有声"的言语力量和智慧。以人物对话来塑造人物形象,是欧阳修笔记小说《卖油翁》的一大特色。为便于说明,我们先来看陈尧咨和卖油翁之间的对话。

康肃问曰:"汝亦知射乎? 吾射不亦精乎?"

翁曰:"无他,但手熟尔。"

康肃忿然曰:"尔安敢轻吾射!"

翁曰:"以我酌油知之。"乃取一葫芦置于地,以钱覆其口,徐以杓酌油沥之,自钱孔入,而钱不湿。

因曰:"我亦无他,惟手熟尔。"

陈尧咨的两问充满了好奇、不解、质疑和轻蔑。第二问更有盛气凌人、倨傲狂妄、不可一世的意味。卖油翁却"不为所动",保持着不变的说话节奏与方式,以三个陈述句回应陈尧咨傲慢无礼的质问,淡定而冷静,方寸不乱。从人物的说话方式和语气体察人物的性格大抵是无误的,卖油翁的说话方式就是其人物形象的体现,所谓言语形式和言语内容的统一也正在于此。卖油翁的不卑不亢、沉稳从容就表现在陈述句里。关注人物说话的句式表达,是走进文言文阅读的基本路径,我们可以借助不同的句式探寻作者的写作意图和价值判断。"从各自技能的高下来看,两人都是有着炉火纯青的一技之长,难分伯仲。但透过文章语句,我们却分明可以读到,作者笔下的这位卖油翁更多了一份自信从容却又有自知之明的大智慧。"[①]这种不凡的智慧、超然物外的处世态度,也许正是作者想带给我们的。

十一、改变判断句的固化思维,促进课堂学习深度思考

文言文教学中,判断句常作为一种固定的句式来讲授,但多以句论句,徒知其名,固化思维,比如"……者……也"或"……也"等句式。学生只要能够辨认判断句就算实现了教学目的。这种为教而教,以传递文言知识为目标的

---

① 王晓怡."炼字炼句处"学策略"章法讲究处"寻路径[J].教学月刊,2019(5).

教学大量存在于我们的课堂。文言文教学并不排斥知识,只是不能以了解代替思考,以浅层学习为终点,因为文言文教学和其他文体的教学一样都担负着促进学生思维的职责与功能,联合国教科文组织国际教育发展会指出:"教师的职责已经越来越少地传授知识,而越来越多地激励思考。"①文言文教学必然要指向"思维的真正学习",深度学习,深度思考,从言语形式推究言语的内容,学生的语文素养才能提升。

判断句作为文言文的一种常见句式,我们要教会学生如何辨别,更要引导学生从遣词用句的角度去思考为何要用这样的句式,探究其中的言语意义。夏丏尊先生在《关于国文的学习》中说:"阅读的人如不能抽出这潜藏在文字背后的真意,只就每句的文字表面支离求解,结果每句是懂了,而全文的真意所在仍是茫然。"②文言文判断句式的教学也当如此,要知其然,更要知其所以然。比如,《唐雎不辱使命》中判断句式的选择与使用。

秦王怫然大怒,以天子之怒来恐吓与威胁;唐雎毫无惧色,以"布衣之怒"义正词严地回击。唐雎是这样回应秦王和解释"布衣之怒"的:

唐雎曰:"大王尝闻布衣之怒乎?"秦王曰:"布衣之怒,亦免冠徒跣,以头抢地耳。"唐雎曰:"此庸夫之怒也,非士之怒也。夫专诸之刺王僚也,彗星袭月;聂政之刺韩傀也,白虹贯日;要离之刺庆忌也,仓鹰击于殿上。此三子者,皆布衣之士也,怀怒未发,休祲降于天,与臣而将四矣。若士必怒,伏尸二人,流血五步,天下缟素,今日是也。"

秦王认为"布衣之怒"不过是"免冠徒跣,以头抢地";唐雎却断然驳斥,认为"这是平庸无能的人发怒,不是有才能有胆识的人发怒",用"此庸夫之怒也,非士之怒也"一正一反的两个判断句直接否定秦王的诬蔑,进而表明自己的看法与立场。两个判断句连用将唐雎说话时坚定、有力的语气表现得淋漓尽致,唐雎果断、勇敢、凛然不可侵犯的形象也得以丰满起来,深入读者内心。

由此,我们再来看《邹忌讽齐王纳谏》中判断句的使用,或许会有认识上的更新与变化。美男子邹忌"八尺有余,而形貌昳丽",有足够用来夸耀的"颜值"资本。邹忌的妻子、妾、客都对其美貌赞赏有加,但难能可贵的是,邹忌并

① 联合国教科文组织国际教育发展委员会.学会生存——教育世界的今天和明天[M].北京:教育科学出版社,1996.

② 夏丏尊:夏丏尊论语文教育[M].郑州:河南教育出版社,1987.

没有为此而自得忘我，他与一般人的不同之处就在于"思"，直面自己，勇于思考，从而能穿透遮蔽的云雾，不忘乎所以。作者巧妙地选择判断句式勾画出邹忌前后的"思路历程"：

> 吾妻之美我者，私我也；妾之美我者，畏我也；客之美我者，欲有求于我也。

我们可以进一步比较思考作者为何不用其他句式来表达，比如反问句：

> 吾妻岂不私我也？妾岂不畏我也？客岂不欲有求于我也？

选择怎样的句式取决于作者的写作意图，不同的句式反映了说话者不同的言语目的和言说情境。邹忌在经历了自己比美，听人夸美，自我反思之后，思想认识上有了觉醒，有一种从"蒙蔽"中走出，恍然大悟后的通透。所以，他自言自语：

> 我的妻子认为我美，是偏爱我；我的小妾认为我美，是惧怕我；客人认为我美，是有求于我。

三个判断句恰能表明，邹忌对妻子"是偏爱我"、对妾"是惧怕我"、对客"是有求于我"有了清醒而准确的评判，还原出一段邹忌从"受蒙蔽"到"自我去蔽"的心路历程，判断句中有思考，有感叹，有醒悟，也有一点自喜……这些丰富的言语意义和饱满的人物形象是其他句式无法赋予的。最后，邹忌才会以切身经历设喻，将家事与国事进行比较，由自身想到国家，从中体悟出国君不易听到直言的道理，于是"入朝见威王"。无怪于《古文观止》如此评价："邹忌将己之美、徐公之美，细细详勘，正欲于此参出微理。千古臣谄君蔽，兴亡关头，从闺房小语破之，快哉！"

这样看来，合理运用判断句式有利于传达人物内心世界，展现人物形象，实现言语意图。寓言《杞人忧天》也正基于此，灵活选用判断句式来达到言说的目的。

杞人忧天地崩坠，自己无处存身，因而废寝忘食。晓之者开导杞人时说了以下两句话：

> 天，积气耳，亡处亡气。若屈伸呼吸，终日在天中行止，奈何忧崩坠乎？

> 地积块耳，充塞四虚，亡处亡块。若躇步跐蹈，终日在地上行止，奈何忧其坏？

我们暂且不以现代科学的眼光来评判晓之者的阐释，而以言观言，从文言句式选择和运用的视角对这两句话进行评价,就能发现其中的表达妙趣。杞人因为担心天崩地坠,到了整天忧心忡忡、惶惶不可终日、废寝忘食的地步和程度,作为"忧彼之所忧"的晓之者,能够这样开导吗?

晓之者曰:"天地焉能崩坠乎?"

或者,可以用平静淡然的陈述句劝导他吗?

晓之者曰:"天地无时无处不在,身可寄耳,无忧也。"

这个时候,我们就发现了不同句式呈现的力量,反问句、陈述句等句式只能用在彼时而非此时,寓言中的晓之者先用判断句解释,再用反问句追问,表达效果就非同一般。当人因缺乏认知而陷入恐慌的旋涡时,拯救对方的最好方式莫过于改变其错误的认识,给出"科学合理"的解释。就如当下网络微信里各种消息"泛滥成灾",其中就有不少失真的信息,甚至是"谣言",在食品安全领域尤其如此。普通大众因为不明真相,相关知识匮乏,往往就会信谣,甚至传谣,对谣言"推波助澜"。面对"谣言危机",有关部门也会在第一时间出来辟谣,邀请权威人士来纠正人们认识上的错误,澄清事实,普及相关知识。寓言里的晓之者就扮演了这样的角色。晓之者前后用判断句解释天地的形成,消除杞人的疑惑和忧虑,他说"天不过是积聚的气体罢了""地不过是堆积的土块罢了"。判断句中隐藏着一种无可置疑和清晰可辨的力量,为人释疑,给人信心,给人安慰。

十二、揣摩反问句的言说目的,体味人物的内心和形象

相较于文言文中的陈述句、判断句,不论是从语气还是情感等方面,问句的选择与使用都显得更为醒目。问句作为相对特别的句式,在表达上更显作者的言说意图。所以,在一定的语言情境中考量问句的运用,我们能感受说话者的内心世界和人物形象,能体味出作者的言说目的。

我们先来看《〈孟子〉三章》之一的《富贵不能淫》,其前后有两处问句的表达。文章开篇景春用问句直接赞美公孙衍和张仪。

景春曰:"公孙衍、张仪岂不诚大丈夫哉?一怒而诸侯惧,安居而天下熄。"

景春认为公孙衍、张仪是"大丈夫",对此他深信不疑。景春用强烈的反问句式"岂……哉"表达"公孙衍、张仪难道不是真正的有志气有作为的男子

吗?"言辞之中流露出对公孙衍和张仪的羡慕乃至崇拜之情。在景春看来,公孙衍、张仪能够左右诸侯,挑起国与国之间的战争,所谓"一怒而诸侯惧,安居而天下熄",他们是了不得的男子汉大丈夫。

面对景春的质问,孟子"以其言还治其人",连用两个问句驳斥景春的看法,表达自己的观点:"是焉得为大丈夫乎? 子未学礼乎?"孟子说:"这哪里能算是有志气有作为的男子呢? 你没有学过礼吗?"孟子以两个反问句直接否定景春的看法,同时表达对公孙仪和张仪之流的不屑。在孟子看来,公孙衍、张仪之辈"靠摇唇鼓舌、曲意顺从诸侯,没有仁义道德的原则",因此,他们不过是小人、女人,奉行的是"妾妇之道",哪里谈得上是大丈夫呢?

景春与孟子以问句对答,"问句"之中体现的是他们对"大丈夫"的不同理解,更是人生的不同准则和操守。公孙衍、张仪等人遵循"妾妇之道",曲意顺从,毫无原则;孟子遵循"大丈夫之道",其本质是内心对仁、义、礼的坚守。所以,"纵横家与儒家所推崇的圣人、君子,是两种截然不同的人格。圣人与君子具有完美的德行,并注重以德行的力量去感化当政者,纵横家则常常为了达到自己的政治目的而不择手段,甚至置人格廉耻于不顾"[1]。孟子认为的大丈夫以天下为己任,为天下人着想,因此才有不淫、不移、不屈的英雄气概。这种理想人格的实现不仅是个人的道德修养过程,同时也是承担社会责任的过程。而纵横家则"没有自己的固定立场、稳固操守、不是为天下人着想,而是为了自己获得一时的权势而去迎合君主"[2]。

再看《愚公移山》中的问句表达,愚公妻子和河曲智叟运用问句表情达意,辨析两人的问句,我们可以感受到不同的情感态度和人物形象。当愚公"聚室而谋",准备"毕力平险"时,愚公之妻献疑:

> 以君之力,曾不能损魁父之丘,如太行、王屋何? 且焉置土石?

愚公的妻子提出疑问,表达疑虑,这既是对丈夫的关心,也是对移山将面临人力和土石放置等问题的关切。妻子连续抛出两个问句,这是摆出困惑,也是为了解决问题,而非动摇丈夫移山的决心,否定丈夫的做法。故而,愚公妻子之问表现了她设身处地为丈夫着想,爱在其中。

① 杨国荣.孟子评传[M].南宁:广西教育出版社,1994.
② 万光军.孟子大丈夫人格的多维考察[J].船山学刊,2010(4).

河曲智叟之问的意味就与之相距甚远了。他对愚公说：

甚矣，汝之不惠！以残年余力，曾不能毁山之一毛，其如土石何？

"其如土石何？"语气强烈的反问句，直接表达对愚公的不信任、不理解、不支持，智叟认为愚公年老体衰，不可能完成移山的艰巨任务，"残年余力"的愚公要移山简直是"天方夜谭"般的痴人说梦之举。智叟的问句里翻滚着讥笑的波浪，力图吞噬愚公移山的决心和信心。走进问句就是走入了文言文阅读的路径，从问句里我们可以揣摩人物的语气、身份、情感、形象和作者的言说意图，问句直击读者之心，为文言文阅读打开了另一扇窗。

十三、探究倒装句的特殊用意，发现言说形式的特别处

"在言语作品中，任何一种语法手段都有它的表意功能。凡是运用超常语法的地方也就是作者有特别用意的地方。"[①]

文言文作品中不乏特殊的句式表达。但是，我们的教学却往往只喜欢传授"刻板的知识"，讲解抽象的文言语法，拒文言的意味于千里之外，学生也就被隔在了文言之外，望而却步，惶惑无所知，学生惧怕文言文，在文言文的课堂上觉得"无趣、无味"，自然也在情理之中。

文言文教学并不排斥知识，也不是不能教授文言文的语法知识。只不过，一切语法知识教学都是为了能让学生发现文言文言语的乐趣、言说的意图，理解文言文言文相融的特点，感受文言文的博大精深，进而提高阅读文言文的能力。文言作品中有很多特别的表达，特殊的句式，相比于现代汉语的表达习惯，我们一般把它们定义为"倒装句"，比如宾语前置句、定语后置句、主谓倒装句、介宾短语后置句等。我们可以根据教学的需要适时适度地进行文言知识的教学，但是决不能止步于此，更要从言语形式的角度去探究表达的意图，知其然而知其所以然。

《愚公移山》中河曲智叟嘲讽愚公自不量力、痴心妄想移山，开口就说了这样一句话：

甚矣，汝之不惠！以残年余力，曾不能毁山之一毛，其如土石何？

比较人教版教材和统编版教材对"甚矣，汝之不惠"一句的注释，我们发

---

① 李海林.言语教学论[M].上海：上海教育出版社，2000.

现差异很大。人教版教材九年级下册注释为：

你太不聪明了。这是"汝之不惠，甚矣"的倒装句，先说"甚矣"，有强调的意味。甚，太，非常。惠，通"慧"，聪明。

统编版教材八年级上册的注解如下：

意思是，你也太不聪明了！甚，严重。惠，同"慧"，聪明。

两种版本的教材在字句的解释上相差无几，但是对句式的解释则相距甚远。我们姑且不论教材版本注释的优劣短长，而是思考学生要不要了解这句是倒装句以及运用这种特殊句式的意义。统编版教材有很多知识补白，注释也应是其中之一，从这个角度来说，这里注一笔也未尝不可。当然，课堂教学是灵活多变的，教师完全可以"因地制宜""量体裁衣"，结合学情来施教，基于言语形式来引导学生探究其中的言语意义。就这个特殊的倒装句，笔者在课堂里是这样落实句式和意义的。

师：智叟说的第一句话很特别，大家来读一读。

（齐读"甚矣，汝之不惠"）

师：这句话特别在哪里呢？

生1：智叟的语气很强烈。

生2：智叟看不起愚公，觉得愚公不聪明，移山是不可能成功的。

生3：智叟对愚公移山直接进行否定，这对愚公是很大的阻力。

师：这句话什么意思？看看注释怎么解释的。再想一想你来翻译这个句子，你会怎么解释。

生4：太严重了，你不聪明！

师：按照现在的说话习惯，应该这样说"你不聪明，太严重了"，是吗？所以这个句子特别在哪里？

生5：我觉得句式上很特别，根据刚才的翻译，这个句子本来的语序是"汝之不惠，甚矣"。

师：是的。好眼力！这确实是个倒装句！愚公为何要这样说？作者为何要这样写？

生6：智叟这样说，是想表现他坚决反对愚公移山，觉得愚公移山是愚蠢的行为。

生7："甚矣"提前，加强语气，强调"不惠"，这样写更能突出智叟那种讥讽的语气和自以为是的态度。

师:在这样的阻力面前,愚公依然坚持移山,也足见其移山的决心之大和信念之坚定。

上面文言文句式的教学,借助特殊的句式表达,思考其中特别的意义,这是文言文言语形式教学行之有效的路径。注重遣词造句是文言作品的一大特色,在斟酌文言句式的教学中,我们要自始至终牵住"文言文言语形式的缰绳",少一些纯粹语法意义的纠缠。

同样,教学《〈论语〉十二章》之《雍也》中的言语倒装现象,我们也要从言语形式的视角去探寻言语表达的意图,而不必过度关注哪一种"倒装"现象,费神费力。

子曰:"贤哉,回也! 一箪食,一瓢饮,在陋巷,人不堪其忧,回也不改其乐。贤哉,回也!"

孔子称赞颜回在贫苦不堪的境遇中"不改其乐",这就是《孟子》所言的"贫贱不能移"的精神。孔子对颜回大加赞赏,高度评价,因为欣赏,内心的激动不可抑制,表现在言语形式上,前后两次反复说:"贤哉,回也!"从言语的反复角度就能感受到颜回在孔子心目中的地位,因为孔子像咏叹调一样夸他:"颜回这孩子的品质是多么高尚啊! 生活是那么清苦,住在简陋的小屋里,别人都忍受不了,他自己却始终那么快乐。颜回这孩子的品质是多么高尚啊!"

"惜墨如金的《论语》竟然把这句赞语反复说了两次,爱惜之情可谓跃然纸上。"[1]其实这只是其一,孔子这段话的妙处还在于"贤哉,回也"这个特别的倒装句式。孔子显然知道在表达效果上"贤哉,回也"远甚于"回也,贤哉",通过强调"贤哉",突出颜回"安贫乐道"的高尚品质。颜回精神境界的核心不在于安贫,而在乐道,诚如易中天先生在《论语故事》(上)中所评价的"不乐道,只安贫,那叫安于现状,不思进取,根本就没有境界可言"[2]。颜回"安贫乐道"的精神操守,也完全符合孔子的思想,孔子的人生态度是"贫而乐,富而好礼"。

从"贤哉,回也"倒装句式的言语形式生发开去,体会孔子对颜回的态度,感受颜回的精神境界,进而思考每一个自己,"人活着总要有一点精神",有了

---

①② 易中天.论语故事(上)[M].上海:上海文艺出版社,2017.

坚守的精神、追求的信念、执着的理想，那么即使生活困顿清苦，也会如颜回一般自得其乐，"贤哉"！

说到孔子和《论语》，我们再来看一例有关孔子言语的倒装句。刘禹锡的《陋室铭》引用孔子的话结尾。

> 南阳诸葛庐，西蜀子云亭，孔子云：何陋之有？

从文言文语法上看，"何陋之有"即"有何之陋"，属于宾语前置。教学中这种倒装的语言现象，每一位老师都会重视并且讲授，但是多数拘囿于语法本身，只教知识，不从文言文言语形式的意义和语文素养等方面去拓展，其实，掌握文言知识就是为了提高文言文阅读的能力和语文素养，如果再从言语倒置的原因上进一步追问，我们的阅读就会更有意义和价值。

刘禹锡借用孔子的话来表达自己的人生操守，说明自身的志趣与圣人之道相符合。清代余诚认为："末引'何陋'作结，而诵法孔子，其德又何可量耶？室虽陋亦不陋矣。"

十四、标点：此时无声胜有声

我们知道，古代的文言作品中并没有现在所用的这一套标点符号，"那时至多只用一个符号，就是一个圆圈或圆点，而刻印成书的时候，连这孤零零的一个符号也不用，一个字一个字地接着排"[①]。

现在文言作品中的标点符号是经后人断句加进去的。文言作品中的各个标点符号，都合乎语法规则，有一定的语法学依据。在这个前提下，我们不仅要顺应加入标点的文言作品，结合标点符号理解文意，读出语气，体会情感；也要从标点回溯文意，激活文言句子的意蕴，拓展文言语义的空间，进而探究标点的功能与目的。朱自清说："标点符号是书面语言的有机组成部分，作用跟文字一样，绝不是附加在文字上的可有可无的玩意儿。"[②]标点符号在白话作品里是这样，在文言作品中同样如此。

我们先来看殷秀德老师《陈太丘与友期》的教学课例。殷老师给学生没有断句标点的文章，让学生边读边加标点。课堂里学生对"对子骂父，则是无

---

① 张志公.汉语辞章学论集[M].北京：人民教育出版社,1996.

② 朱自清.写作杂谈[M].北京：北京教育出版社,2014.

礼"这句话是用句号还是感叹号,争论不休。教学片段如下。

生1:我觉得是感叹号,是因为前面友人已经说了一句"非人哉"……

师:"非人哉"是什么意思啊?

生1:不是人!

师:他骂谁不是人啊?

生1:元方的爸爸。所以元方应该表示自己的气愤。

生2:友人无礼,而元方有礼,他不会像友人那样。

师:友人是什么样的人?

生2:粗暴无礼。

师:难道友人粗暴元方就应该跟着粗暴吗? 你们平时都是这样的吗?

生(齐):不是。

生3:友人是无信无礼的。

生4:如果是我,我也会生气,可能也会对着骂,但事后可能会后悔。因为,我和友人没区别了。

师:我们都会很不喜欢友人的哪一句话?

生(纷纷):"非人哉!"

师:用我们今天的话说,这个人最起码素养不是很高。面对这样无礼的一个人,元方会如何呢? 你能否感受到?

生5:从文章中看,元方对友人一直尊称"君",并没有因为友人骂"非人哉"而改变,可以看出元方是一个有礼的人,与友人是有区别的。

师:这个时候,你觉得应该用句号还是感叹号啊?

生(纷纷):句号!

师:大家同意了哦。一个句号,表现了元方是一个有礼的人,元方并没有"针尖对麦芒""以牙还牙",而是有礼有节。所以,友人最后也惭愧了,"下车引之"。只有七岁的元方是值得我们学习的。[①]

殷秀德老师紧紧围绕"对子骂父,则是无礼"一句用句号还是感叹号,点燃思维的熊熊烈火,引发思维的碰撞与交锋。表面上看似讨论标点符号的使

[①] 殷秀德.文言文的学习兴趣应该来自哪里? ——来自七节文言文课堂实录的启示[J].语文教学通讯,2015(10).

用,其实和学生一起穿行在文言里,漫步在文意间,浸润在文化中,通过炼字炼句,感受人物形象,理解作者"所言志、所载道"。像这样教学文言文,不仅能让学生了解文言和文化,也会对学生现在或将来的生活产生益处;像这样教学文言文,一个标点就让学生走进了文言文的语境,消除了学生与文言文的隔阂,"将思维的触角伸向时代,在现实生活中找到生长点,架通'古''今'之间的桥梁,才能焕发生命的活力"①。

高明的作家能利用标点符号含蓄精妙地表情达意,在文言文的教学中,如果我们也能适时地借助标点符号进入文言、文学、文化的层面,就会有"言已尽而意无穷"的审美效果。从微观角度阅读文言文,就不可错过一字一词一句,甚至一个标点符号,比如,比较纪昀《河中石兽》里讲学家和老河兵的不同形象,以标点符号为思维的跳板,课堂就会有非同一般的别致与精彩。下面是笔者课堂里的教学片段。

师:讲学家和老河兵的形象差异很大,我们先来看作者是如何刻画他们的。

生1:都用了语言描写刻画两人,表现他们对石兽位置的看法。

生2:也有神态描写,用"笑"来表现他们的形象。"讲学家设帐寺中,闻之笑曰","一老河兵闻之,又笑曰"。

师:两人都是"闻之而笑",但是这里的标点符号是不是很奇怪?

生3:一个"闻之"和"笑曰"间没有逗号,一个有逗号。

师:叶圣陶先生说过,"标点很要紧,一个人标点不大会用,说明他语言不够清楚。"标点是会说话的。这个小小的逗号里就有丰富的意味。大家琢磨一下逗号背后人物的不同心理。

生4:我认为讲学家这里不用逗号,是想说明他听到这件事和"笑曰"之间几乎没有时间间隙,他急于表达自己的看法,因为这个问题很简单,根本不用思考。

生5:老河兵"闻之,又笑曰",中间用逗号将"闻之"与"笑曰"隔开,我觉得老河兵听了讲学家的话后有沉思,才有了后面对石兽位置的论述。

① 殷秀德.浸润于新鲜体验之中——初中文言文"陌生化"教学实践探索[M].上海:上海教育出版社,2017.

师：这样看来，在哪里加标点，不单是停顿的问题，更有表达的意图。结合逗号再看两人的形象就容易了。你们来说一说。

生6：讲学家是一个很盲目，也很自以为是的人。

生7：老河兵善于思考，做事沉稳。

师：从一个标点里我们竟然读出了这么丰富的内容，这告诉我们文言文中的标点符号也不可小视。

标点符号是一道桥梁，一边站着读者，一边站着作者，通过这一道桥梁，读者才和作者会面。阅读文言作品，我们也要通过这道桥梁，与文言际会，与文学、文化相遇，与作者的心情相契合。

如此，在标点符号的微观视角下教学柳宗元的《小石潭记》，也会有鲜活的阅读体验和全新的阅读认知。作者伐竹取道，见到了小石潭中各种形态的石头形成的景象，文章说：

全石以为底，近岸，卷石底以出，为坻，为屿，为嵁，为岩。

上述句子中"为坻，为屿，为嵁，为岩"之间的逗号值得玩味，我们试着与"为坻、为屿、为嵁、为岩"的停顿比较，或者与这样的表达"为坻、屿、嵁、岩"进行比较。

用顿号的两种表达形式显然有悖于文中柳宗元游玩探奇的心境。柳宗元游山访水，探寻小石潭，未见其形，先闻其声。小石潭的出现，犹抱琵琶半遮面，充满了猎奇与悬念的情趣，好似一幅美妙的画卷在作者面前徐徐拉开。等到一睹小石潭的真容时，作者被嶙峋多姿的景致吸引了，陶醉其中，全然忘我。故而，用逗号就能恰如其分地展现当时作者的情态，默而述之，沉吟叹服；而顿号就很难有这样的表达效果，因为停顿的时间相对短暂，语言之间的节奏就会急促。

吕叔湘、朱德熙在《语法修辞讲话》中写："每一个标点符号有一个独特的作用。"阅读文言文，要关注作品中的标点符号，体会其独特的表达作用，发现其"此时无声胜有声，情到深处意更浓"的情味和意味。

第四节　言语形式视野下文言文发展思维的路径

当下的文言文教学表现为三种形态：

或过分重视逐字逐句的解释，有言无文，重言轻文，忽视了文言文学趣味的审美与鉴赏，丢失了传统文化的理解与传承。

或一味追求文言中的微言大义，偏重文言文的文学价值和文化功能，在文言上浮光掠影，积累文言的目标尚未达成，就匆匆走上了"寻文弃言"的教学迷途。

备受推崇的言文合一的文言文教学主张，改变了文言文教学言文剥离的现状，在言中嚼文，在文里望言，言文相融，文言文教学重新焕发生机与活力。

然而，遗憾的是，不论是哪一种教学形态，文言文教学一直以来都存在过多关注文言知识和作为古典阅读的语言工具性，以及"文学鉴赏，感受领悟古文中的思想和艺术的魅力"[1]，即文化传承的人文性，却弱化了其他的教学价值，比如文言文教学中思维能力的培育与涵养，发展与提升。文言文教学中"普遍存在教学目标忽视思维指向、教学引导缺乏思维走向、思维能力训练缺乏有效方法、教学评价不涉及思维培育内容的现象"[2]。文言文教学理应重视学生的思维活动和思维能力，《义务教育语文课程标准（2011年版）》总目标里提出："在发展语言能力的同时，发展思维能力。能主动进行探究性学习，激发想象力和创造潜能。""思维发展和提升"是语文核心素养的重要内容。"思维发展与提升是指学生在语文学习过程中，通过语言运用，获得直觉思维、形象思维、逻辑思维、辩证思维和创造思维的发展，促进深刻性、敏捷性、灵活性、批判性和独创性等思维品质的提升。"[3]因此，文言文教学要始终把学生思维的发展摆在核心位置，启发学生的思维，拓展学生思维的广度、深度和灵敏度，培养和发展学生的批判性思维。可以说，重视文言文思维品质的培养，就是抓住了文言文教学的缰绳。

第三章　文言文言语形式聚焦

---

① 王荣生.文言文教学教什么[M].上海：华东师范大学出版社，2014.

② 吴丹青.指向思维发展与提升的初中阅读教学实践研究[J].语文教学通讯，2020(6).

③ 中华人民共和国教育部.普通高中语文课程标准(2017年版)[S].北京：人民教育出版社，2018.

"我们语文教学的奥秘就藏在言语形式里。发现言语形式，关注言语形式，深入言语形式，从而把握它的奥妙，熟悉它的门径，学习它的艺术，这就是语文教学最主要的任务，也是别人的课程难以替代的'独当之任'。"①文言文作为一种特殊的语言，有其独特的言语形式表现，文言文思维能力的培养就是要立足文言文的言语形式，在言语形式中探求思维培养的策略。下面以初中统编版教材中文言文为例，结合教学实践经验，简单阐述文言文中思维能力培养的具体路径。

一、咀嚼文字，改变浅表思维

文言文的言语形式中蕴含言语思维规律。遣字用句，组段构篇，各有其思路，各种思路中包含着思维过程和方法。阅读文言文，首先接触的是文言字词，学生的认识往往固化在字词的意思和用法上，学生的理解也往往停留在肤浅的事实性信息上，无法通过解字入文，循言悟文，体会文言文的深层意蕴，感悟作者的情志，因此通过咀嚼文字去揣摩其背后的深意，是文言文教学中非常重要的思维训练。

文言文教学中从文化视角揣摩字词，能引发学生的深度思考。教学陶弘景《答谢中书书》，我们就要警惕因为浅表化思维带来的模糊而粗浅的阅读感受，陶弘景笔下的山川景致岂一个"美"字了得！我们要看到语词背后的东西，不仅要读懂作品表达了什么，更要读懂作品为何要这么表达，如此才能"目"透纸背，抓住景物的灵魂，走进陶弘景的精神世界。我们可以经由"猿鸟乱鸣"中的"乱"，感受猿鸟鸣叫时的自在随意，进而从猿鸟无所羁绊的鸣叫声中获得作者对山川的感应，享受自由的生命情调和与自然相融合的生命愉悦。

在学生的疑问处，敲打语言，触发"觉悟之机"。教材文言文篇目中不少字词的解释未成定论，诸如《湖心亭看雪》"余强饮三大白而别"中的"强"，《桃花源记》"见渔人，乃大惊"中的"乃"等，都留给了师生解读探究的广阔空间。"见渔人，乃大惊"中"乃"字解释为"于是，就"，还是"竟然"？教学中可以设计一个微型讨论，由言入文，以言促思，调动学生探究的热情，对培养他们思维

---

① 王尚文.语文教育一家言[M].桂林:漓江出版社,2012.

品质的深刻性大有裨益,学生的讨论精彩纷呈:

一个学生认为:

渔人误入桃花源,看到优美静谧的环境,看到老少其乐融融的生活,村人的衣着与外人毫无差别,渔人便会下意识地觉得这只是一个普通的村庄,而普通的村庄中,一个渔夫偶然闯入是一件比较平常的事。所以当桃花源中的人对于渔夫的到来大吃一惊时,渔夫便会感到疑惑。所以,解释为"竟然",更多是以渔人的视角进行表达,故事的一切也都是渔人的所见、所闻、所感。

一个学生认为:

"乃"的意思是"于是,就"。联系第三段后文所写"自云先世避秦时乱,率妻子邑人来此绝境,不复出焉"可知,桃花源人自秦朝便隐居在此,从未与外界联系,过着安静祥和的生活,人们彼此熟悉,其乐融融。所以面对"不速之客"渔人的闯入,桃花源人感到惊讶是理所当然的。

打破惯性思维的枷锁,文言文教学才能摆脱浅表思维。文言文阅读"重实轻虚"的现象由来已久,实词的地位远甚于虚词,教学中对虚词价值的认识局限于调节语气的功能,而附着在虚词上表情达意甚至言志载道的意图却未曾引起足够重视。节选自庄子《逍遥游》中的《北冥有鱼》一文,值得关注和推敲的是全文的 11 个"也"。作者借助 11 个虚词"也",既舒缓了朗读的语气,也能表现大鹏鸟的逍遥状态,更是庄子不受形体束缚、追求内在自由的言语外显。

文言文教学,需要根据言语形式,打破浅层化思维习惯,透过字表深入字里,领悟作者根本的表达意图,还原作者言语思维的内容。

二、想象还原,走向立体思维

文言文在极为简约的语言背后隐藏着大量语言空白,文本的情境和氛围、人物的语言和心理、文本的艺术和审美价值都被省略或进行变异处理,"由于时代的变迁,读者生活的时代已经区别于作品的时代,为了准确理解作者、作品、作品人物,读者应尽可能先还原作品所描写的现场情境,还原揣摩作者及作品人物的心理……在特定的时代和特定的情境中具体分析作品的美,也促使读者的思维超越平面化、走向立体化"①。

还原文本情境。文言文教学要善于抓住最能表达意境、传递情感的关键字、关键词、关键句,揣摩品味,丰富想象,丰厚词句,从单一的认识走向立体的理解。《河中石兽》开篇写僧人初次寻找石兽未果的事实,但并未叙写求石兽的过程。在教学中,如果我们牵住这一引发想象的切入点,引导学生展开合理想象,补充作品内容,那么于学生而言,这既是一次言语训练,也是一次有趣的思维之旅。僧人如何求石兽?在哪里求石兽?有多少人求石兽?耗费多少时间求石兽?学生在浸润语言,穿透语言,驰骋思维,丰富认识中解决疑问。他们可以通过"僧募金重修",想到石兽对于寺庙的重要性,寺院会动用众僧寻访石兽;他们可以结合"竟不可得",推想寻找石兽的漫长时间;他们可以利用"山门圮于河,二石兽并沉焉",猜想僧人起初就在靠近河边的水域寻找石兽;他们可以联系"棹数小舟,曳铁钯,寻十余里",想象僧人第一次寻找石兽可能也会划船,拖着铁钯,在特定的水域中,来来回回地求索,整个场面热闹非凡。凡此种种,都是基于语言的想象,是对语言的深度把玩,激活了语言的生命,也培养了学生立体思维的能力。

还原人物形象。宋濂《送东阳马生序》里最引人寻味的一处语言留白莫过于描写同舍生的文字。"同舍生皆被绮绣,戴朱缨宝饰之帽,腰白玉之环,左佩刀,右备容臭,烨然若神人。"同舍生穿戴几近奢华,"被""戴""腰""佩""备"一系列动词的连用,突出强调同舍生优越的学习条件,正如宋濂所说的"烨然若神人"。作者对同舍生穿戴的描绘极尽笔墨,煞费苦心,而对他们每天吃几顿,吃什么却只字未提。然而文章却写到了宋濂的吃,"主人日再食,无鲜肥滋味之享"。阅读教学中,我们可以抓住这一语言的空白,由此及彼,互相比照,进行想象还原,具体描述同舍生每天可能吃的食物,借此侧面体会宋濂的生活之艰、求学之苦,感受宋濂"冒风雪受饥馁以求名师,叙以往述己志为勖后人"的殷切劝勉之情。

还原文本价值。教学《桃花源记》时,通过还原人物对话,探讨文本价值。渔人离开桃花源后,"及郡下,诣太守,说如此"。渔人向太守说了哪些内容?

---

① 邱兼顾.文言文教学中思维能力培养的策略[J].教育研究与评论:中学教育教学版,2018(12).

可能是桃花源安静自然的环境,可能是桃花源人怡然自乐、安泰协和的生活,可能是桃花源人淳朴好客的民风,可能是渔人希望太守带百姓去桃花源躲避战乱,人人能安居乐业……但那毕竟是"世外桃源",世人可想而不可即,"后遂无问津者"自在情理之中,作者只能深表遗憾。在还原对话的过程中,学生在"言与文"之间走了一个来回,语言文字变得立体丰满,学生对文本的理解也贯通起来,不仅品读到了凝练语言背后的丰富内涵,还读懂了陶渊明借"世外桃源"设置的文化密码,即"对安居乐业的美好生活的向往"。所以,"立体的懂,要求不光懂得书中写的话,还要懂得当时的情况,懂得他为什么这样写的用意"①。

三、比较辨识,鼓励创造思维

乌申斯基说:"比较是一切思维和理解的基础,我们正是通过比较了解世界上的一切的。"比较法是统编教材重点研习的阅读策略,也是文言文教学中行之有效的教学方法,"运用这种方法可以拓展阅读视野,活化思考维度,提升思维品质"②。比较阅读的具体方法很多,在这里重点谈谈三种比较方法:文内比较、跨文比较和勾连比较。

所谓"文内比较","是指在同一文本内部寻找可比较的因素,或作人物形象比较,或作不同人物个性化语言比较,或作叙述语言先后变化、情境变化的比较,等等"。例如,阅读《河中石兽》一文,可通过比较讲学家和老河兵的语言神态,进而比较两人的不同形象。为方便说明,引述原文相关内容如下:

一讲学家设帐寺中,闻之笑曰:"尔辈不能究物理,是非木杮,岂能为暴涨携之去?乃石性坚重,沙性松浮,湮于沙上,渐沉渐深耳。沿河求之,不亦颠乎?

一老河兵闻之,又笑曰:"凡河中失石,当求之于上流。盖石性坚重,沙性松浮,水不能冲石,其反激之力,必于石下迎水处啮沙为坎穴,渐激渐深,至石之半,石必倒掷坎穴中。如是再啮,石又再转,转转不已,遂反溯流逆上矣。求之下流,固颠;求之地中,不更颠乎?"

---

① 周振甫.周振甫讲怎样学习古文[M].南京:江苏教育出版社,2005.
② 黄伟.语文学习,如何由浅读走向深读[J].语文建设,2020(4).

讲学家和老河兵阐述石兽沉水位置时的用语截然不同:讲学家用"乃"字表示明确的判断,可见他的自信,甚至自负;老河兵用"盖""必""遂"等虚词,论述恳切,语气笃定,表达逻辑客观准确,表现出一位经验丰富、理性稳重的"真行家"形象。两人表达自己看法时,都是笑着说,但"笑"中的意味又完全不同。讲学家之笑,有嘲笑和不屑,笑中有盲目和自矜;河兵之笑,有不解和感叹,笑中有思考和沉稳。基于言语形式的比较,在立"言"中立"人",可以让学生有阅读的深度体悟,提升思维品质。

所谓"跨文比较",就是将在语言、写法、主题、形象、风格、背景等方面有联系的文本放在一起阅读,辨识,形成思维的共振,激发创造性思维。例如,可将柳宗元的《小石潭记》、吴均的《与朱元思书》和陶渊明的《归园田居》(其一)进行比较阅读,重点观照三个文本中作者的三句话:

柳宗元闯入小石潭之后,沉浸其中,后又匆匆弃之不顾,留下一句:

以其境过清,不可久居,乃记之而去。

吴均在奇异的富春江山水面前忍不住感叹:

鸢飞戾天者,望峰息心;经纶世务者,窥谷忘反。

陶潜离开官场后过着"采菊东篱下,悠然见南山"的生活,身居田园的他不禁欣喜写下:

久在樊笼里,复得返自然。

通过比较就能更加深刻地理解在自然山水面前,失意的迁客骚人表现出不同的人生态度。

所谓"勾连比较",意在探究教学文本时,适机引入"类文""异文"或相关阅读材料,进行对照参读,鉴别分析,比较探究,以激发学生思维的创造性。阅读《世说新语》中的《咏雪》,品鉴其中的"撒盐空中差可拟"时,就可以与《晋书》卷六十六中记载的"咏雪"进行比较①:

又尝内集,俄而雪骤下,安曰:"何所似也?"安兄子朗曰:"散盐空中差可拟。"道韫曰:"未若柳絮因风起。"安大悦。

在《世说新语》中谢朗说"撒盐空中差可拟",而在《晋书》里记载为:"散盐空中差可拟。"那么,"撒盐"和"散盐"孰优孰劣? 两相比较后,就可能生成课

---

① 许嘉璐.二十四史全译:晋书 第四册[M].上海:汉语大词典出版社,2004.

堂的创意和创见。比如,有人就认为"散盐"比"撒盐"更具文学意味。"撒盐,说明人的动作杂乱无章,乱撒一气;散盐的动作却带有规律性……'散盐'和'撒盐'虽然喻体本身没有变,但至少'散盐'和'柳絮'之间的艺术差距比起'撒盐'来要小很多。"①

四、增删词句,寻求多元思维

文言文教学要努力打破学生的单一思维,促进思维多元化,"既要教学生学习文章的语言进而理解它所表达的内容,又要教学生学习作者思维的途径和方法;既要让学生懂得作者是通过怎样的思维途径和方法来实现的,又要让学生懂得作者的思维结果又是怎样通过语言形式来表达的,使学生在语言和思维的结合上达到课文内容的理解"②。经典的文言篇章经常在章法上精心雕琢,比如卒章显志。文言文教学就可以聚焦章法,通过增删句段,来还原作者的思维途径和方法,理解作品的写作意图。

比如,蒲松龄的《狼》删去最后一段,似乎无伤大雅,不会影响故事的可读性。然而,"没有这个结尾,小说只是简单的'志异',只是一则奇闻逸事。而有了这个结尾,小说也就深刻了,也就有了批判的力量,也就实现了价值取向的'飞越'"③。教学中可通过删去蒲松龄《狼》的结尾,进行发散思维,多角度探究文本的主旨。从狼的角度,解读出"做人不可太贪婪,否则会自食其果";从屠户角度,解读出"生活中对待恶势力不能心存侥幸,抱有幻想,而要敢于斗争,善于斗争";从故事本身的角度,解读出"邪不压正";从"禽兽"的象征意义,解读出小说"讽刺和批判的意味以及惩恶的价值取向"。

教材中的文言文因教学的需要多有删节的现象。教学中,我们可以补全原文,引入被编者删去的部分,以此来启发思维,寻求思维的多元发展。比如,《杞人忧天》是《列子·天瑞》的节选,原文还有两部分内容。一部分是长庐子对晓之者与忧天者之间对话的评价。另一部分是长庐子发表完看法之后,列子对晓之者、忧天者与长庐子观点的评价。原文引述如下:

子列子闻而笑曰:"言天地坏者亦谬,言天地不坏者亦谬。坏与不坏,吾

---

① 郭跃辉.再论"撒盐"与"柳絮":我们需要怎样的文学比喻?[J].语文教学通讯,2019(10).
② 卫灿金.语文思维培育学[M].北京:语文出版社,1997.
③ 田江华.看似寻常最奇崛——谈谈《狼》的艺术匠心[J].中学语文教学,2020(4).

所不能知也。虽然,彼一也,此一也。故生不知死,死不知生;来不知去,去不知来。坏与不坏,吾何容心哉?"

列子说"毁坏与不毁坏是我们不可能知道的事情,为什么要放在心上呢",可见,《杞人忧天》的故事,仅从教材来看,它只是一则有着单纯教化功能的寓言,如果我们补上删节文字,从整体来解读文章的寓意,还能读出列子对生命豁达的态度,以及从更深处讲是列子消融所有差别的"贵虚"思想的反映。

五、阅读群文,发展整合思维

统编版教材采取"语文素养"与"人文精神"双线组元的编排方式,同一单元的选文各具特色,又有立足整体之上共同要研习的语文知识、养成的语文素养、理解的人文精神,这有利于群文阅读的开展。统编版教材中的文言文类型丰富,体式多样,如"记""书""说""铭""序""表"等,同一类型或体式的不同篇章的文言文之间也存在整合阅读的可能性。整合是深度学习的重要方式,群文阅读对于提升思维品质,尤其是发展整合思维,有不可小觑的作用。文言文的群文阅读,"强调联系、组合整合的目的是防止知识和能力的碎片化,改变从单个知识点的识记到理解再到应用的认知路径,转变知识导向的传统教学模式"①。

比如,统编版教材九年级上册第三单元的《岳阳楼记》《醉翁亭记》《湖心亭看雪》皆为传统名胜记游的名家名篇。三篇选文语言简洁,用字考究,意蕴丰富,又自成风格。《岳阳楼记》的语言整散交错,极富音韵之美;《醉翁亭记》妙用虚词,音韵谐美,意境深远;《湖心亭看雪》白描写景,辞约而简,意深而长。三位作者都有特别的人生遭际,三篇选文都在景物描写中寄寓了作者政治理想和志趣抱负。基于此,我们就可统整三篇选文,通过群文阅读,聚焦言语形式和表达意图,培养整合思维,提升学生的阅读质量和思维品质。教学时可以设计如下两项学习研究任务:

任务一:阅读《岳阳楼记》《醉翁亭记》《湖心亭看雪》,整体把握三篇记游散文的特点。完成表3-1。

---

① 余文森.核心素养导向的课堂教学[M].上海:上海教育出版社,2018.

表3-1　《岳阳楼记》《醉翁亭记》《湖心亭看雪》比较

篇目	任务			
	选文类型	语言特点 （表达特色）	写作背景	一字文眼
《岳阳楼记》				
《醉翁亭记》				
《湖心亭看雪》				

任务二：阅读《岳阳楼记》《醉翁亭记》《湖心亭看雪》，鉴赏三篇选文的写景语言，感受其中作者的心境，体会作者的政治理想和志趣抱负。完成表3-2。

表3-2　《岳阳楼记》《醉翁亭记》《湖心亭看雪》写景语言比较

篇目	《岳阳楼记》	《醉翁亭记》	《湖心亭看雪》
写景典型例句			
语言表达之妙			
景中所含之情			
寄寓理想志趣			

文言文的群文教学，也可以进行跨学段和跨单元的不同篇章的整合。比如，统编教材七年级上册第四单元诸葛亮的《诫子书》和八年级上册陶弘景的《答谢中书书》。两篇文章同为书信，但差别极大，在群文阅读的基础上，形成对书信这一文体的整体性思维，对文体的认识也得以细化和深化。学生的学习研究过程可以这样呈现：

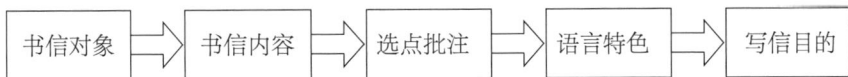

书信对象 ➡ 书信内容 ➡ 选点批注 ➡ 语言特色 ➡ 写信目的

通过整合研究不难发现：《诫子书》是诸葛亮写给8岁儿子诸葛瞻的一封富含道德劝喻的家书，以劝说为主，主要论述修身治学，强调淡泊宁静的价值取向，言辞恳切，体现了父亲对儿子的谆谆教诲，殷殷期望，拳拳之心；《答谢中书书》则是陶弘景写给朋友谢中书的一封文学性书札，作者以清峻的笔触具体描绘了秀美的山川景色,语言骈散结合,描写与抒情交织,表达了作者酷爱自然、长伴林泉的志趣。

六、质疑寻常,培养批判思维

"寻常",是指学生在阅读文言文时容易忽略或不易发现的地方,包括选文注释、文本细节、人物评价等。文言文教学要破除已有的观念,摆脱唯书是从的桎梏,通过独立反思,质疑成见,产生新的认识,在寻常之处发现不寻常的意味。正如美国学者琼·温克所言,"批判意味着能透过表面现象的思考与分析来探究其发生发展的原因……强调的是一种自我审视和自我舍弃……批判性思维就是为了审视我们自身的思维缺陷"①。

首先,可以质疑选文注释。教材文言选文的注释并非尽善尽美,不乏瑕疵甚至错误之处。教学时可借机发力,打破思维平衡,因为思维的起点一定在学生的认知冲突处。《三峡》"回清倒影"中"回清"注为"回旋的清波"。"素湍绿潭,回清倒影",是文言文常见的合叙修辞,其常态的表达为"素湍回清,绿潭倒影",进行相应的语法结构分析可知,"回清"照应"倒影",乃动宾短语,非偏正短语。故而"回清"并非"回旋的清波",而是"回旋着清波"之说。《岳阳楼记》"沙鸥翔集"中"翔集"注为"时而飞翔,时而停歇"。"翔",飞翔;"集",停歇。看似无可置疑,其实经不起推敲。因为"沙鸥翔集"与"锦鳞游泳"在言语形式上对仗,"翔集"拆解为"飞翔和停息","不仅形式上难以跟'游泳'相俪偶,而且内容上也破坏了'沙鸥'和'锦鳞'的'静—动'对照描写",②原句已有的意境、情趣也顿然消失,变得寡淡无味。"尽信书不如无书",阅读时生疑,存疑,质疑,通过思考、批评、分析,就能激发学生的创造性,提升学生的批判思维能力。

其次,也可以质疑文本细节。文言文阅读要读出"是",更要读懂"非";要读出"有",更要读懂"无";要有见识,能理解;更要能识见,会评判。如阅读《邹忌讽齐王纳谏》学生极易形成"自我蒙蔽"的阅读图式:"群臣吏民"人人享有进谏的机会。邹忌进言,齐王纳谏,广开言路,而结果竟是:"令初下,群臣

---

① 温克.批判教育学[M].路旦俊,译.长沙:湖南教育出版社,2008.
② 蒋丹馨,周掌胜."翔集"是"时而飞翔,时而停歇"吗?[J].语文建设,2020(5).

进谏,门庭若市。"在封建君王的统治之下,地位低下的吏和民,实际上是不可能参与政治,发表看法的。阅读文言文要引导学生甄别文本细节,辨析真伪是非,做出评估,逐渐养成主动反思性和寻求合理性的批判思维。

最后,还可以质疑成见旧知。文言文教学不仅指向文本表达了什么,为什么这样表达,还要追寻我读到了什么,我的看法是什么,我有没有更合理的认识,等等。因为批判性思维的意义不在于批判本身,而在于学生能不断质疑,包容异见,寻求真知。《愚公移山》作为古代寓言的名篇,愚公"聪明智慧、坚忍执着、抱负远大、信念坚定"等形象早已深入人心,成为共识。我们的教学既要让学生体会感受愚公的上述形象,更要让学生有自己独立的思考,合理的论断。如从"遂率子孙荷担者三夫"中的"率"入手,读出愚公的亲力亲为,身先士卒,敢干敢拼,勇于实践;从"年且九十"中,读出愚公在一个本该颐养天年的年纪里还涌动着青春的情怀,毫无垂垂老矣的颓丧之态;从"……达于汉阴,可乎"中的"可乎"里,读出愚公的民主、尊重。

总之,无论采用哪一种文言文教学培育思维的路径,教师都要有意识地引导学生进行思维训练,提高学生思维品质,促进学生语文思维能力的提升,思维发展和提升不是终点,而是发展核心素养承前启后的支点,也是达成言文相融必不可少的环节。

第五节　基于言语形式的文言文文化解读

《普通高中语文课程标准(2017年版)》指出:"语言文字是文化的载体,又是文化的重要组成部分;学习语言文字的过程也是文化获得的过程。"语言文字是构成文章、文学作品的基本要素,语言是存在的家园,也是文学和文化的家园。

中学文言文教材篇目往往具有浓厚的文化底蕴。比如天人合一,贵和尚中,刚健有为,自强不息,含贞养素,洁身自好,再如我们中国人历来主张的

"讲仁爱、重民本、守诚信、崇正义、尚和合、求大同等思想文化理念"①。学习文言文就是对中华民族文化情感最好的表达，也是对中华民族文化精神最好的传承，学生学习文言文的过程中面对一篇篇文质兼美的经典之作，能潜移默化地熏陶感染，理解和吸收、传承和发展，打下中华民族优秀传统文化的根基，增强文化自觉和文化自信。

言语形式视野下文言文的文化解读，要从文言文文本的微观、中观和宏观三个层面去观照字词句和篇章的言语形式，开启传统文化的视野，获取文化传承与理解的路径，形成传统文化获得与发展的具体策略。

一、立足字词本位：微观言语形式的文化解读

字词是文章的基因，理解字词是学习、理解文章的基础。文言文字词凝练，内涵深刻，具有非常丰厚的文化意蕴。"文言这一先秦以来延至今的古文字，不仅记录着'华夏'这一民族的存在，同时塑造并影响着华夏民族的独特文化品格；不仅是中华民族古文化的载体，其本身更是一种独特的文化。"②文言文阅读首先要在文言字词上下足功夫，通过字词发现语篇的"褶皱"，理解文本的内容，探寻文化意味。因为实词作为文章的骨架，理应成为阅读教学的核心。"细品文言实词才是真正'入室'，才能真正窥其堂奥。一篇文章的重要支撑是文言实词，作者的功力往往体现在这些实词的选用上。"③实词一般是文眼所在，如《记承天寺夜游》之"空明"、《湖心亭看雪》之"痴"、《醉翁亭记》之"醉"、《小石潭记》之"清"等，又如《答谢中书书》中的"猿鸟乱鸣"之"乱"和《与朱元思书》中的"游鱼细石，直视无碍"之"无碍"等。

《答谢中书书》不足70字，"但它已把作者幽栖山林俊赏妙悟之情趣写出来了"④。这种妙悟的情趣就反映在实词的表达上，比如，"猿鸟乱鸣"中的"乱"。一个"乱"字，言近旨远，意味无穷，其并非如《教师教学用书》（八年级上册）中所说"猿、鸟此起彼伏的鸣叫声"表现热闹之态，而在于彰显猿、鸟鸣

---

① 倪文锦.语文核心素养视野中的群文阅读[J].课程·教材·教法,2017(6).

② 童志斌,陈文玲."字本位"：文言文教学"文化解读"的有效途径[J].中学语文,2017(6).

③ 王在恩.例谈文言文的言语教学[J].语文建设,2016(4).

④ 魏明安.古文鉴赏辞典[M].上海：上海辞书出版社,1997.

叫时的随意、自由——欲鸣则鸣,鸣倦则歇;想什么时候鸣就什么时候鸣,没有任何的束缚,无所羁绊。作者从猿鸟自由的鸣叫声中获得自然山水的感应,领会生命的语言,感受生命的存在,与大自然的旋律交融相和,享受自由的生命情调和个性精神,达到心灵与自然的浑然一体,这正是"天人合一"的生命状态和思想文化。

另一文学性山水书札《与朱元思书》同样需要我们在实词上驻足流连。文言文教学要拂拭遮蔽在语言上的浮尘,磨砺语言利剑上的锋芒,以释放每个字词的光芒,从而意会"奇山异水"的独绝之处。吴均说富春江的水:"游鱼细石,直视无碍。"江水清澈,水底的游鱼细石,可以看到,毫无障碍。那么,什么是"无碍"? 如果只是说江水清澈见底,那么"奇异"何从谈起? 文言文教学要让学生不断体验"看水不是水"的言语乐趣和思维快感,感受语言背后人的精神世界。江水"无碍",无碍即无隔。这样的水,水中的物与物之间,水与物之间,也是无碍无隔的;人与水之间,人与水中的物之间也是无碍无隔的。人就可以亲近万物,沐浴在自然的山水间,惬意而忘我! 自然与人共生共息,物我相融。这样的语言历练,这样的精神熏陶,这样的文化解读,语文学习不可或缺。因为文言文教学最终要传承与反思文化,聚焦学习者的人生,提升学生的精神品质,为学生追求诗意的人生打下精神的底色。

"构文之道不过实字虚字两端。"[1]文言实词作为篇章的核心与骨架,是进行文化渗透与解读的关键;文言文阅读也要关注文言虚词,"古文讲究声音,原不完全在虚字上面,但虚字最为紧要""因为文学须表现情趣,而情趣就大半要靠声音节奏来表现"[2],不同的虚字传递不同的声音节奏、不同神韵和作者不同的情趣,在特定语言环境中也有特殊的文化意义,比如《大道之行也》中的"也"字和《爱莲说》中的"不"字。

《大道之行也》开篇言"大道之行也,天下为公"。我们不妨将"也"字删去尝试比较,有"也"和无"也"句,一字之差,情味相去千里。一个"也"字道出了作者渴慕大道之行的大同社会,展望大同社会的美好,沉浸"大道之行"后的喜悦之中。文本中另外几个"也"字也极富意味。"货恶其弃于地也,不必藏于

---

① 刘淇.助字辨略[M].北京:中华书局,1954.

② 朱光潜.谈文学[M].安徽:安徽教育出版社,1996.

己;力恶其不出于身也,不必为己。"前后两个"也",互相应和,相得益彰,大大强化了大同社会中人们鲜活的精神状态甚至生命情态,爱憎泾渭分明,人人爱社会,乐意为他人和社会出力,人人在社会里都竞相书写"大我"的形象。

周敦颐的《爱莲说》是赞誉君子之风的典范之作。短文在言语表达上尤为考究,因文而教,玩索虚词,观照文本,感受传统文化中的君子形象。《爱莲说》一文用虚词"不"字,突出莲花之特性,凸显君子卓然独立的个性。

"予独爱莲之出淤泥而不染,濯清涟而不妖,中通外直,不蔓不枝,香远益清,亭亭净植,可远观而不可亵玩焉。"

"不染""不妖""不蔓""不枝""不可亵玩焉",五处"不",掷地有声,我们似乎听到了莲花铿锵的声声呐喊:我不被污秽沾染,我不显得妖媚,我不生枝蔓,我不长枝节,我不可以被玩弄。一个个"不"字,坚定有力,形象鲜明,展现了莲花与其它"水陆草木之花"的差异,更是周敦颐推崇君子的原因。君子一如莲花特立独行,洁身自好,正直端庄。

二、聚焦句子基石言语形式的文化解读

"良好的语文品质,来自恰当的遣词造句。"①文言文恰当的遣词造句就不能不讲究所遣之词、所造字句的文化意蕴。文化是词句的命脉,也是语文教学的命脉。"学习文言文,最终的落点是文化的传承与反思。"②文言文的文化味往往就集中在卒章显志句、含蓄蕴藉句等关键句和否定句、倒装句等特殊句上。

卒章显志句里有我们要理解的文化意味。范仲淹在《岳阳楼记》的结尾发出感叹:"微斯人,吾谁与归?"从形式上看,这一句属于"吾与谁归"的倒装句,特殊的表达有特别的用意;从内涵上看,"吾谁与归"一句又是全文的卒章显志句。炼句可以进入作者言志载道的关节点、精髓处,可以心领神会自古以来仁人贤士的"家国情怀"。范仲淹在"微斯人,吾谁与归"一句里表达了要像古仁人那样,具有以天下为己任的担当,"先忧后乐""居安思危"的忧患意识,"苦己为人"的奉献精神。可以说范仲淹自己就是一个典型的古仁人,忧

① 王尚文.语文品质谈[M].上海:华东师范大学出版社,2018.
② 王荣生.文言文教学教什么[M].上海:华东师范大学出版社,2014.

君忧民，心怀天下。范仲淹一生都志在致君尧舜。他二十七岁始入仕，尽管仕途坎坷，但其对儒家的修身、齐家、治国、平天下的理想坚定不移。他"一心为国、为民"，"一心忧君、忧民"。所以，他在现实的处境中探寻古仁人的足迹时，才会发出"微斯人，吾谁与归"的慨叹，流露出孤独、无奈与感伤。

含蓄蕴藉的句子里隐藏着文化气息。宋濂为什么能在艰苦的条件下孜孜不倦，勤奋苦读，乐而忘忧？不只是其嗜学，更是其发现且体会到了学习的快乐，一如作者所言"以中有足乐者，不知口体之奉不若人也"，因为内心有足以快乐的事，读书足以让作者内心得到快乐和满足，这才是宋濂能够苦学乐学的根本所在。文言文阅读要走向文化的思考与理解，就不可肤浅地跨过意蕴悠长的句子，而宜深入挖掘、深耕细作，进行细读品悟，这是引导学生以言悟文、循文探思最好的契机。宋濂在学习中可以获得足够的快乐：博览群书的阅读快乐，追慕圣贤的快乐，得到释疑的快乐，获取知识的快乐，有内心满足的快乐……这些快乐能让宋濂的精神得到愉悦和丰富，因为心灵的快乐最为重要，它是一个生命体健康成长，最后实现人生价值的基础。我们可以在宋濂的求学经历中，寻觅到我们每一个人内心足以快乐的源泉，思考以阅读来充实自己的内心，追慕圣贤之道，淡化对物质生活的追求。

特殊句里彰显文化经典的魅力。文言作品有时以强化、聚焦、颠倒等方法使日常的语言发生"疏离"，达到突出表达意图的目的。如《愚公移山》中愚公面对智叟的嘲讽，他的一番慷慨陈词：

> 汝心之固，固不可彻，曾不若孀妻弱子。虽我之死，有子存焉。子又生孙，孙又生子；子又有子，子又有孙；子子孙孙无穷匮也，而山不加增，何苦而不平？

愚公对话的用句很特别，多用否定句"固不可彻""曾不若孀妻弱子""而山不加增"等，又用顶真句"子又生孙，孙又生子；子又有子，子又有孙"。两种特殊句式的交错使用，既是对智叟鼠目寸光的强烈否定和坚定驳斥，又表达了对移山"平险"的乐观态度，更凝聚着传统文化观，即"知其不可而为之"的人生哲学，和敢干敢拼、勇于实践、迎难而上、自强不息的生命情怀。

三、观照篇章表达言语形式的文化解读

文言文阅读要从字词句出发，走入篇章的表达，从局部到整体，由"点"到

"面"，帮助学生认识文本，理解文意，发现文本在体式、章法、结构等方面的独特之处，阐发和构建内容，渗透和传承文化。鲁国尧教授说："文言文是中国几千年文化的载体，学习文言文不只是为了了解几个字词，阅读几篇古文，更重要的是对我国古代优秀传统文化的学习和借鉴。"

从文本体式中发掘文化内涵，这是阅读文言文文化解读的首要路径。与我们相遇的是一篇篇体式各异的文言文，"作者在从事创作时，为达到既定的效用，必然采取与之相应的语言形式和篇幅、组织结构等，这样，就使文学产生了不同的类别，也就是各具特征的文学体裁"①。文言文的文本体式狭义上是指文本类别（文类），比如记、说、书、序、表、传、铭等。不同文类的文言文有其不同的行文要求与特点，也就有相应的写作意图。如同属于"记"这一类别的《小石潭记》和《醉翁亭记》，按照褚斌杰的分类前者属于山水游记，这一类记要求描绘山川自然景物，抒写自己游历的感受；后者则属于台阁名胜记，这一类记所写的对象是某些建筑物或历史名胜，记叙建造修葺的过程，可以发议论，写景物，重点在写个人怀抱。所以，阅读《醉翁亭记》，了解欧阳修为亭命名的缘由和四时之景、宴酣之乐是基础，此外还要理解欧阳修任滁州太守时平和的心境和怡然自得的乐观精神，更要读懂"记"背后抒发的怀抱——与民同乐的政治襟怀，因为这是古仁人的胸怀，也是要领悟的传统文化观。

同为台阁名胜记的范仲淹的《岳阳楼记》是"记"中的经典名篇。史料记载，范仲淹没有去过岳阳楼，更没有登过岳阳楼，他只知道滕子京重修岳阳楼这件事情本身，文章是他依据滕子京寄上的一幅描绘洞庭风景的山水画《洞庭秋晚图》写成，尽管如此，"台阁名胜记却可间接撮取资料而写"②，《岳阳楼记》照样能成为久为传诵的名篇。这是因为《岳阳楼记》有"记"这一文类的特性，将叙事、描写和议论紧密地结合起来，还在于这一"单个文本的特定样式，也就是个体文本所具有的特殊的表现形态"③。范仲淹离开"属予作文以记之"的作记初衷，大肆渲染迁客骚人眼里的不同之景。阅读本文时要从阴雨和晴明两种不同之景中探究作记的原委，辨析先写阴雨之景，后写晴明之景的原因，览物者以悲情为主，这与他们的人生遭际吻合，贬谪失意之人，处境

---

①② 褚斌杰.中国古代文体概论[M].北京：北京大学出版社，1990.

③ 步进.如何确定教学内容——"依据文本体式"和"根据学生学情"的统一性 [J].语文学习，2011(7-8).

萧然,心境凄然,由悲及喜,情随物迁,滕子京便是这样的迁客。范仲淹借写迁客骚人"以物喜,以己悲"的览物之情,与古仁人"不以物喜,不以己悲"的情怀进行对比,因楼写景,借景抒怀,表达自己"先天下之忧而忧,后天下之乐而乐"的伟大政治抱负,这种家国情怀至今也不过时,仍然光彩熠熠,影响着我们,所以说"中学讲古文,不能只讲字词句段,老师们一定要尝试把中华优秀传统文化渗透进去"[①]。

分析文言章法也是对宏观言语形式进行文化解读的另一路径。文言文章法可以是写人、叙事、绘景的方法,也可以是各种表达方式,等等。文言文章法的运用与表情达意密切关联,章法的考究处往往体现作者的"言志载道"。刘禹锡《陋室铭》突出的章法表现为"有"与"无"的对比表达。文章写:"谈笑有鸿儒,往来无白丁。"谈笑往来间有饱读诗书的博学之人,而无"白丁",这是"有"与"无"的直接对比。文章也有含蓄委婉所流露的间接对比,如"可以调素琴,阅金经。无丝竹之乱耳,无案牍之劳形"。君子"有素琴可调",而"无丝竹之乱耳";君子"有金经可阅",而"无案牍之劳形"。君子的选择随心所欲,调弄素琴,翻阅佛经;君子的内心无所羁绊,可以不受案牍劳累,可以不用劳心费神地奔波于官场,做自己想做的事,听从内心的声音,做回简单的自己。尽管生活贫困,命运不济,但是君子的内心是自由的,丰富的,健康的,充满活力的。君子在生活上可以贫穷潦倒,但精神世界是自在而丰盈的。"安贫乐道"的君子风度就表现在章法表达上。

宏观视野下的文章结构体现为言语思维,反映出作者特定的言说意图。文言文教学的文化解读还要因文而异,探察文本的结构脉络,从而为文化解码。比如,柳宗元的山水散文《小石潭记》,作者搜奇觅胜,写潭水,写游鱼,写岩石,写竹木,风景奇特秀丽,虽着墨不多,但妙得其神。作者见景生情,前后感受截然不同,由"心乐之"到"似与游者相乐",尔后陡转直下,"凄神寒骨,悄怆幽邃",我们依循先"乐"后"忧"的行文结构,就能体悟和发现本文内在为人忽视的文化和精神的密码,古代圣贤在人生困顿之时坚守的济世情怀。寓言故事《穿井得一人》的文本结构清晰有序,从表达方式上辨析,前后可分为叙述和议论两部分,作者表达的观点就隐藏在结尾的议论句"求闻之若此,不若

---

① 王旭明.依课标 持教材 可检测——真语文课十二字标准[J]. 语文建设,2016(12).

无闻也"中。叶圣陶先生说:"作者思有路,遵路识斯真。"阅读文言文时经由语篇流淌的思路之源进入文本结构,就能理解作者的言说目的。《穿井得一人》告诉我们,对于传闻,我们不要轻信,不要道听途说,而要审慎细察明辨。学习文言篇章,体会其中蕴含的民族智慧和民族精神,可以为形成一定传统华文底蕴奠定基础。

文言文教学不能缺失中国传统文化。文言文阅读,应该通过字词句篇的解读让文化的渗透成为滋养学生精神成长的途径,学生的成长少不了知识与能力,更不可或缺的是文化与精神,唯有如此,才能让他们走得更远,更坚实。

第四章
文言文言语形式课堂实践

第一节 《陈太丘与友期》教学

一、文本聚焦

追慕晋人之美

《陈太丘与友期》作为《世说新语》的经典篇章，历来为人所注目。一则102字的小说，在矛盾冲突、语言结构、故事隐喻、互文现义等方面颇耐人寻味，无怪乎学者刘叶秋在《邺下风流在晋多——读〈世说新语〉散记》中说："《世说新语》为魏晋轶事小说的代表作，自少喜读，至老不衰。"

（一）矛盾冲突

矛盾冲突是小说情节的基础，皮埃尔·马歇雷认为："小说就是对观念矛盾的想象性解决，小说本身就是对矛盾的一种反应，它的独特价值在于把握矛盾的方式。"探讨小说的矛盾冲突，对于解读小说人物的形象，作者的创作意图不无裨益。《陈太丘与友期》围绕陈太丘、友人和元方三人展开情节，故事中的三人有两组矛盾冲突，分别是陈太丘与友人，友人和元方。

第一组矛盾冲突的焦点是"信"。守信与失信成了情节冲突的核心，陈太丘与友人的矛盾冲突起于短文中所写的"太丘舍去"，陈太丘与友人相约于日中，友人"过中不至"，友人先失信于人，"太丘舍去"，也自在情理之中。细细咀嚼"过中不至，太丘舍去"，我们可以体会陈太丘不见友人如约而来，离去时毫不犹豫的情态。历史记载，陈太丘做过县令，文中友人的官职比陈太丘高两品。面对不及时赴约的朋友兼上司，陈太丘最终还是不再等候就走了，这让当下的人们难以置信。陈太丘坚守的是原则，是"信"，更是其内心，随心而行，毫无顾忌世俗礼法。

第二组矛盾冲突的焦点是"礼"。"守礼"和"无礼"之辩成了故事继续推进的力量。友人先称元方父为"尊君"，说明友人并非粗鄙之人，更何况，友人是太丘的朋友,为人修养自然毋庸置疑,可友人为何破口大骂? 在七岁的元方眼里,友人怒骂固然是无礼之举,但当友人自感惭愧后,下车"引"元方来示歉意时,元方"入门不顾"的行为是否也是"失礼"? 元方的无礼之举又怎么理解? 两组矛盾冲突,令故事曲折有致,情节波澜起伏,人物丰满立体。

(二)语言结构

语文教学要走一个来回,从语言文字出发到思想内容,再从思想内容出发回到语言文字。阅读教学的起点和终点都指向语言文字,因此王尚文先生说:"语文教学要守住话语形式这一门槛。""语文教学要始终着眼于语言文字怎样把人的情、意在作品中实现出来。《陈太丘与友期》言语形式的聚焦点在哪里? 进入文本内容的门槛在何处? 且看故事中友人的语言:

> 友人便怒:"非人哉! 与人期行,相委而去。"(原文表达)

> 友人怒:"与人期行,相委而去。非人哉!"(修改表达)

友人的怒言能否按修改后的语言表达? 言语形式的差异,影响言语内容的表达,通过修改比较,人物的思想情感,价值判断,甚至生命情绪全部浸润在语言中,表现在怎么说中。友人便怒,友人一听太丘舍去就怒,一个"便",说明反应时间极短,是一种没有经过深思熟虑自然而然的由心而发的情绪,足见友人的真实、率性。"非人哉"是怒之后言语的表现,是怒的结果,与"便怒"衔接在一起,很自然地表现出友人怒时真实的状态。若按修改后的表达,把"非人哉"置后,友人说"非人哉"前要进行一番解释,为自己怒骂找一体面的幌子,给人以虚伪做作之感。原句友人的话,凸显其真实、率性、洒脱不羁的特点。有人说,选择语言就是选择自我。李海林先生更精辟诠释语言形式的意义:"'语言'与'精神'与'人',其实是'合二为一'进而'合三为一'! 它们共生共长,'言'入,则'神'生,'神'生,则'人'立;'言'失,则'神'亡,'神'亡,则'人'非,它们本就是一体!"

(三)故事隐喻

《陈太丘与友期》是一则关于什么的故事呢? 是"守信明礼",还是"机智聪敏",抑或是"责任无畏",甚或是其他?《世说新语》依内容可分为"德行""言语""政事""文学""方正""夙慧"等三十六门,每一门下都有一个主题,如其中第2门"言语","言语"收集的是一些名士思维敏捷、擅长辞令的小故事。第12门"夙慧","夙慧"专记聪敏儿童的故事。第5门"方正","方正",指人行为、品性正直,合乎道义。这一门专记人的修养,看待事情的态度。

《陈太丘与友期》被收录在"方正"门下,而非"言语"或"夙惠"门下,其不言之言是《陈太丘与友期》不只写元方,也写陈太丘与友人,来表现三个人物的共同形象。陈太丘"过中不至",便"舍去",除却守信之外,他的身上更多的是不拘礼法、真性情。面对友人"如期不至",太丘则认为友人失期,那么"舍去"便是自然,无须等候,也不必犹豫,一个"舍去"流露的是陈太丘内心真实的声音。而太丘之子,亦复如是,在友人表示歉意的情况下,懂礼的元方,却依然做出了看似无礼的举动,我们可以想见,他入门之时的生气模样,其可爱、率真之状毕露无遗。通过三人的言语行为,再现了魏晋士人直率的精神世界,孙晓光在《论〈世说新语〉的语言艺术创新》里不禁赞誉道:"《世说新语》以当时通俗而切近生活的语言表现士人的精神风貌,从而在语境上实现了对人的本真的回归。"

(四)互文现义

宗白华在《论〈世说新语〉和晋人的美》里说:"汉末魏晋六朝是中国政治上最混乱、社会上最苦痛的时代,然而却是精神史上极自由、极解放,最富于智慧、最浓于热情的一个时代。因此也就是最富有艺术精神的一个时代……是精神上的大解放,人格上思想上的大自由的时代。"《陈太丘与友期》中三人自由直率的个性,不是那个时代的偶然,而是魏晋士人挣脱礼法禁锢回归真实的人后的率性行为。

《世说新语·识鉴》中记载的"莼鲈之思"的典故:"张季鹰辟齐王东曹掾,在洛见秋风起,因思吴中菰菜羹、鲈鱼脍,曰:'人生贵得适意尔,何能羁宦数千里以要名爵!'遂命驾便归。"张季鹰一日见秋风起,想到故乡吴郡的菰菜、莼羹、鲈鱼脍,说"人生最重要的是能够适合自己的想法,怎么能够为了名位而跑到千里之外来当官呢",于是不辞而别。张季鹰弃官还乡是从心所欲、率性而为,为了这份人生的适意,张季鹰做出了令人不解的超世脱俗的举动。在《世说新语·任诞》"雪夜访戴"的故事中,王子猷说:"吾本乘兴而行,兴尽而返,何必见戴?"这不仅传达了一种令人神往的真挚的友情,而且表现了魏晋士人骨子里以自己的真情为依归的风度。《陈太丘与友期》浓缩的是一群人的人生境界,折射的是一个时代的文化品格,散发的是一种精神和生命情绪。

太丘舍去,友人发怒,元方入门不顾,在这些反常行为的背后,折射出的是汉末魏晋士人的风度。他们率真,自由,淳至,自然而然,极富个性,人格独立……《陈太丘与友期》是一扇窗,打开窗户,我们为汉末魏晋士人"率性而为"之美心醉,我们神往魏晋士人的真性情,我们追寻那个精神史上极自由、极解放,最富有智慧、最浓于热情的时代。《世说新语》是一面镜子,透过它,我们可以映照自己的心灵,反观自己的灵魂,在世俗许可的限度内,我们该如何找回失去的本真? 该如何挺立于天地之间?

二、课堂实录

一群人·一个时代·一种精神
——《陈太丘与友期》课堂实录

(一)走进故事

师:同学们,今天我们学习《世说新语》中一则有趣的小故事——《陈太丘与友期》,通过它了解一本书,认识一群人,回望一个时代,感受一种精神。

师:故事很短,但很有趣味和意味。自己读一读故事,再结合课下注释译读课文,请读起来,开始。

(学生朗读课文和译读课文)

师:刚才,你们自己译读了故事。接下来,你们各自找一个伙伴,把这个故事互相说给对方听,听故事者要听清楚说的故事有没有不准确的地方,如果有,请记下来再告诉对方。

(学生互相说故事)

(二)讲述故事

师:故事大意我们了解了吧。那好,请看屏幕,解释加点的字词。我们请一组前后的四个同学说说。

屏显文字:

(1)期日中

(2)相委而去

(3)下车引之

(4)元方入门不顾

生:注解里说"期行"中的"期"是"约定",我认为这里的"期"也是"约定"的意思。

师：文言文学习要用好注释，你做到了。其实"期"作"约定"讲，有一个成语里还保留了这个义项。成语的意思是"彼此没有约定而遇见"。谁想到了？

生：不期而遇。

师：是的。从成语推知词义是一种很好的解释词义的方法。下一位。

生：舍弃。

师："相委而去"四字什么意思？

生：丢下我走了。

师：大家要留意这里的"相"，注释说"表示动作偏指一方"，这里代指"我"。这样的用法其实比较常见，比如贺知章的《回乡偶书》里有一句"儿童相见不相识"，什么叫"不相识"啊？

生：互相不认识。

生：应该是"儿童不认识我"。

师：对。这里的"相"也是动作偏指一方，代指"我"。下一位，继续。

生：拉，牵拉。

师：最后一句。

生：回头看。

师：这个词义，也保留在不少成语里，比如——

生：瞻前顾后。

生：义无反顾。

师：如果我们这样去积累义言词语，就比较容易，也能举一反三。下面，我们要完成一项难度更大的挑战。看屏幕上的要求。

屏显文字：

请用上四个词语的解释，结合课文内容讲一讲故事梗概。

师：大家准备一卜，自言自语，说起来。

（学生准备讲故事梗概）

生：陈太丘和朋友相约出行，约定在中午。过了中午还没到，陈太丘不再等候他而离开了，陈太丘离开后朋友才到。朋友问元方："你的父亲在吗？"元方说："等了您很久您却还没有到，现在已经离开了。"朋友很生气便破口大骂元方的父亲。元方说："您与我父亲约在正午。正午您没到，就是不讲信用；对着孩子骂父亲，就是没有礼貌。"朋友惭愧，下了车想去拉元方的手。元方头也不回地走进家门。

师:你来评一评他讲得怎么样?

(指向旁边的一位女生)

生:我觉得可以。

师(微笑):你说可以。他哪里可以啊?

生:故事复述得很具体,还有很多文言词语他都说得很准确。

师(微笑):看来有理有据啊! 不过,我们的要求是讲故事梗概,这样讲故事恐怕不行,应该把一些细节拿掉。那么,请你来讲一讲。

生(惊讶):陈太丘与友人约定正午同行,正午友人未到,陈太丘丢下友人自己离开了。友人面对元方破口大骂,经元方一番理直气壮的回应后,友人下车拉元方表示道歉,元方却头也不回地进了家门。

师:你这样说,才是故事梗概,不错! 好了,我们来齐读故事。

(学生齐读课文)

(三)聚焦冲突

师:通过复述故事情节,同学们会发现这则故事是围绕陈太丘、友人和元方三人展开的。故事中的三人有两组矛盾冲突。分别是谁与谁的冲突?

生:陈太丘和友人之间的冲突。

生:还有友人和元方之间的冲突。

师:我们先来看第一组矛盾冲突。陈太丘与友人矛盾冲突的原因是什么?

生:"太丘舍去"。

师:陈太丘丢下友人独自离开了。同学们记一下这里的"去"是"离开"的意思。陈太丘为何要丢下友人离开?

生:因为他们约定在正午时分见面,可是友人没按时到。

师:"过中不至,太丘舍去",这说明了什么?

生:友人不守信。

生:陈太丘很有时间观念,很守信。

师:据记载,文中友人的官职比陈太丘高两品,是陈太丘的上司。如果这一记载属实,那么面对自己的上司太丘还是舍去了,你又读出了什么?

生:不畏权贵。

生：不计后果。

师："不计后果"？此话怎讲？

生：他没考虑过上司一旦生气，他将会有什么后果，可能官位也保不住了。我觉得陈太丘做事和我们现在的人不同，他有自己的原则。

师：特别欣赏你后面的总结，陈太丘坚守自己的原则，而不以权力关系行事。

师：友人与元方矛盾冲突的原因又是什么？

生：友人对子骂父。

师：我们一起读一读友人骂元方父亲的话。

屏显文字：

非人哉！与人期行，相委而去。

（学生朗读句子）

师：友人骂了什么啊？

生：真不是人啊！和我相约同行，却丢下我先离开了。

师：这里的人，我们可以看成"君子"。所以这句话，我们也可以这样说"真不是君子啊！和我相约同行，却丢下我先离开了"。友人怒骂元方的父亲，也太没有礼貌了吧！你们认为呢？

生：是没有礼貌，但是后来"友人惭，下车引之"，一个"惭"，一个"引"，说明了友人知错就改。这从侧面表明他还是懂礼的。

生：我也觉得友人是知礼的。故事里友人称元方的父亲为"尊君"。

师：友人为何不说"家君"而称"尊君"？这两者有何差别？

生："尊君"是对别人父亲的尊称，"家君"是对人谦称自己的父亲。

师：一个是"敬辞"，一个是"谦辞"。

师：按理，友人是一个有礼貌的人，他为什么会做出骂人的无礼的举动？我们又该怎样理解友人怒骂？阅读文言文，离不开把玩文言，语言不经过咀嚼自然无味，经典作品的魅力也很难为我们所体会。同学们，我把这句话在用字和语序上改一改：

屏显文字：

友人便怒："非人哉！与人期行，相委而去。"（原文）

友人怒："与人期行，相委而去。非人哉！"（改文）

（学生沉思）

生：不能吧。"便"是"就"的意思。说明友人听到元方的回答后就发怒了，反应时间极短。

师：这样看来，这是没有经过深思熟虑的一种自然而然的行为。从中我们能感受到友人身上的哪种个性？

生：友人的真实、率真。

师：一字差异，意味相去甚远。再来看"非人哉"的语序。

生：原文"非人哉"紧跟在"友人便怒"后面，可见这是怒的结果和表现，真实地传达出友人怒时的情态。

生：如果把"非人哉"放后写，完全不符合当时友人怒气冲冲的情形。因为生气，友人就直接骂出了"非人哉"，为人率性和洒脱。可是，如果友人怒骂后，先说"与人期行，相委而去"，就显得虚伪而不真实，好像要为骂"非人哉"找一个借口。

师：你的语言感觉很敏锐，分析也很有条理，你读懂了友人的精神世界。这句骂人的话，同学们肯定很喜欢朗读，怎样读才符合友人当时的怒态？联系我们学过的朗读技巧说说。

生：语气上要激动，甚至声嘶力竭。

生："非人哉"要重读。

生：语调上，"非人哉"要读得短促有力。"与人期行，相委而去"相对缓慢。

师：能声情并茂更好，表情上呢？

生：怒目而视。

师：我们就按刚才提示的朗读注意事项，一起读这个句子。

（学生齐读句子）

师：我们从字缝中和言语顺序上感受到了友人真实和率性的一面。那么，元方又是一个怎样的人？面对友人对子骂父，七岁的元方是这样反驳的：

屏显文字

日中不至，则是无信；对子骂父，则是无礼。

师：自己读几遍元方驳斥友人的话。这16个字用了什么句式表达？

（学生朗读）

生：句式对仗工整，读起来很有力量。

师:这种坚定的力量,还源于元方的话中连用两个"则是",这是什么句式?

生:判断句。

师:判断句的表达一针见血,指出友人的行为是"无信""无礼",语气坚定有力,让对方没有还击的余地。朗读的时候,"则是无信""则是无礼"得重读,来,我们配合着读,我读"日中不至""对子骂父",你们读后面的内容。

师:日中不至——

生:则是无信(整齐、响亮、坚定有力)。

师:对子骂父——

生:则是无礼(整齐、响亮、坚定有力)。

师:但是,仅靠语气上压倒对方远远不够,还需要从内涵上让对方心服口服。元方说的这番话很有杀伤力,最终,让友人自惭形秽。这是什么原因?

生:元方说友人是无信、无礼之人,这可能触到了友人的内心。

师:为什么"信、礼"对君子这么重要?

屏显资料:

(1)"仁义礼智信"为儒家"五常",是儒家提倡做人起码的道德准则。孔子提出"仁、义、礼",孟子延伸为"仁、义、礼、智",董仲舒扩充为"仁、义、礼、智、信",后称"五常"。这"五常"贯穿于中华伦理的发展中,成为中国价值体系中的最核心因素。

——百度百科

(2)子曰:"君子博学于文,约之以礼,亦可以弗畔(同'叛')矣夫。"

——《论语》

(3)子曰:"人而无信,不知其可也。大车无輗(ní),小车无軏(yuè),其何以行之哉?"

——《论语》

师:第一则材料你们读。

(学生朗读材料)

师(一边朗读,一边解释):孔子说:"君子广泛地学习古代的文化典籍,又以礼来约束自己,也就可以不离经叛道了。"孔子说:"一个人如果不讲信用,不知道怎么做人,犹如牛车没有輗,马车没有軏,怎么能行进呢?"

生:"信"与"礼"是每一个人做人的规范吧。

生:"信"与"礼"是儒家提倡的君子应该有的道德准则。

师:所以啊,小小年纪的元方竟然能说出这番让友人汗颜自惭的话,确实让人不可思议。有人说,七岁的元方就是一个守信和明礼的孩子。你们怎么看?

生:我觉得元方年龄这么小就能懂"信""礼"的道理,他应该是这样的一个孩子。

生:我也赞同。当友人破口大骂自己父亲的时候,元方进行了有理有据地反驳,并没有骂人。

生:我不同意。在友人表示歉意的情况下,懂礼的元方,却依然做出了无礼的举动,"入门不顾"。

师:哦,课堂里有不同的看法就很好玩,观点的碰撞会让我们有更丰富的认识。我们来饰演元方最后的表现。一个同学演友人,一个同学演元方,注意友人的动作和此时此刻的感受,注意元方的回应。

(学生现场演绎友人和元方,演绎元方动作时,笑声渐起)

师:为什么你们要笑元方?

生:元方很可爱。

生:元方也很率真,你错了就错了,我就是不原谅你。

(四)探究内涵

师:聊到这里,你们再想一想这是一则关于什么的故事?

屏显资料:

这是一则关于＿＿＿＿＿＿的故事。

生:这是一则关于做人的故事。

生:这是一则关于守信、明礼的故事。

生:这是一则关于人物品行的故事。

师:同学们,《世说新语》共有36门(门相当于章,每一门下面都有一个主题),如其中第2门"言语","言语"收集的是一些士族名士思维敏捷、擅长辞令的小故事。第12门"夙惠","夙惠"专记聪敏儿童的故事。第5门"方正",课后"思考探究"有其介绍,"方正,指人行为、品性正直,合乎道义",这一门专记人的修养,看待事情的态度。《陈太丘与友期》被收录在"方正"门下,由此,你们对这则故事有没有什么新的发现？

(学生沉默,思考)

生:故事中友人、元方和陈太丘的身上有共同的地方。

师:这确实是新的发现。他们身上有怎样的共性？我们先来看《世说新语》中的其他两个故事。

屏显资料:

资料一:

王子猷居山阴,夜大雪,眠觉,开室,命酌酒,四望皎然。因起彷徨,咏左思《招隐诗》。忽忆戴安道。时戴在剡,即便夜乘小舟就之。经宿方至,造(到)门不前而返。人问其故,王曰:"吾本乘兴而行,兴尽而返,何必见戴?"

资料二:

张季鹰辟齐王东曹掾,在洛见秋风起,因思吴中菰菜羹、鲈鱼脍,曰:"人生贵得适意尔,何能羁宦数千里以要名爵!"遂命驾便归。

师:资料中的王子猷和张季鹰有何相同之处？

生:王子猷雪夜访友,"乘兴而行,兴尽而返",很洒脱;张季鹰弃官还乡,很率性。

生:两人为人都很直率。

师:是的。由此观之,《陈太丘与友期》这一则故事中的三个人身上有何共同点？

生:他们也都很率性。

生:三个人活得很"真实"。

师:是的,他们都很自然而真实。所以孙晓光在《论〈世说新语〉的语言艺术创新》里用了这样的语言评价魏晋士人。

屏显资料:

《世说新语》以当时通俗而切近生活的语言表现士人的精神风貌,从而在语境上实现了对人的本真的回归。

——孙晓光《论〈世说新语〉的语言艺术创新》

师:所谓"本真的回归",就是真性情的回归,真实的回归,回归直率的自我。所以这则故事还关乎人物的精神世界。

(五)观照自我

屏显文字:

太丘舍去,友人发怒,元方入门不顾,在这些反常的行为背后,折射出的是汉末魏晋士人的风度。他们率真,自由,淳至,自然而然,极富个性,人格独立……

《陈太丘与友期》是一扇窗,打开窗户,我们为汉末魏晋士人"率性而为"之美心醉,我们神往魏晋士人的真性情,我们追寻那个精神史上极自由、极解放,最富有智慧、最浓于热情的时代。

《世说新语》是一面镜子,透过它,我们可以映照自己的心灵,反观自己的灵魂,在世俗许可的限度内,我们该如何找回失去的本真? 该如何挺立于天地之间?

(学生在朗读中结束课堂)

三、观课评语

聚焦、整合、思辨,让学习真实发生。

——评沈华老师的《陈太丘与友期》教学

杭州市高新技术产业开发区(滨江)教育研究院　陈忠文

沈华老师的《陈太丘与友期》教学,聚焦"关节"点,整合相似点,思辨争论点,课堂澄澈透明,学生从容自如,这样的一堂好课关键是教师心中有"道",手里有"术",才能让学习真实地发生。

(一)聚焦关节点

课堂中的语文活动本质上都是语言的实践活动,语文课要以语言运用为核心。沈华老师善抓语言点,以聚焦为抓手,创设了语言学习的活动场,引领学生发现,让学生走入了文本深处。

首先,聚焦于冲突。在整体理解了故事之后,沈老师就从故事情节中挖掘聚焦点:故事中的三人有两组矛盾冲突。分别是谁与谁的冲突? 围绕该问题,沈老师继续深度挖掘矛盾背后的人物风骨,在如此的垂直挖掘之下,学生的发现也越来越深刻,源头活水自来。其次,聚焦于语言。特别是原文"友人便怒:'非人哉! 与人期行,相委而去'",与改文"友人怒:'与人期行,相委而去。非人哉'"的对比辨析,直击语言的核心,在辨别中,学生的语言感悟力逐渐提高,思维的深度逐渐加强,学习成效在课堂中可见。

全国著名特级教师余映潮曾特别强调:"角度"这东西,不经过"山重水复"的跋涉,是看不到它的;不达到"千呼万唤"的地步,它是不出来的。为了它,必须付出时间,必须耗费心力。所以选准"聚焦点",需要教师极高的专业素养,需要教师有极深的文本解读能力,需要教师有综观全局的眼光,沈老师无疑是厚积薄发的智者。

(二)整合相似点

判断一堂课是不是好课,除了看教学内容是否符合学情、符合学科的特质,还要看它的课堂形式是否能与教学内容完善地融合在一起。沈老师这节课,线条清晰,层次分明,在语言线上带领学生游走,让学生拾级而上,渐入佳境,就是一堂非常漂亮的"好"课。

课堂起始环节,沈老师以"期日中""相委而去""下车引之""元方入门不顾"这四个句子为关键句,让学生在思考与讨论中来梳理故事内容,为深入理解文本打下良好的基础。为了让学生理解"信、礼"对于君子的重要性,沈老师引用百度百科和《论语》中关于"信、礼"的论述来进一步拓展认识。这样的处理,举重若轻,让学生理解故事有抓手,理解主题有台阶,学生的学习也就有了路径。特别巧妙的是教师在关键字的理解上也善于整合,把加点字与相关联的成语对应,互为印证,匠心独运,令人印象深刻。

在探究内涵环节,教师整合了"王子猷雪夜访友"和"张季鹰弃官还乡"两则小故事,让学生们探究魏晋时代人物性格上的特点。这样的整合,从课内到课外,开阔了学生的视野,又求同比较,锻炼了学生的思维。这样的整合就给学生埋下了一颗期待阅读的种子,学生们已经逐渐感受到了魏晋时代人物的风骨,在学以致用的创作活动中,学生们开始融入情境,走进了《世说新语》中人物的内心。

(三)思辨争论点

阅读的状态大体分为两种:一是读者与作者心领神会,情投意合,可谓之"共鸣";二是读者与作者心灵相隔,情义相违,则谓之"冲突"。在阅读教学中,我们更强调移情与沉浸,而忽略理性的质疑与探究。综观沈老师的课堂,学生思维的方向与角度,思维的层次与逻辑都得到了很好的展现,呈现了"月涌大江流"的蓬勃状态。教师在学生复述故事的基础上聚焦冲突于陈太丘、友人和元方,在探讨冲突中深入友人的无理之语,并出示改文引导学生思考与辨别,这样一步步的思维聚焦,由故事到语言,逐渐深入,接着展示元方反驳之语:日中不至,则是无信;对子骂父,则是无礼。引导学生对"信、礼"思想进行理解,把争论点聚焦于七岁的元方性格上。为了突破难点,教师还设置了演一演环节,让学生动起来,入情入境。在激烈的争论中,学生体验感更强,是非感更明晰,也为学生多元解读《世说新语》打开了一扇窗。这是思维的课堂,学习的课堂,是教师接地气的解读与智慧的设计,才能因势利导,让学生的思维走向深度。

沈华老师的这堂课,已经在学生心中埋下了一颗期待阅读的种子。在"聚焦冲突"活动中,学生们已经被激起了对阅读的期待;在"改一改""演一演"活动中,学生们开始融入情境,在"探究内涵"环节中,学生们逐渐触摸到了魏晋人物的脉搏。探究的大门已经开启,精彩的旅程就要起航,阅读的种子已经种下,不需要你做什么,只要给他们一个宁静的空间,一段自由的时间,翻开一本书,种子就会萌发,学习就会真实发生。

第二节 《狼》教学

一、文本聚焦

蒲松龄《狼》的裸读笔记

"一屠",狼才可能尾随,才可能有吃肉吃人动机,这是故事的起因。"晚归"同样也是,屠户不夜行,狼也不可能出现,故事也就无法发端。因为"晚",因为"一屠",才有了故事。

担中无肉,只剩骨头,这也是故事的起因。当然,狼贪婪的本性,哪怕有了肉,也不可能放屠户回去。而有了"止有剩骨"四字,故事也就有了悬念,有了猜想,有了不确定的因素,小说的情节也就有了跌宕起伏的可能。我们就会想屠户扔了骨头,能摆脱狼吗?如果不能摆脱,屠户会怎么办。

"途中两狼,缀行甚远",这是故事的小转折、小插曲,预示好戏开始上演了。这两只狼,还"缀行甚远",课文注释说"紧跟着走了很远","紧跟"怎样才算紧跟?这个词的重点在"缀"上,在"紧"上,这里面有着文言文留白的意味,我们可以猜想,一千米算是紧跟,几百米也算得上,几米远也是的。从下文"屠惧"来看,两狼尾随屠户,随时随刻会对屠户发起攻击,屠户的"危险"正在发生,这样的情形,屠户"不惧"是不可能的。从"缀行"中我们读出了狼的贪婪和残忍。同样,"远"字也有嚼头。是空间距离上的远吗?如果是,狼缀行屠户,紧跟不舍,联系下文狼一路追到了村口堆积柴草的地方,两狼多么默契,贪婪也在其中;当然也可以认为是心理距离,屠户内心感到"远",因为屠户内心极度恐惧,才会有"甚远"的感受。不论是哪一种解释,都说明了屠户此刻的心理状态——"惧"。

第一段五个四字句,富有节奏与音律,紧张感渐强,又如电影中的镜头,聚焦在两狼缀行屠户的画面上。朗读时,可以由慢变快,前面三个四字短语读慢些,后面紧张的氛围上来,语速渐起,缀行——甚远,中间中断,由急变缓,"甚远"一字一顿,读成"甚——远",将"远"字拖一拖,延一延,造成一种"悠远"的感觉。

"屠惧",承接上文第一段,点出屠户遇狼后的心理,也与下文"大窘"照应。屠户采用"投以骨"的方式应对危急,心存侥幸,可是没有料到狼依然不依不饶,几根骨头怎能堵住它们贪婪的嘴?动作的背后是人的心理啊。"耐读"是好的作品、好的语言的共性,人的天真与狼的贪婪就表现在了这一"投"与一"从"中。所以课堂里,我们可以让学生琢磨,玩味两个"投"中屠户的不同心理,屠户的侥幸和天真,屠户的焦急与失措。读到第二个"投"时,也可以让学生在"投"前写一个字或几个字,表现屠户的内心。比如,屠户急投之,屠户疾投之,~~等等~~。朗读两狼得骨又尾随屠户的部分,我们可以这样设计处理:

屠惧,投以骨。(师读,从缓慢低沉到渐起急促)

一狼得骨止,一狼仍从。(男生读,前半句减慢,后半句渐快)

复投之。(师读,读得急促)

后狼止而前狼又至。(女生读,前半句减慢,后半句渐快)

"骨已尽矣,而两狼之并驱如故。"这一句定要玩得充分,读得充分,悟得充分。怎么玩?玩索其中的词。从担中肉尽到担中骨尽,一个"尽"道出了屠户内心的世界。何谓"尽"，没了，完了。"尽"的只是骨头吗？骨尽的同时，屠户面对空空如也的担子，得生的幻想和希望也尽了，所以当我们读到这一句，尤其读到"尽"的时候，有没有心头一空的感觉，骨头空空，担子空空，内心空空，希望空空，那是一种怎样的无助与绝望？古人讲炼字，"尽"就是最好的例子，"尽"与"完""无"等字的比较就能显出差异。《说文解字》说："尽，器中空也。"而一个"矣"字，加之下句中的一个"而"字，两个虚词烘托出了危急的形势、焦急的心情，屠户命悬一线，万念俱灰，坐以待毙。故事到这里有了一个小高潮，读者的心怦怦直跳，阅读期待已被撩起，等待剧情如何发展。这里的朗读，就要突出"矣"和"而"的意味了。延长"矣"的读音，语调下沉；"而"后中断，语调慢慢扬起。

　　"屠大窘"照应第二段"屠惧"，直接表达屠户此时的心理状态。"恐"后一句交代原因，担心前后受敌。一个"顾"字写出了屠户行走中慌张的动作，四处张望。一个"乃"写屠户处事果断，急中生智。"屠乃奔倚其下，弛担持刀"要读得急促，读出屠户动作迅疾，形势危急。"狼不敢向前"，凶残、贪婪的狼还是害怕屠户手里的屠刀，这也说明了对于像狼一样的敌人，妥协，退让，害怕，都无从改变自己的命运，唯有反抗才能赢得生机。"眈眈相向"，可以联系"虎视眈眈"，表明老虎捕食猎物时的贪婪，随时准备对猎物下手。在这里极形象地写出了屠户就是狼口中的猎物，狼等待机会随时出击。朗读时这两句则要读得缓慢，区别于前两句的语速。

　　"少时，一狼径去，其一犬坐于前。"这句话很有嚼头。屠户与狼短暂的相持之后，故事开始转折，情节扑朔迷离起来。"少时"一词，说明两狼对屠户怒目相视的当中有丰富的心理活动，它们可能会想：屠户，你持刀我们就怕你了吗？屠户你等着瞧，过会儿你就会成为我们口中的美食了。屠户，你真自不量力，还是乖乖地束手就擒吧……教学中，这里可以有一个留白的教学设计，可以开展想象活动，补写文字，体会狼的心理，从而突出狼的狡黠和阴险。两狼又是怎样实施阴谋的呢？"一狼径去"，径直离开，直接离开，不绕道，不在中途耽搁，给屠户造成假象，让他误以为狼无可无奈，就此放过了他。"其一犬坐于前"，像温驯、忠厚的狗一样坐着，迷惑屠户，一去一坐，两狼配合默契。

　　"少时，一狼径去，其一犬坐于前。久之，目似瞑，意暇甚。"这一处的描写乃神来之笔。课堂里可以咬文嚼字，突出文言文教学言文相融的意蕴。比如，为何不是两狼"径去"？因为狼性决定了，它们岂能放过口中之美食？比如为何不是"其一坐于前"？为什么强调另外一只狼像狗一样坐？狼也属于犬科动物，这只是一个相似的前提，关键还在于狼要把自己伪装成狗，因为驯良，让屠户放松警惕。这一只似狗非狗的狼，还有两处传神的描写，说它眼睛好像闭上了，神情很悠闲。《说文解字》里说："暇，闲也。""闲"，没有事叫闲，空闲。狼怎么会没事做？外表悠闲，内心阴谋的种子可一直在疯长。其实，狼以逸待劳，养精蓄锐，迷惑屠户，坐等反扑，给同伴"洞其中""攻其后"足够的时间，前后夹击，屠户只有死路一条。所以两狼前后的动作行为和神态表情，是为了让屠户整个人"弛"下来，解除手中的武装，放下心中的戒备。

总之，这一部分课堂上必须重拳出击，花大气力，讲出意味、趣味和深味。围绕狼之"黠"开展丰富多彩的教学活动。

比如，蒲松龄说"狼亦黠矣"，请勾画出语句，找出狼狡猾的依据来。

我们可以这样示例：

我勾画的是"少时"，因为屠户持刀，狼与人相持，"狼视眈眈"并不能得逞，故"少时"后狼另施一计。

我勾画的是"一狼径去"，一狼直接离开，毫不犹豫，让屠户以为狼惧怕自己手中的屠刀，主动放弃了，却不知狼以此来迷惑屠户，从背后进攻他。

我勾画的是"其一犬坐于前"，另一狼像狗一样坐在屠户的面前，显现驯良的模样，也是为了让他放松警惕。

我勾画的是"久之，目似瞑，意暇甚"，狼如狗一般久久坐着，静静地，假装闭眼，神情悠闲，没有了原先剑拔弩张、短兵相接的形势，也给屠户以平安无事的假象。

我勾画的是"目似瞑，意暇甚"，狼摆出悠闲、放松的动作神态，就是要让屠户放下手中的屠刀，也是为同伙准备从后袭击的时机。

我勾画的是"一狼洞其中，意将隧入以攻其后也"，一切阴谋诡计至此云开见日，前后夹击，配合默契，两狼的阴险、歹毒可见一斑。

我们可以这样总结：

屠户背靠苫蔽成丘的柴草，手持利刃，两狼只能"眈眈相向"，不敢向前；两狼另施计策，从动作上迷惑屠户，从神态上麻痹屠户，从时间上欺骗屠户，让屠户放松警惕，放下戒备，也为挖洞的狼提供充足的时间。

就在千钧一发的危急关头,自以为聪明的狼却不知自己末路已经来临。屠户以迅雷不及掩耳之势,"暴起",纵身跳起,"以刀劈狼首"。一个"暴"字,也很有意思。前面的情节中,我们看到的是一个心存侥幸、一味妥协、心存幻想的屠户,所以才会有"投以骨""复投之",最终到了"骨已尽"的结局;而现在,屠户显然已意识到了自己的处境,只有反抗,只有拿起屠刀殊死搏斗,才有活命的可能。因为他面前的狼没有丝毫退却的迹象。再加上,一路上屠户的经历早已告诉他,狼要的不是骨头,而是肉,是他身上的肉!所以清醒后的屠户才会有反抗的行为。这恰恰说明,人只有解决思想认识上的问题,才可能有后续的行动,也就是说,你的处境怎样,想要什么,决定了你会去做什么。课堂里,我们也可以让学生猜想"暴起"前屠户的心理。屠户可能会想些什么,是什么促使了屠户拿起屠刀反抗?屠户尽管不知两狼看似天衣无缝的阴谋,但是把握住了绝佳的反抗时机。当然,屠户心里也明白,此时狼怕他手里的屠刀,他呢,也占据了得天独厚的地理环境,这是他反抗的有利条件;而狼"目似瞑,意暇甚"的假象,也给他提供了绝地反击的机会。屠户一发怒,后果很严重!"以刀劈狼首","又数刀毙之",从"劈"到"毙",刀刀见血,刀刀要致狼于死地,屠户勇猛、果断的形象毕现。

在这个时候,小说家蒲松龄已基本完成了对屠户形象的刻画与塑造。为了使人物形象更丰满,也为了在情节上有所照应与交代,小说继续揭示两狼的阴谋,小说的视线转到柴草后打洞的一狼。小说中的屠户"方欲行"而"转视积薪后",将屠户"谨慎"的一面巧妙地表现出来。最后"断其股","亦毙之",不留后患,屠户战胜了狼,保住了性命。故事结尾,以屠户"乃悟"补叙小说,以屠户口吻说出两狼的"诱敌"的阴谋。"乃"与"盖"结合,侧面描写狼的狡黠,朗读时,要读得缓慢而深沉,要读出一种恍然大悟的味道。

结尾一段与故事本身没有关系,但是与文章的中心密切相关。这一段,蒲松龄从幕后走向台前,从讲这个故事到评这个故事,阅读这一段,我们要从全文的中心和写作目的等角度来探究。蒲松龄对狼的态度,隐秘的写作目的,都能从这一段里找到蛛丝马迹,关键看教师怎么去教,怎么引导学生去读出文言的丰富意味。

我们逐字逐句来解读,道出其中的文言味。

"狼亦黠矣",直接评价故事中狼的形象。也就是说,蒲松龄讲述这个故事中的狼,就是要刻画狼狡黠的形象。教学《狼》时,如果不将狼的这一形象讲得透讲得有趣,定是违背了作者创作的初衷。故而,我们的教学目标之一必须有分析狼狡黠形象的内容。要讲清楚讲透彻讲得有趣,并非易事。一篇文言小说,教学不可能面面俱到,教什么取决于文本的特点。这个时候内容上要集中处理,聚焦小说里描写狼狡黠的语句。我们可以设计一字一词一句看狼狡黠的环节,从外到内剖析狼的狡黠,有些狡猾是看得出来的,比如"目似瞑,意暇甚",狼有多么悠闲和放松,但是它毕竟守在屠户的面前,挡着屠户的生路,屠户可能会被麻痹一时,但绝不可能被欺骗。而有些狡猾是阴招,狡猾到骨子里,便很可怕。比如小说里两狼影帝般的演技,天衣无缝的配合,意图前后夹击,不达目标不罢休。一个"亦"字也值得考量,蒲松龄不说"狼黠矣"而说"狼亦黠矣",一字之差,是否有别的意思? 蒲松龄的不言之言是否想说屠户也是狡猾的? 人也是狡猾的? 如果是,我们就要联系《聊斋志异》的其他篇章和蒲松龄的创作背景,如此才能触摸作者写作《狼》的用意。

"而顷刻两毙",这是狡猾的狼的结局。狼再狡猾,最终还不是一死! 这一句带有强烈的讽刺意味,尤其是"顷刻"二字。这是不是含蓄地告诉我们为人的道理呢? 尽管我们都说老实人吃亏,但是狡猾的人也不一定有好的结局,狼是这样,人未必不是。再狡猾的狼和人,最终会自找麻烦和烦恼,甚至以悲剧结尾。蒲松龄似感叹狼可悲的结局,又似在感慨像狼一样狡猾的人,自以为得志或得势,但是终不会有好下场。这一句还从侧面肯定了屠户的勇敢,狡猾的狼斗不过勇敢的人。所以这篇小说的教学内容,又不能不分析屠户的形象。比如,我们可以这么设问:屠户凭什么能"顷刻毙"两狼? 此问从屠户的关键形象入手,带领学生走入文言,鉴赏感受。课堂里教学的发问要多有变化,不要时时处处都问相似的问题,比如这是一个怎样的人? 在好玩的课堂里,教师的发问也自然是不拘一格、不落俗套的,教师的问题要灵动、巧妙、新颖,要有引爆思维的力量。

"禽兽之变诈几何哉",照应第一句"狼亦黠矣",这是本文写狼的第二个关键词,并且深化了文意,从狡猾的狼到巧变诡诈的禽兽。狼如此,禽兽如是,人又何尝不是这样?

"止增笑耳",狼狡猾的伪装,毙命的结局,只是增加笑料罢了。这一句还是作者对自己笔下故事中狼的看法。我很好奇,蒲松龄在写这个故事的时候,是笑着写完的吗？如果不是,这个"笑"还有没有其他的故事？这可能就是课堂的一处生长点。

这一段文字中的文言虚词"矣""哉""而"很有意思,通过去词比较、朗读的方式,可以让学生感悟其中的语气和作者的情感。

二、课堂实录

潜伏在言语里的故事意味
——《狼》课堂实录

(一)引故事

师:上课! 同学好!

生:老师好!

师:同学们,今天我们一起来阅读清代文学家蒲松龄的文言小说《狼》。《狼》选自哪里?

(师板书"狼")

生(齐声):《聊斋志异》。

师:看来都预习过了。"聊斋"指什么?"志异"怎么理解?

生:"聊斋"是书斋名。

生:"志异"是奇异的故事。

师:这个"志"作动词用,在这里是"记载、记录"的意思。所以,"志异"的准确理解是什么? 你再来说一次。

(师板书"记载、记录")

生:记录奇异的故事。

师:好的。《聊斋志异》作为文言短篇小说集,书名指的是"在书斋里记录奇异的故事"。

(二)讲故事

师:《狼》这个故事奇异在哪里? 我们以屠户的口吻来讲讲这个故事。怎么讲呢? 我们分工合作,你们讲前三段的故事,按照提示,补全情节。第四段我来说。开始准备吧,记得利用好注释和手边的工具书,大声说起来。

(生一边看屏幕上的提示,一边看课文,自言自语说故事)

屏显文字：

我傍晚回来，担子里的肉卖完了，只剩下骨头，途中突然遇到两只狼……

（第一段）

我十分害怕，一路上……一只狼得到骨头就停止了，另一只狼仍然跟从。狼啊，你吃了我的骨头，就放过我吧，可是……

（第二段）

我的处境很危急，因为……我看田野里有个麦场，麦场的主人把柴草堆积在里面，覆盖成小山一样。我……狼不敢向前……

（第三段）

师（指向面前的学生）：好了，我们开始。你先来讲第一段的故事内容。

生：我傍晚回来，担子里的肉卖完了，只剩下骨头，途中突然遇到两只狼，（它们）紧跟着我走了很远。

师：怎么不是紧跟着跑了很远？

生：是"缀行甚远"，"行"是"走"的意思。

师："跑"的意思，在文言文里是哪个字？

生："走"。

师：是的。比如"走马观花"。文言文里的"行"是"走"的意思，"走"是"跑"的意思。刚才你说狼紧跟着走了很远，"紧跟"又是从哪个字看出来的？

生："缀"。

师：同学们，把这个"缀"字圈出来。你们看屏幕上"缀"的小篆。

屏显资料：

师：左边是丝线，这个字的意思是"用丝线连合使相互附着在一起"，也就是"缝补衣服"。缝补衣服时针线与针线之间的距离近不近？我们可以想一想此时狼与屠户之间的距离，以及屠户的心情。你来读这一段文字。

（学生朗读第一段，读得急促）

师：语速上怎么这样急促？

生：刚才说到了"缀行"，我觉得此时屠户内心肯定万分紧张，形势也紧张。

师:很好! 同学们看,这一段文字在句式上都是四字句,节奏感很强,营造了故事开端时紧张的氛围,使读者迅速进入了故事情境。一起读一读。

(学生齐读第一段)

师:后面的同学讲第二段的故事内容。

生:我十分害怕,一路上我把骨头投给狼,一只狼得到骨头就停止了,另一只狼仍然跟从。狼啊,你吃了我的骨头,就放过我吧,可是两只狼像原先一样一起追赶。

师:"可是两只狼像原先一样一起追赶"这一故事内容,是哪句话告诉我们的?

生:"而两狼之并驱如故"。

师:这个"并"字要圈起来,注释说"一起"。哪个带"并"的成语,也是这个意思?

(生沉默思考)

生:并驾齐驱。

生:齐头并进。

师:学习文言文就要经常联系成语,很多文言字词的意思还保留在成语中。第三段的难度更大了,哪个同学想来挑战一下?

生:我的处境很危急,因为前后都有敌人。我看田野里有个麦场,麦场的主人把柴草堆积在里面,覆盖成小山一样。我于是奔跑过去倚靠在柴草堆下,卸下担子拿起刀。狼不敢待在我的前面,只能瞪眼朝着我。

师:请坐。这位同学讲的故事内容有没有问题?

生:不是"因为前后都有敌人",而是"因为害怕前后遭受它们的攻击"。

师:这里的"敌"是"攻击"的意思,不是"敌人"。听得很仔细。还有问题吗?

生:他说"狼不敢待在我的前面",我认为是"狼不敢上前"。

师:是的。因为屠户"持刀"了。"眈眈"是"凶狠注视的样子",由此你想到了哪个成语?

生:虎视眈眈。

师:听好了,第四段由我来说故事,但是部分内容说得不准确,请帮我做好记录并指出来。

（生听故事，记录错误）

师：一会儿，我看见一只狼径直离开了，有一条狗蹲坐在我前面。很长时间后，狼好像闭上了眼睛，神情悠闲得很。我看机会来了，悄悄用刀杀死了它。另一只在柴草堆后打洞的狼，也被我从后面砍断了屁股，最终也被我杀死了。

生：故事里没有出现狗，老师说"有一条狗蹲坐在我前面"。

师：哪里看出不是狗？你继续说。

生：其一犬/坐于前。

师（笑）：这样读就变成"狗"了。正确的朗读应该是？

生：其一/犬坐于前。

师：对了，"犬"，像狗一样。这句话是说"其中一只狼像狗一样坐在屠户的前面"。

生：我听到老师讲"悄悄用刀杀死了它"，不对，应是"突然用刀杀死了它"。

师：这是一处错误。"暴"是"突然"的意思，比如"一夜暴富"。还有错误，继续帮我指出来。

生（笑）：这里的"股"不是"屁股"，是"大腿"，就像"悬梁刺股"一样。

师（笑）：没文化，真可怕！大家不要像我一样犯错啊！

（三）析故事

师：刚才我们一起讲完了故事，这就是屠户与狼斗智斗勇的经过。从前三段故事的情节发展来看，狼与屠户谁强谁弱？

生（齐声）：狼强屠户弱！

师：那么，奇怪了，狼为什么不直接吃掉屠户呢？

屏显文字：

默读前三段，思考狼不直接吃掉屠户的原因。

要求：

（1）圈点勾画语言。（2）分析归纳原因。

（生独立思考，师与生交流）

师：人与狼开始相遇时，狼就有机会直接吃掉屠户，但它们是怎么做的？

生:"缀行甚远"。

师:为何要"缀行",并且紧跟着走了很远?

生:可能一开始狼不敢轻举妄动。

师:想试探虚实,再做进一步打算。所以"缀行"二字就流露出了狼的何种本性?

生:狡猾。

(师板书"狡猾")

师:后来屠户想到了什么方法来摆脱狼?

生:投骨头。

师:屠户投了几次骨头? 哪个字告诉你?

生:投了两次骨头。

师:只是两次吗? 这里的"复"是"又,再"的意思。屠户一次次把骨头投给狼,狼呢,一次次地停下来又追上来。读到这里,我在想作者是不是把故事写复杂和啰唆了。他为什么不直接这样写? 请以小组的形式交流讨论,形成共识。

屏显文字:

屠惧,投以骨。狼或(有时)止或至,骨已尽,而两狼之并驱如故。(改动)

屠惧,投以骨。一狼得骨止,一狼仍从。复投之,后狼止而前狼又至。骨已尽矣,而两狼之并驱如故。(原文)

(学生小组交流讨论)

师:我看你们小组最先结束讨论,你们先来。派个代表吧,这个小伙子来吧。

生:我们组认为原文不断地写狼止,狼从,狼又至等动作细节,看上去很啰唆,其实作者是有用意的。因为这些语言细节,我们的眼前就出现了一幅幅画面——狼紧追不舍的画面。

师:有道理。这样也就渲染了紧张的氛围。

生:我来补充,我们小组还认为这样写能突出狼贪婪的本性,你们看狼吃骨头一根又一根,其实,狼想吃的不只是骨头,还有屠户。

(师板书"贪婪")

师:越交流越深入了。我们还可以换个角度看,从表现屠户来说,这样写有什么作用?

生:更能突出他内心的恐惧与懦弱。

(师板书"恐惧""懦弱")

师:是啊! 屠户想摆脱狼,于是拼命投骨,可是直到骨尽也无法摆脱。再听听其他小组的看法。你们组交流的观点呢?

生:我们组有些想法和前面组的同学一样。我们再补充一点。老师改动的文字将"骨已尽矣"后面的"矣"删掉了,我们觉得少了点文言文的味道。这句话要这样读"骨已尽——矣",我们认为这样能表达当时屠户绝望的心情。

师:太厉害了,你们! 我们用朗读来表达对他们组的认可。一起读"骨已尽——矣"。

(学生朗读)

师:我还有个疑问,请你们帮我解答。屠户投骨时,两狼为何不一起吃骨头?

生:怕屠户逃走。

师:原来屠户才是它们的目标,一狼吃一狼追,分工明确。那么,骨头吃完后,两狼并驱时,为什么也不直接吃屠户啊?

生:故事后面写到了"弛担持刀",狼可能怕屠户担中的刀吧。

生:狼继续在等待时机,继续和屠户较量,试探屠户的实力。

师:狡猾之极啊! 回到我们的讨论上。刚才有同学说了狼可能怕屠户手中的刀,不敢贸然对屠户下手。所以,第三段人与狼对峙了,狼不敢上前,只是凶狠地注视屠户。哪个词写出了狼的这种神态?

生:"眈眈"。

师:这个时候狼的心理活动肯定很丰富,它们可能会想什么?

生:看你跑到哪里去。

生:你早晚都是我们口中的食物。

生:还好,没有一开始就吃他,原来担子里真的有刀。

师:同学们,两狼为什么不直接吃掉屠户? 通过刚才的交流,我们来做个小结。在横线处各填入文中的两个字。

屏显文字：

屠户　　　　　　　　　两狼

遇狼很害怕，＿＿＿＿＿＿探虚实。（第一段）

＿＿＿＿＿＿求希望，并驱找机会。（第二段）

＿＿＿＿＿＿来防御，＿＿＿＿＿＿想计策。（第三段）

生：遇狼很害怕，缀行探虚实。

生：投骨求希望，并驱找机会。

生：持刀来防御，眈眈想计策。

师：如果两狼直接吃掉屠户，故事就没有了一波三折的艺术效果。在屠户的恐惧、妥协、窘迫中，在两狼的试探、等待、算计中，情节就变得波澜起伏了。当然，狼的狡猾、贪婪最终把自己送上了绝路。正所谓"机关算尽太聪明，反误了卿卿性命"。

（四）评形象

师：最终人杀了狼，故事情节来了个突转，这个结局太令人意外了。接下来，我们看看原先如此懦弱、无助的人是如何战胜狼的？请你用一个字来评价，就像我给出的示例。

屏显文字：

一字评屠户

示例：

我选"屠乃奔倚其下"中的"倚"字，因为屠户的机智，善于借助有利地形，避免了前后受敌。

（生批注语言，师观察学生批注）

师：都好了，有些同学评注了不止一处。哪个同学先来？

生：我选"屠暴起"中的"暴"字，屠户很果断，抓住一狼假装睡觉、放松警惕的有利时机，突然先发制狼。

（师板书"果断"）

师：谁到前面来演示"暴起"的动作？这个男生，你来。

（生向前跃起，但速度不快，力量不足）

师（笑）：这样的"暴起"是屠户当时的"暴起"吗？

生：我觉得他刚才的动作太柔弱了，很难"以刀劈狼首"。

生：速度不够快，要突然跃起，否则会被狼发现。

师：两个同学的意见很中肯，你再来做一次。

（生挥舞右手，猛然跃起，其余学生发出笑声和掌声）

师：同学们的笑声和掌声说明你已吃透了"暴"字的意味。这个"暴"字有速度也有力量，屠户抓住有利的时机，出其不意攻其不备。屠户看准了机会，机会是怎么来的？

（师板书"抓住时机"）

生：狼"目似瞑，意暇甚"。

师：狼想要干什么？

生：欺骗屠户，假装睡觉，装出休闲的神态。

师：联系后文说说，不要忘记还有一只狼。

生：为了让屠户放松警惕，给后狼打洞的时间。

师：再一次证明了狼的狡黠。刚才说前狼假寐是为了迷惑屠户，给后狼打洞的时间，难道屠户不清楚后狼去打洞了吗？

生：他是后来才知道的。

师：第四段最后一句中哪个字可以作为证据？

生："乃"。屠户这个时候才明白过来。

师：继续用一字评屠户。你来评。

生：我选"以刀劈狼首"中的"劈"字，屠户勇敢地拿起刀，又用刀"毙"狼，保护自己的生命。

（师板书"勇敢"）

师：还有哪些动词同样突出了屠户的勇敢？

生："屠自后断其股，亦毙之。"其中的"毙"和"断"。

师：屠户毫不犹豫，勇猛出击，才能保护自己。我们继续。

生：我选"方欲行，转视积薪后"中的"转"字，因为这一转，屠户才保住了性命，所以屠户也有做事谨慎的特点。

（师板书"谨慎"）

生：我选"屠乃奔倚其下"中的"乃"字，屠户看到覆盖成小山一样的柴草堆，就跑过去，利用有利的地形来反抗，表现出屠户的机智。

（师板书"机智"）

师：我也恰好找了这句，作者前后连用了"奔""倚""弛""持"四个动词描写屠户，体会其中的表达效果。

屏显文字：

屠乃奔倚其下，弛担持刀。（"奔""倚""弛""持"红色字体、加粗）

生：屠户动作很迅速。

师：是的，连续完成了一串动作。

生：屠户很冷静，毫不慌张。

（师板书"冷静"）

师：这个句子怎么朗读才能表现屠户的形象？

生：动词要重读。

生：前后句读出停连，这里要体现延续性。

生：语速上可以快一点。

师：好的。我们就这样读。来，男女生各读一次。

（男女生分别读。）

师：屠户抓住了有利的时机，凭借有利地形，以机智、冷静与勇敢，持刀奋起反抗，为自己赢得了活路。蒲松龄用了这些语言描写屠户，突出其形象。我们读一读，注意要读出重音、前后句延续，读出急促感，读出力量，特别是动词。

屏显文字：

屠乃奔倚其下，弛担持刀。

屠暴起，以刀劈狼首，又数刀毙之。

屠自后断其股，亦毙之。

（动词加粗，标注红色）

（五）探主旨

师：最终屠户奋起反抗，两狼一命呜呼。蒲松龄为什么要安排这样的故事结局？蒲松龄想借这个故事告诉我们什么？可以从狼或人的角度分别谈谈。

生：狼再狡猾也没有好下场。

生：面对狡黠和凶残的狼，人要用机智来战胜。

生：狼尽管狡猾，可机关算尽太聪明，最终反而自取灭亡。

生：一开始屠户对狼抱有侥幸心理，以为靠扔骨头就能逃脱，最后屠户被逼得走投无路，才奋起反抗，所以遇到像狼一样的坏人，不能一味退缩，而要用智慧和勇敢来为自己赢得机会。

师：一个好故事要有惊心动魄的故事情节，《狼》就是这样的好故事；一个好故事也要能带给读者阅读思考的空间，《狼》就是这样的好故事。面对像恶狼一样的人，我们决不能心存侥幸和幻想，妥协改变不了命运，只有凭借机智和勇于反抗才能为自己赢得希望。

师：蒲松龄对狼顷刻两毙的结局有什么态度？最后一段哪个字告诉了我们？

生："笑"。

师：作者认为狼的诡诈手段只是增加笑料罢了。这一段很特别，它不是故事的组成部分，而是作者对故事的观点与看法。现存的《聊斋志异》491篇作品中，有250篇左右是这样的故事结构。其中近200篇在文章结尾前出现"异史氏曰"，作为发表看法的标志。你们以后读《聊斋志异》时要留意这样的叙述结构，作者的写作目的就藏在里面。

师：一起来读一读这一段。先去掉语气词读，再读原文，感觉怎么样？

屏显文字：

狼亦黠，而顷刻两毙，禽兽之变诈几何？止增笑。

狼亦黠矣，而顷刻两毙，禽兽之变诈几何哉？止增笑耳。

（"矣、哉、耳"三字加粗，标注红色）

生：读起来很怪。

师：怪在哪？其他同学呢？

生：原句有作者强烈的态度和情感，三个语气词删去后就寡淡无味了。

师：好一个寡淡无味！语言感觉很灵。再具体说说看。

生：删去三个语气词，作者在语言文字中嘲笑的味道就没有了。

师：就是这个道理。蒲松龄一生科场失意，落魄于社会底层。他从20多岁开始创作《聊斋志异》，到40岁初步完成，他人生最美好的年华都融进了这本书中。我们以后如果能结合蒲松龄的人生经历去读《聊斋志异》，就能读出更丰富的意味。好了。故事就讲到这里了。最后，我们分角色来读，朗读的时候三个语气词适当拖音，读好了语气词，嘲笑的味道就浓了。

第四章　文言文言语形式课堂实践

屏显文字：

（师）狼亦黠——矣，

（女）而顷刻两毙，

（男）禽兽之变诈几何——哉？

（师）止增笑——耳。

（男）止增笑——耳。

（女）止增笑——耳。

（齐）止——增——笑——耳。

（师生）止——增——笑——耳。

（在师生的配合朗读中结束课堂）

三、观课评语

从言语形式走向文化内核

——沈华老师的《狼》教学赏析

浙江外国语学院　张孔义

　　语文教学的重心是言语形式，通过对言语形式的品味达到对言语内容的理解。文言文教学尤其如此。但是由于学生对文言文的言语形式比较陌生，有时教师会把教学的主要精力全部放在文言文言语内容的分析和记忆上，文言文教学就变成了古代汉语教学，学生被动记忆，简单操练，枯燥乏味。文言文教学怎样从文言的形式走向文言的内容，最终让学生揭开言语形式遮盖下的古代文化密码，让学生在学习时如获至宝，产生继续深究的兴趣，享受学习文言文的乐趣，这是语文教师努力追求的目标。在这方面，沈华老师做了很多非常有价值的研究，创设了不少富有成效的教学案例，最近推出的《狼》的教学就是其中一个文言文教学范例。

　　沈华老师教《狼》一课，创意点很多，这里重点欣赏沈老师引导学生品味文言文的言语形式的策略。

（一）借助字形理解词义

　　汉字源于象形字，逐渐演化出会意字、指事字和形声字。汉字最大的特点是表意文字，这是和拼音文字最主要的区别。有的汉字虽然经历了字形简化和字义的虚化,现在已经不容易看出其本来所表达的意思,但是追寻其原来的字形及其变化过程,还是可以理解其原本的含义的。文言文教学就可以利用追溯字形变化的过程来理解某些难解字义。

例如,本课中的"缀行甚远"一句,课文对"缀"字注解是"连接、紧跟"。但学生一般对这字比较熟悉的理解是"点缀",即是"衬托、装饰,使更美观"的意思。那么,怎么帮助学生从"点缀"的意思联系到"连接、紧跟"的意思呢? 沈老师给学生呈现"缀"字的小篆,采用字形溯源的方法,进行言语形式的分析理解。"缀"在甲骨文中是象形字,本意是"缝补、缝合";到了金文在象形字右边加上了绞丝旁;到了小篆左右部首互换位置。小篆是秦朝统治者秦始皇统一文字所采用的字形,因此小篆的字形定型后沿用至今。从字形演变中不难看出"缀"字原意是"用丝线连合使相互附着在一起",也就是"缝补衣服"。而缝补衣服时针线与针线之间的距离是紧密的,由此引申出"连接、紧跟";又由于为了使衣服更美观,缝衣服时往往会缝上一些装饰物,从而有了"点缀"的意思。对于文言一些难懂字词,通过溯源的方法,学生认识到汉字字形和含义是怎么发展变化的,多重意思之间是什么关系,有助于帮助学生把原本熟悉的字义和新教的不熟悉的字义联系在一起,融入原有认知结构中去。这既深入浅出地教好了学生难以理解的文言字词,又让学生认识到汉字源流变化的博大精深。

(二)借助成语领悟本义

义言义中有不少词语的意义在现代汉语中已经发生了很大的变化,学生对这些词语的本义已经陌生,熟悉的是它们的引申义或比喻义,尤其是那些原来表达具体含义的词语在现代汉语中其含义虚化了,学生更难理解。对于这类词语,沈老师采用了联系学生熟悉的成语来解析不熟悉的文言字词的方法。

例如,教师提示学生将"两狼之并驱如故"的"并"字圈画出来,了解教材解释是"一起";对于"并"字,学生最熟悉的意思是做连词用的"并且",解释为"一起"则没那么熟悉。但教师并不满足于字面解释,而是进一步引导"哪个带'并'的成语,也是这个意思",学生马上联想到"并驾齐驱""齐头并进",这时学生就比较容易理解"并"是"合在一起"的意思了。运用熟悉的成语作为支架,去理解没那么熟悉的文言词语的意思,理解和记忆时难度降低了。最后,教师提醒学生:"学习文言文就要经常联系成语,很多文言字词的意思还保留在成语中。"在后面的教学中,教师还时不时提醒学生运用熟知的成语字义推知文言句子中不熟悉的字词含义。例如联系"一夜暴富"去理解"屠暴起"的"暴"字,用"悬梁刺股"去理解"屠自后断其股"的"股"字。

我国的成语源于古代寓言故事、神话传说、佛教经典或历代文学作品,一方面保留了古汉语的原来的本义,另一方面又包含丰富的中华文化内涵,在文言文教学中适当联系学生熟悉的成语,既能提高学生的学习兴趣,又能让学生易于理解古意及其包含的文化内容,事半功倍。

(三)借助辨误澄清混淆

初中生接触的文言文还不多,文化阅历还不丰富,他们学习文言文,免不了望文生义,产生误解。面对这一现象,教师要善于引导学生进行辨误。所谓辨误,就是辨明语言之间的细微差别,明了对错,匡正误解。教师在教学中对某些容易产生模糊理解,甚至是错误理解的问题,给出有正有误或全误的说法,启发学生研讨、分析、辨别哪个正确,哪个错误,并说出正确的根据,错误的原因,从而达到澄清模糊认识,明确有关知识规律的目的。

在本课的教学中,沈老师进行了两个片段的辨误引导教学。一个片段是学生学习中出现了误解,教师抓住这些误解引导学生进行辨析。另一个片段是教师讲解时针对学生容易理解错的地方有意出错,然后引导学生分辨正误。

例如,学生是这样讲述第三段的故事的:"我的处境很危急,因为前后都有敌人。我看田野里有个麦场,麦场的主人把柴草堆积在里面,覆盖成小山一样。我于是奔跑过去倚靠在柴草堆下,卸下担子拿起刀。狼不敢待在我的前面,只能瞪眼朝着我。"从学生的学习表现可以看出,这段话有几处理解难点,容易出差错。学生学习出差错就是教师教学展开的最佳点。通过教师的引导,学生理解了"恐前后受其敌"不是"前后都有敌人",而是"害怕前后遭受它们的攻击","敌"在文中容易理解错,是"攻击"的意思,不是敌人的意思。同样,"狼不敢前"的"前"字也是学生容易误解的字。让学生把错误表现出来,然后有针对性进行引导思考,改正错误,以获得正确认识。

又如,第四段理解难点多一些,教师故意呈现含有片面或错误的理解:"一会儿,我看见一只狼径直离开了,有一条狗蹲坐在我前面。很长时间后,狼好像闭上了眼睛，神情悠闲得很。我看机会来了，悄悄用刀杀死了它。另一只在柴草堆后打洞的狼，也被我从后面砍断了屁股，最终也被我杀死了。"

我们来看看教师是怎样引导学生进行辨误的：

生：故事里没有出现狗，老师说"有一条狗蹲坐在我前面"。

师：哪里看出不是狗？你继续说。

生："其一犬/坐于前"。

师（笑）：这样读就变成"狗"了。正确的朗读应该是……

生："其一/犬坐于前"。

师：对了，"犬"，像狗一样。这句话是说"其中一只狼像狗一样坐在屠户的前面"。

教师引导学生对此进行分辨，在分辨中抽取正确的因素，逐渐获得完全正确的看法，最后，从获得正确结论中概括出所包含的学习规律。

（四）借助语气体验感情

文言文其实是古代人口头语言的记录，就像现代文是我们当代人口头语言的记录一样。口头语言是通过声音传递的，声音本身就饱含感情。可惜，由于时间久远了，古人的话语系统已经失传了。但是，通过文言文的语气词还是可以还原出当时说话的情景，从而根据其说话语气感受其中的感情。沈老师在指导学生探寻文章主旨时，比较朗读最后一段话时去掉语气词和保留语气词所获得感受：

师：一起来读一读这一段。先去掉语气词读，再读原文，感觉怎么样？

狼亦黠，而顷刻两毙，禽兽之变诈几何？止增笑。

狼亦黠矣，而顷刻两毙，禽兽之变诈几何哉？止增笑耳。

生：读起来很怪。

师：怪在哪？其他同学呢？

生：原句有作者强烈的态度和情感，三个语气词删去后就寡淡无味了。

师：好一个寡淡无味！语言感觉很灵。再具体说说看。

生：删去三个语气词，作者在语言文字中嘲笑的味道就没有了。

师：……最后，我们分角色来读，朗读的时候三个语气词适当拖音，读好了语气词，嘲笑的味道就浓了。

屏显文字：

（师）狼亦黠——矣，

（女）而顷刻两毙，

（男）禽兽之变诈几何——哉？

（师）止增笑——耳。

（男）止增笑——耳。

（女）止增笑——耳。

（齐）止——增——笑——耳。

（师生）止——增——笑——耳。

学生自己阅读文言文，可能会不看重文中的语气词，殊不知这些词语却包含言语者丰富的感情，通过朗读就可以体味出来。

从上面的教学片段可以看出，沈老师通过引导学生对文言文的言语形式进行探究，进而理解言语的内容，并揭示其中包含的文化内核，学生学习兴趣浓厚，在轻松愉快中掌握教学内容。

第三节 《塞翁失马》教学

一、文本聚焦

做一个精通生活之道的塞翁

《塞翁失马》作为一则广泛流传的经典寓言，故事内容浅近易懂，寓言道理明白通畅，故而也就成了"最熟悉的陌生人"。寓意的揭示成了教学普遍的追求，塞翁则成了通晓"人生祸福得失"的神。在浅读和误读之中，经典文本促进学生精神成长的魅力也荡然无存！《塞翁失马》还能教些什么？除却寓意之外还能给予学生什么？我们有必要重新对《塞翁失马》这一教学文本进行审读和考量。

（一）空白

文本的空白，亦称"未定点"，文学作品本身具有某种不确定的隐含意义，它需要读者以自己创造性的理解力、想象力去补充,去丰富,"文本与读者的相会"使文本真正产生意义。《塞翁失马》短小精悍,语言凝练,作品中不确定的"空白"处不少,足以给人留下丰富的想象空间,而其中最值得把玩的空白之处莫过于"人皆吊之"一句。"塞翁失马,人皆吊之",塞翁丢失了马匹,人们都去安慰他,这似乎是情理之中的事,我们的教学也就顺理成章地去分析"人皆吊之"这一既成事实,而忘却了细察人情之外的"理"——人们安慰塞翁的真正原委。王荣生教授说:"语文教师,要教学生看不到的地方。"正是这些不为人留意的空白之处,使语文教师无法被替代。

𠱾,这是"吊"的甲骨文。在远古时代,人死了不葬,只是放在荒野里用柴草盖着,但怕禽兽来吃,所以送丧的亲友都带着弓箭帮助驱除禽兽。"吊"的本义是悼念死者。人死了确实不幸,人们需要安慰,但是塞翁只是丢失了马匹,人们为什么要去安慰他? 作为语文老师,"要有文字功,要从文字里讲出味道来",揭示这一文本的空白,丰富言语的意义。我们来看寓言开篇的一句:近塞上之人有善术者,马无故亡而入胡。"近塞",靠近长城一带,塞翁很可能是这一地带的游牧民族,马是重要的生存资源,是生活的保障,可见失马对于塞翁来说是一种不幸。"入胡",塞翁逃跑的马进入了胡人的地域,寓言故事的结尾提到"胡人大入塞",可见当时经常发生民族间的冲突和战争,"马入胡"意味着失马终不可复得,对塞翁而言,"亡马"就如"马亡",这是一种亡失之痛。"无故",马逃跑毫无征兆,无缘无故,强调不幸发生的莫名性和突然性,突出马丢失是突如其来的消息,让人不可思议,无法接受,这对塞翁而言是无妄之灾! 原来塞翁失马竟然包含着三重不幸,无怪乎人们要去"吊之",安慰他。

(二)比较

比较往往呈现出差异,在差异的对照中掂一掂语言文字的分量,辨一辨语言文字的色彩,嚼一嚼语言文字的味道,悉心体味,发掘内蕴。《塞翁失马》中有两处可以通过比较来玩味的语言。

其一,面对生活的失得,人们前后的态度变化。当塞翁失马和他的儿子骑马坠落且折断了大腿,遭遇不幸时,一"吊"字,写出了人们同情塞翁或为塞翁的不幸感到伤心;当塞翁失马复得且带回了胡人的骏马时,一"贺"字表现了人们都来为他祝贺,替他高兴,且流露出一丝羡慕的眼神。而有这样反应的人不在少数,一"皆"字强调了"全民"都沉浸在塞翁失马的悲伤和得马的喜悦之中,人们前后的不同反应折射出了众人面对得失时或过度兴奋或过度悲伤,心绪为生活得失所羁绊的内心世界。

其二,面对生活中的失与得,塞翁的态度与人们反应的差异。塞翁的两句答语甚为微妙,颇具意味。"此何遽不为福乎?""此何遽不能为祸乎?"面对众人的"吊"与"贺",塞翁用了两个反问句回答,强化了塞翁面对生活中的祸福时那种平静、淡然的态度。所失时,泰然处之,处变不惊;所得时,不张扬,不忘乎所以。塞翁的两句话的差异还在于后一句比前一句多了一个"能"字,一个"能"字彰显出塞翁的远见卓识,对将来命运的隐忧。对于《塞翁失马》文本的语言比较,要像叶圣陶先生所说的那样"字字未宜忽,语语悟其神",在不同的比较中,塞翁的智者形象愈加丰满,文本的内涵更为丰富。

(三)结构

王荣生、童志斌在《文言文阅读教学设计》里提出:"文言文的章法考究处、炼字炼句处,往往是作者言志载道的关节点、精髓处,所谓'文道统一'。"此处讲的"结构"亦为章法,它看似是作者漫不经心的行文之痕,实为作者匠心独运、苦心经营之笔。《塞翁失马》文本结构的独特性在哪里?

作为一则阐述"祸福"关系的寓言故事,以塞翁作为故事的主体,传达道家祸福相倚相随的观点,正如《淮南子》中所说:"夫祸之来也,人自生之;福之来也,人自成之。祸与福同门,利与害为邻,非神圣人,莫之能分。""祸福同门"正是寓言想要揭示的道理,然而作者在叙述故事的过程中,有意呈现出故事的关联性和循环性特点:失马—得马—折髀—相保,祸—福—祸—福。如果仅为了阐述祸福关联,"祸中有福,福中有祸",那么故事叙述完全可以止于"家富良马,其子好骑,堕而折其髀"。然而故事到此并没有结束,作者似乎还意犹未尽:"人皆吊之,其父曰:'此何遽不为福乎?'居一年,胡人大入塞,丁壮者引弦而战。近塞之人,死者十九。此独以跛之故,父子相保。"这一部分的叙述除却增强故事情节的跌宕起伏外,更在于通过塞翁的生活经历向世人昭示人生正处于这样福祸的无限循环中,生活中要戒过度,不能过分悲与喜,一个人只有不受祸福的扰动,才能获得内心的宁静。

(四)文眼

文眼指文中最能揭示主旨、升华意境、涵盖内容的关键性词句。"文眼"是窥看主题思想的窗口,厘清全文脉络的筋节,掌握文章各部分相互联系的关键。那么,《塞翁失马》的文眼何在?

塞翁面对得失的态度与众人迥异,因其是一个"善术"者。"善术"为文本第一层面的文眼,因为塞翁精通术数,故能推测祸福,预见人生的得失。然而仅此还不能进入文本的内核,揭示《塞翁失马》之于当下的现实意义。塞翁的"善术"并非课文注解所言的"迷信活动",寓言的第一句"近塞上之人有善术者"中的"近塞"是文本第二层面的文眼,如果说"善术"是文眼,那么"近塞"是眼中之眼,只有讲清楚"近塞"的意义,才能破除塞翁的迷信权威形象,重塑塞翁的形象和审视寓言的意义。"近塞"是塞翁生活的环境,正因为靠近边塞,塞翁知道双方的马匹会进入对方的地域,丢失马匹可能是常有的事;正因为靠近边塞,也常会有民族间的冲突与战争,所以胡人侵犯边塞也在情理之中。边塞的生活环境给了塞翁足够的生活经验和丰富的阅历,这些是他巧于判断和善于预测的基础,同时塞翁与他人的不同还在于他能在生活经验之上形成对福祸辩证关系的认识,拥有独特的长远眼光。塞翁的"善术"有其现实基础和思想基础,绝非一般的精通迷信之"术"。

对"塞翁失马"寓意的解读并不难,但是浅显的故事背后隐藏的深意是很难被学生们察觉的。我们的课堂要关注的不是孩子已知的内容,而是惶惑未知的内容。文言文教学在培养学生文言语感,感悟文言意味外,更要把它融化在当下,观照我们当下的生活和生命,让学生体验其中审美的情趣,积极的意义,赋予其当下鲜活的意义。《塞翁失马》除了让学生明白寓意是什么,更要让学生们懂得怎么面对生活的得失,怎么才算是生活的大智慧。因为如何看待"失马"与"得马"是我们一生绕不开的话题。所以身处顺境时,不张扬,不忘乎所以;身处逆境时,要安之泰然,处逆不惊。祸不足悲,福不必乐;得之不喜,失之不忧;得意淡然,失意怡然;宠辱不惊,去留无意。这样才可能心境平和,淡泊自然,才能得到宁静,不喜忙劳,淡于名利……这样我们每个人才可能成为精通生活之道的塞翁!

二、课堂实录

做生活的智者

——《塞翁失马》教学实录

(一)入课

师:今天,我们来学习一则关于一个神奇老人的寓言故事,故事的题目是——

生(齐):塞翁失马。

师:大家自己先读一读寓言,了解故事内容。

(学生自由放声朗读寓言)

(二)解字

师:课文里有一些字的音很容易读错,我考一考大家,请看屏幕。请一组同学依次来读一读这些加点字的读音。

屏显文字:

近塞上之人有善术者　　其父曰:"此何遽不为福乎?"　　堕而折其髀

其子好骑　　其马将胡骏马而归

生:"sài"。

师:"近塞"什么意思?

生:靠近长城一带。

师:整句话的意思你懂吗?

生:靠近长城一带的人中有一个精通术数的人。

师:这个人是谁啊?

生:塞翁。

生:"fù"。

师:读"其fù",还是"其fǔ"?

生:读成"其fù"吧!

师:是啊,读作"其fù",对老年男子的尊称。同学们一起把这个句子读一读。

(生齐读)

师:这句话是什么意思呢?

生:那个老人说:"这怎么就不是好事呢?"

师:那个老人是谁?

生:善术者。

师:对,善术者,也就是寓言中的塞翁。

生:"shé"。

师:不读"shé",应读成"zhé"。当读"shé"时表示断的状态,如"腿折了""树枝折了";当读成"zhé"时表示一种动作。我们一起把句子读一遍。

(生齐读)

师:这个句子谁来尝试翻译一下?

生:他的儿子从马上摔下来,折断了大腿。

师:哪个词是"大腿"的意思?

生:"髀"。

生:其子"hào"骑。

师:很好,请坐。

师:"其子"是谁的儿子?

生:善术者的儿子,也就是塞翁的儿子。

生:"jiāng"。

师:了不起,这么难的读音也读准了。将读"jiāng"时作动词用,"带领,率领"的意思。将读"jiàng"通常用作名词,如"将领"。文中的"将"就是"带领"的意思。

师:这个句子的意思谁来说说?

生:塞翁的马带领着胡人的骏马回来了。

师:失马复得且把胡人的马也带回来了,这确实是大好事!同学们读一读屏幕上六个句子。

(生齐读屏幕上的句子)

师:请同学齐读课文,这次要字正腔圆地读,看看哪些词语也很重要,请做好记号。

(生齐读课文)

(三)说文

师:故事中,塞翁失去了什么?又得到了什么?课文是怎么说的,请圈画出来。

生："马无故亡而入胡"，"其子好骑，堕而折其髀"。

师：塞翁的马怎么样了？

生：无缘无故地跑到胡地去了。

师：塞翁得到了什么？

生："其马将胡骏马而归"，"父子相保"。

师：先前逃走的马回来了还带回来胡人的骏马，塞翁父子的性命得到了保全，这些是好事啊！

师：在面对失与得时，其他人有怎样的反应？塞翁的反应呢？

生：其他人的反应是"人皆吊之""人皆贺之"。

生：塞翁的反应与别人不一样："此何遽不为福乎"，"此何遽不能为祸乎"。

师：众人前后的心情是怎么变化的？

生：众人刚开始同情塞翁。

师：哪个字让你有这种感受？

生："吊"，这个字的意思是对不幸表示安慰。

师：在甲骨文中，"吊"的字形是怎样的呢？大家看屏幕：

（屏显 ）

师：一边是一个人，一边是人手里握的弓箭。在远古时代，人死了不葬，只是放在荒野里用柴草盖着，但怕禽兽来吃，所以送丧的亲友都带着弓箭帮助驱除禽兽。这个字的本义是悼念死者。学习文言文，追本溯源，探求文言古义不失为一种好的学习方法。人死了确实不幸，人们需要安慰，但是塞翁只是丢失了马匹，人们为什么要去安慰他？

（学生沉默）

师：塞翁生活在哪里？

生（齐）：靠近长城一带。

师：猜一猜这里的人的生活特点。

生：这里的人可能过着一种牧马的生活。

师：可能是游牧民族。因此马是重要的生存资源，是生活的保障，丢马对塞翁来说是一种不幸。马跑了不是还可以去找回来吗？塞翁为什么不去找？

生:文中说"马无故亡而入胡",塞翁的马跑到胡人的地盘去了,联系后文"胡人大入塞",说明当时边塞经常发生民族间的战争,所以塞翁的马肯定是找不回来了。

师:能联系前后的语境分析,读得很仔细,了不得！所以失马终不可复得,对于塞翁来说这是一种亡失之痛吧。

师:同学们再读一读第二句,你们又会有什么新的发现？

生:我从"无故"中感觉到了,塞翁的马是无缘无故逃跑的,塞翁事先没有预料到。

师:是啊！"无故"强调不幸发生的莫名性和突然性,突出马丢失是突如其来的消息,令人不可思议,无法接受,可以说这是无妄之灾！读文言文,我们要读出文字缝隙里的味道。

师:对于塞翁而言,丢失马已是很大的不幸,而且连找回马的希望都已破碎,而人生最大的不幸莫过于不幸来临时,自己竟然全然不知。塞翁失马包含着这三种不幸,怪不得人们要去安慰塞翁。带着这样的认识,我们一起读一读"人皆吊之"。

(生齐读"人皆吊之")

师:刚开始人们是同情塞翁,为塞翁的不幸而感到难过,那后来呢？

生:为塞翁感到开心。

生:有一点羡慕他。

师:是啊,失马复得了,并且还捡了便宜,"带回来了胡人的骏马",怎能不让人高兴？我们也来读出人们的喜悦和羡慕之情吧。

(生齐读"人皆贺之")

师:当众人都沉浸在塞翁失马的悲伤和得马的喜悦之中时,塞翁的反应却很奇怪,他说了这么几句话,我们读一读。

(屏显:此何遽不为福乎？此何遽不能为祸乎？)

师:塞翁说的两句话在语言上有什么相同和不同的地方？

生:都是反问句。

师:反问句有什么作用？

生:加强语气。

师:这两句话塞翁想强化什么意味啊？自己先反复读一读。

（课堂里时不时发出朗读的声音）

师：我从第一句的反问中感觉到了塞翁面对生活中的不幸时的乐观态度。你也能乐观地表现出塞翁的说话语气吗？

（生读"此何遽不为福乎？"）

师：感觉乐观意味稍微淡了一点，建议你把"福"字读得上扬一些，略微拖一下音。

（生再读"此何遽不为福乎？"）

师：很不错，乐观的态度读出来了！塞翁——失马，难道不悲伤吗？

生：肯定难过，前面也说了塞翁失马包含三种不幸啊，只不过塞翁没有把这种悲伤表现出来吧。

师：塞翁不过度悲伤，"悲而不露"是吧？

生：我从第二个反问句中读出了塞翁内心的平静。塞翁没有因为得马而过度兴奋，我感觉他说话时内心很平静，没有在意这个得马的事实。

师：很厉害，奖励一下，老师没带什么礼物，就奖赏你读一读这个句子，读出塞翁内心的平静，要有"喜而不露"的特点。

（生读"此何遽不能为祸乎？"）

生：我补充一下，其实在两句话中我们都能感觉到塞翁平静而淡然的态度。

师：你的发言很有见解，请坐！

师：两句话不同在哪里？

生：后一句多了一个"能"字。

师：从"能"字上你们能读出什么？

生：当众人都沉浸在塞翁得马的喜悦中时，塞翁的话像给这群人泼了凉水，他似乎在提醒别人不要忘乎所以，灾祸可能在后头呢。

师："灾祸可能在后头"，别人看不到的东西，塞翁预见到了，这说明了什么？

生：塞翁很有远见。

师：塞翁有远见卓识。我们学习文言文，就要像叶圣陶先生所说的那样"字字未宜忽，语语悟其神"。这是一种学习方法，更是一种学习态度。

师：朗读时怎样表现当时塞翁说话的语气和面对得失时的态度呢？我觉

得可以在"此"前,加一个语气词"唉",我们加进去尝试着读一读,读出塞翁平静而淡然的态度,读出塞翁对他人的短见的不屑和对自己未来命运的担忧。

(生读其父曰:"唉,此何遽不为福乎?";其父曰:"唉,此何遽不能为祸乎?")

（四）析理

师:塞翁面对得失的态度为什么能和众人不一样?

生:塞翁是一个"善术"者。

师:何谓"善术"啊?

生:精通术数,能预测祸福。

师:塞翁对福祸有着怎样的认识?

生:塞翁认为生活中坏事不一定是坏事,好事不一定是好事。

生:塞翁认为祸中可能会有福,福中也会包含祸。

生:塞翁认为不幸可能会变成幸,幸可能会变成不幸。

师:这种认识在《老子》和《淮南子》中也有类似表述,请看屏幕。

屏显资料:

祸兮福所倚,福兮祸所伏。　　　　　　　　　　　　　　　——《老子》

夫祸之来也,人自生(招来)之;福之来也,人自成(成就)之。祸与福同门,利与害为邻,非神圣人,莫(不能)之能分。　　　　　　——《淮南子》

师:在《老子》和《淮南子》中都讲到福祸同门,相倚相伏,我们是不是就可以认为福祸必然转化,好事与坏事也必然会转化? 同学们能联系《淮南子》中的语言,同时结合寓言福祸转化的内容,说一说吗?

生:不是必然的。塞翁失马后,因为他有着乐观的态度,所以后来这一坏事变成了好事。

师:是不是人只要有态度就够了? 显然不是! 如寓言中说,塞翁得马后,这一好事怎么变成坏事了?

生:"其子好骑,堕而折其髀"。

师:如果其子不好骑呢? 这一好事可能就不会转化为坏事了,这说明这种转化需要什么?

生:条件。

师:一定的条件,"其子好骑,堕而折其髀"就是好坏转化的条件。课上到这里,这则千古流传的塞翁失马的寓意,同学们会总结了吗?

生:在一定条件下,好事和坏事,祸与福之间可以相互转化。

师:对于福与祸相互转化的关系,为什么塞翁能有这样的认识? 这需要什么条件?

(学生沉默好一会儿)

师:大家再读一读故事的第一句,你们还会有什么新发现?

生:可能是"近塞",这是塞翁生活的环境,在这样的环境中塞翁会有生活经验。

生:我觉得也是"近塞",靠近边塞的环境让塞翁对得马失马有一种生活认识。

师:可是居住在"近塞"的人很多啊,怎么只有塞翁对福祸有这样的认识?

生:塞翁本身对得失有淡然的态度。

生:塞翁还有长远的眼光。

师:大家的发现很独特,分析也很深刻。"近塞"是塞翁生活的环境,正因为靠近边塞,塞翁知道双方的马匹会进入对方的地域,丢失马匹可能是常有的事。正因为靠近边塞,常会有冲突与战争,所以胡人侵犯边塞也是情理之中的事。边塞的生活环境给了塞翁足够的生活经验和丰富的阅历,这些是他巧于判断和善于预测的基础,同时塞翁与他人的不同之处还在于他能在生活经验之上形成对福祸辩证关系的认识,拥有独特的长远眼光。塞翁的"善术"有其现实基础和思想基础,绝不是一般的精通迷信之"术"。

(五)得意

师:因此与其说塞翁精通术数,不如说他精通什么?

生:生活。

师:精通生活之道。因此他能在失的时候能泰然处之,处变不惊;在得的时候能不张扬,不忘乎所以,冷静处之。

师:近塞上的塞翁只有一个,生活中却可以有无数个塞翁,我们需要的不是塞翁精通术数的智慧,我们需要的是塞翁精通生活之道的大智慧。因为如何看待"失马"与"得马"是我们一生绕不开的话题。所以身处顺境时,不张扬,不忘乎所以;身处逆境时,要安之泰然,处逆不惊。祸不足悲,福不必乐;得之不喜,失之不忧;得意淡然,失意怡然;宠辱不惊,去留无意。这样才可能心境平和,淡泊自然,才能得到宁静,不喜忙劳,淡于名利……

师:当我们在生活中有所失时,请大声对生活说——

(生齐读"此何遽不为福乎?")

师:当我们在生活中有所得时,也请大声对生活说——

(生齐读"此何遽不能为祸乎?")

师:希望我们每个人都能成为精通生活之道的塞翁! 下课,同学们再见!

生(齐):老师再见!

三、观课评语

简单纯粹,坚守语文传统

——评沈华《塞翁失马》

杭州师范大学　叶黎明

认识沈华已经有五六年了,也邀请他到杭师大给中文系的师范生做过几场讲座,每次他都准备得非常认真,讲课时激情飞扬,所讲的课例饱含他对语文的深情与投入、在教学上的创造与智慧,因而深受本科生的喜爱。有次我问学生:"沈华老师和李明老师,你们更喜欢谁?"学生说,他们两个完全不好比,沈华老师像个夫子,李明老师像个雅痞,各有各的味道。多年以后,我觉得用夫子来形容沈华,实在是再恰当不过了。他的身上,有读书人沉静的气质,有语文人的天真,更有为人处世的简单与质朴,这些气质,糅合进他的课堂教学,就形成了一种独特的"夫子"味——简约却又深刻,朴实又细腻,处处彰显语文的传统味儿。他带领学生"赤脚"踩进语言文字的厚土中,以最直接最素朴的方式去体验语文之美。

(一)教学过程的传统:寻常路,走得最舒服

很多语文教师在备课的时候,为寻找新、奇、巧、怪的切入点而殚精竭虑,以教与别人一样的东西为耻,以与众不同、标新立异为荣,刻意创新的结果,很可能是对学生及学情的忽视。殊不知,有些看起来缺乏新意的教学内容,却是合乎教学常规的;对于教师来说没意思的内容,对于学生而言可能很重要。《塞翁失马》一课的教学过程,给人的感觉自自然然,舒舒服服,它不像人工造的叠泉飞瀑,博人眼球,而是像山间流淌的小溪,从高到低,一路缓缓向

前:先是开门见山的导入,然后是"解字",一张PPT上列出了六个句子,以句为单位进行正音释义,落实了重点实词;再是"说文",围绕主问题"塞翁失去了什么? 又得到了什么? 课文是怎么说的?"引导学生对塞翁失马的故事进行要点把握,任务明确,线索清晰,高效完成了信息的梳理和提取。第四步是"析理",沈老师带着学生由表及里,分析寓意。最后结课环节叫"得意",通过对塞翁失马寓意的点化与升华,启迪学生思考塞翁失马的当下意义。这样的教学过程,从字词疏通,到文章内容把握,再到寓意的分析,最后到升华哲理观照当下,依次对应了文言文教学从低到高的四个层次:文字、文章、文学和文化,深得文言文教学之道;同时,又充分照顾了学生学习文言文的层次和水平,帮助他们在扫清字词障碍的基础上把握大意,进而深入探究,理解主旨,联结生活,整个教学过程如散步一样,不造作,不跌宕,没有噱头,没有花样,循序渐进,就那么自然地抵达了终点,真好。

(二)教学方法的传统:朴实无华,恰切熨帖

随着新课改的实施,项目化学习、专题学习、合作学习、跨媒介学习、综合性学习、混合式学习、群文阅读、任务驱动型学习等各种时髦的学习方式、方法层出不穷,好像不改变教学方式,就无法改进课堂教学似的。我觉得在当下的课改语境中,要特别警惕非此即彼的一元思维模式,我们提倡整本书阅读,绝不意味着要革了单篇文本阅读的命;我们提倡合作学习,也绝不代表对独立学习的否定;在课程教学变革时代,对传统的呵护和坚守与对创新和变革的拥抱支持一样重要。

在《塞翁失马》一课的教学中,沈华用了最传统的方法教语文,一是问答法,二是朗读法。

提问是教师在课堂教学中使用最广泛的一种教学手段,最能体现一个教师的教学观、教学能力与教学智慧。沈华的提问,乍一看都很寻常,细细一品,却很不简单。

首先,主问题清晰地勾勒出了课的基本结构,起承转合,流畅连贯:

主问题一:故事中,塞翁失去了什么,又得到了什么?

——初读把握大意(起)

主问题二:面对得与失,其他人有怎样的反应,塞翁的反应呢?

——比较分析(承)

主问题三:塞翁面对得失的态度为什么和众人不一样?

——深入悟理(转)

主问题四:与其说塞翁精通术数,不如说他精通什么?

——哲理升华(合)

教阅读,亦如庖丁解牛,沈华设计的主问题,全部问在"肯綮"处。循问而求解,"以无厚入有间,恢恢乎其于游刃必有余地矣"。

其次,认真聆听学生的回答,巧妙地借势追问,也是本课给我的一个突出感受。你看,在"析理"环节,沈华耐心地引导学生总结出寓言的寓意:

生:在一定条件下,好事与坏事,祸与福之间可以相互转化。

师:对于福与祸转化的关系,为什么塞翁有这样的认识? 这需要什么条件吗?

这里,沈华巧妙地借助学生回答中的"条件"二字,把对常规寓意(塞翁的智慧)的总结推向更深层次的探寻(塞翁何以会有那样的智慧),课堂教学的连贯与流畅,正是由这些用心得体的追问成就的。

接着说说朗读。无朗读,不语文。沈华老师非常重视文言文的诵读。

课堂有学生的放声自由朗读:"大家自己先读一读寓言,了解故事内容。"

有重难点字词强调性的校读:"请一组同学依次读一读这些加点字的读音""同学们读一读屏幕上六个句子。"

有鉴赏品味后的体验式朗读("带着这样的认识,我们一起读一读'人皆吊之'""我们也来读出人们的喜悦和羡慕之情吧。")

有启发式的朗读("这两句话塞翁想强化什么意味啊? 自己先反复读一读")

有升华主题激荡共鸣的共情式朗读:

师:当我们在生活中有所失时,请大声对生活说——

生:此何遽不为福乎?

师:当我们在生活中有所得时,也请大声对生活说——

生:此何遽不能为祸乎?

这堂课,沈老师始终贴着教学目标、贴着文本特质、贴着学生学习的实际提问,问得实实在在,问得明明白白,问得不慌不忙。这堂课,沈老师也一直在领着学生读,读准字音、读对信息、读出语气、读出情感、读出思想、读出生活,所有这些方法,都不是花招,都很平常,但是,能把平平常常的招式用得恰切、用得熨帖,经得起看,经得起品,这才是高手。高手不用大招,不用狠招,一举手一投足,再寻常不过,却处处见功力。

(三)教学内容的传统:咬住语言,从文字罅隙中读出情与理

语文学科核心素养包括四个方面:语言建构与运用、思维发展与提升、审美鉴赏与创造、文化传承与理解。《普通高中语文课程标准(2017年版)》指出,"语言建构与运用是语文学科核心素养的基础"。其他三方面的核心素养,"都是以语言的建构与运用为基础,并在学生个体言语经验发展过程中得以实现的"。语文课的语文味,核心是语言味,所谓"语言味",就是教师引导学生立足文本,扎根语言,通过对语言的咀嚼、品味、涵泳、分析、体悟、想象、鉴赏等,形成正确的价值观念、必备品格与学科关键能力。

沈华老师的语文课,紧紧地扣住文本、咬住语言、扎进细节,上出了语文课原生态的样子,从文字罅隙中努力开掘,掘出奇珍异宝,令人叹服。

《塞翁失马》一课中,有两处对语言的沉潜玩味,对学生来说是极佳的阅读示范。

第一处是对"人皆吊之"的分析。从字面意思看,学生理解起来一点障碍都没有。塞翁丢了马,大家都来安慰他。沈老师此时补充了"吊"的甲骨文,指出"吊"的本义是悼念死者,延伸为安慰。然后他话题一转,"人死了确实不幸,需要安慰,但是塞翁只是丢失了马匹,人们为什么要去安慰他?"于无疑处生疑,故意设置矛盾冲突,以激发学生思考。接着,他启发学生"咬住"文中的"近塞""亡入胡""无故"三个重要的信息,明白塞翁失马不幸的三层含义:第一,马是游牧民族重要的生存资源,失之可惜;第二,马跑到胡人地盘上去,失之不可找;第三,马无故亡失,属于无妄之灾,失之可恼。如此精彩的解读,完全是与文字相厮磨的结果。

第二处是对塞翁两句话的咂摸。"此何遽不为福乎?""此何遽不能为祸乎?"对于这两句话,学生形成了三种理解:一种认为两句话分别表达了塞翁失马而喜得马而忧的态度;一种认为塞翁是悲而不露,喜而不露;另一种认为塞翁内心不悲不喜,平静淡然。我觉得这堂课中最具生成性的是学生如下的争鸣:

生1：我从第二个反问句中读出了塞翁内心的平静。塞翁没有因为得马而过度兴奋，我感觉他说话时内心很平静，没有在意这个得马的事实。

生2：我补充一下，其实在两句话中我们都能感觉到塞翁平静而淡然的态度。

学生之所以生成有如此讨论价值的理解与感受，是因为沈老师在文本重点处，响鼓用重槌，舍得花时间，慢下来，重重敲打，才敲出了学生自己独一份的理解与感受。这里我有一点疑义与沈老师商榷，学生已经读出了"平静而淡然"，再在两个反问句前添加语气词"哎"让学生读，以及阅读提示中的"读出塞翁对他人的短见的不屑和对自己未来命运的担忧"，是否与这种理解格格不入？

宋朝的陆九渊说："读书切戒在慌忙，涵泳工夫兴味长。"沈华的课就是这样，以文本为核心，在文本细读中提升了学生咬文嚼字的意识与能力，这样的语文课，真实，务实，踏实。

（四）教师自我修炼的传统：狠练内功，文本细读见功力

沈华的"夫子"气，还体现在他作为一名语文教师的自我修养上。他在专业上孜孜以求，不断精进，敏于思考，勤于笔耕，活成了一个纯粹的语文人。这种自我修炼的传统，有多少教师在坚守呢？我知道即便是语文教师这个群体，也存在相当数量的"三不教师"——不读书、不研究、不合作。但我可以确定，沈华是爱读书、爱研究的。他在文本细读上下功夫，令我肃然起敬。对于语文教师来说，文本细读是阅读教学之基，没有扎实的文本细读基本功，是上不出精彩的阅读课的。沈华许多优秀的阅读课，都是筑在文本细读灵动而深刻的发现之上的。围绕教材中的一系列文本展开细读，逐渐形成了沈华的科研特色，他细读《老王》《信客》《小石潭记》《虽有佳肴》《最后一课》《塞翁失马》等众多课文并写成论文在语文学科核心期刊上发表，一篇篇论文，是一次次在语言文字中沉潜的结果，没有"为伊消得人憔悴"的求索，何来"深海探骊珠"的收获？沈华的"夫子"气，还表现为他永不满足于现成答案，不迷信，不盲从，对独立见解、独立人格、独立思想的执着追求，没有这份追求，就不会有对经典重读、经典新解的痴迷。沈华的"夫子"气，还表现为他永不自满，不断追求自我突破与自我超越。记得有一次他到杭师大做讲座，结束后颇为骄傲地告诉我："叶老师，我这次讲的内容跟上次有大不同，加进了很多新的内容。"其实,重复讲座内容是毫无关系的,因为学生是新的。但是,他不能忍受自己重复自己。这就是一个优秀语文教师的自我修养!

我真羡慕沈华的学生!

第四节 《答谢中书书》教学

一、文本聚焦

山中宰相的山川深情

宗白华先生在《美学散步》里说:"晋人向外发现了自然,向内发现了自己的深情。山水虚灵化了,也情致化了。陶渊明、谢灵运这般人的山水诗那样的好,是由于他们对于自然有那一股新鲜发现时身入化境、浓酣忘我的趣味。"其实,那个时代何止是陶潜和谢康公痴迷和忘情于山水,陶弘景也是其中一位,世人多以道教思想家和医学家的眼光来敬仰他,却忽视了陶弘景在山水文学方面的造诣和对山水风光的个性体悟。《答谢中书书》就是一篇以独特的审美情怀领略自然之美,令人耳目一新的美文。

文本中的"仙都""未复""欲界""能与"等关键语言为我们打开了一扇通往陶弘景眼中世外桃源的大门,通过解读这些关键词,我们可以亲近大自然,发现和理解大自然,也能感受到陶弘景对自然山川景致的一往情深。

(一)仙都

哪一个词可以作为解读陶弘景眼中山水的密码? 较于开篇所指"山川之美"中的"美",文本结句中"未复有能与其奇者"的"奇","实是欲界之仙都"中的"仙都"一词更具魅力和张力。且看作者对山川的用笔之精妙:写山峰之高,用一"入"字,山峰直插青冥,与天比高,其蓬勃的活力毕现无遗;写水流之清,用"见底"二字,可与吴均笔下富春江之水的"清澈见底"媲美,那见底的清流,"游鱼细石"也定然直视无碍;写两岸石壁,用"五色交辉",色彩斑斓惹人遐思无限,又与水色交相辉映;写山林,用"青翠"之色,如此颜色贯穿四季,无时不有,好不寂寞;写晓雾,用"将歇",流连在山林上空的雾霭将要消散却没有完全消散，浓淡相间，宛如仙境，一个"歇"还极为传神地展现了作者的审美视界，晓雾如同观景的游者，来去自如，动静相宜，累了便歇息，无拘无束，随心所欲；写猿鸟，着一"乱"字，言近旨远，意味无穷，其并非如《教师教学用书》（八年级上册）中所说的"猿、鸟此起彼伏的鸣叫声"表现热闹之态，而在于彰显猿、鸟鸣叫时的随意、自由——欲鸣则鸣，鸣倦则歇，想什么时候鸣就什么时候鸣，没有任何的束缚，无所羁绊；写夕阳，用"欲颓"，而非"西下"，动感十足；写沉鳞，用"竞跃"，生机无限。

如此瑰丽而神奇的山川之景，岂是一个"美"或"奇"字了得！吕逸新在《魏晋文学自然审美的生命意识》中说："魏晋时期自然美进入士人的生活中，他们以审美的人生态度，将一往情深投入大自然，山水草木开始真正作为独立的对象进入人的审美活动领域，成为一种独特的审美形态，具有了自身的审美价值。"陶弘景把自然山水纳入自己的生活，不是"站在桥上看风景"，看到的不只是影影绰绰的山水风光，而是山水风光中散发出生命的芬芳。山川美景，以"仙都"作比，那是神仙生活的美好世界，奇美、神秘、宁静、祥和、活力、自由，不一而足，人间哪有几处寻？山水风光进入陶弘景的眼中和心里，故而无不烙上了自然而真切的赞语，这恰也说明魏晋士人对山水自然的观照和审美是自省自觉的生命活动，他们徜徉在自然山水中不仅可以获得自由的生命情调和个性精神，而且可以从中体味自然的生命韵律而忘却自我，使心灵与自然浑然一体。

（二）未复

"自康乐以来"，能领略山川之美的唯谢灵运和陶弘景而已，余人不再能走进山川，目睹其神韵。陶弘景做到了对自然的感应，对自然的咏叹、怀抱和欣赏，他是幸运的，更幸运的是他还有知音谢灵运与之共享山川之美，他的前辈山水诗的鼻祖谢灵运却只能将山水美景独览于心间，无人与之共赏，只留得无尽地感叹于山水间。谢灵运只能把遗憾与失意埋葬于心中，转而近乎疯狂地发掘和体验自然山水。他对山水的搜寻，简直像一个疯子：

在永嘉做太守，竟然"肆意游遨，遍历诸县，动逾旬朔。民间听讼，不复关怀"；在朝廷做秘书监，天子眼皮底下，他也竟然"出郭游行，或一日百六七十里，经旬不归。既无表闻，又不请急（假）"；在老家赋闲，他带着百多位义故门生加仆从，"寻山陟岭，必造幽峻，崖嶂千重，莫不备尽"；他曾从始宁南山出发，"伐木开径，直至临海"，把临海太守王琇吓了一大跳，以为来了一群山贼。他就这样毫无节制地"游娱宴集，以夜续昼"。（以上引文皆出自《宋书·谢灵运传》）

不过知音难觅的遗憾还是在谢灵运的诗歌中情不自禁地渗透出来，如他在《石门岩上宿》所写："朝搴苑中兰，畏彼霜下歇。暝还云际宿，弄此石上月。鸟鸣识夜栖，木落知风发。异音同至听，殊响俱清越。妙物莫为赏，芳醑谁与伐？美人竟不来，阳阿徒晞发。"美好的景物却没有人欣赏，芳香的美酒却没有人和他一起赞美，诗中以美女喻知己，表达了缺少知音的落寞情绪。谢灵运的落寞感伤，正是魏晋士人钟情于生命的深情写照。一个"未复"道尽了陶弘景内心的喜悦之情。在山水自然面前，陶弘景并没有成为"孤家寡人"，他和远去的前辈谢运共享着山水自然之乐。然山川为何只成了此二人的山川？又是什么遮蔽了其他人欣赏山川之美的眼睛？

（三）欲界

"欲界"是文本的第三个语言密码。更多的人，面对山川美景却视而不见，他们不是不想咏叹和欣赏山川，而是缺少发现和欣赏自然之美的能力。人处在没有摆脱世俗的七情六欲的众生所处的境界，所谓"天下熙熙，皆为利来；天下攘攘，皆为利往"，熙熙攘攘，忙忙碌碌，车马喧嚣的欲界让人有太多的牵挂和欲望，或为名，或为利，在功名利禄的追逐中，心渐渐沉沦和迷失。

世俗的欲望如樊笼，如桎梏，心若被禁锢，徒有双目也无法觉察自然之美。在欲界，人们大多不能如陶渊明那般心境敞亮，澄澈。能"心远地自偏"的有几人欤？在欲界，人们有太多的羁绊，在世俗的泥沼中越陷越深，不能自拔，终而蒙蔽了发现美的心灵。无怪乎陶弘景在文末发出了"自康乐以来，未复有能与其奇者"的感叹！

（四）能与

"问君何能尔？"山中宰相陶弘景为何能不为世俗所累，潇然于山川，欣赏自然之美？当时的梁武帝萧衍也不禁生发疑惑："山中何所有，卿何留恋而不返？"陶弘景是这样回答的："山中何所有，岭上多白云。只可自怡悦，不堪持寄君。"史料记载，梁武帝知陶弘景是个奇才，几次想请他出山做官，但陶弘景坚辞不出。皇帝的诏书来得急了，他就画了两头牛让人带去呈给武帝。画中一牛散放在水草间，一牛则被加上了金笼，有人执着鞭子在驱赶它。武帝一看,明白了意思。陶弘景的答问和所画,折射了他处世的态度和自由的生命追求。陶弘景的为人,《梁书•处士传》称:"圆通谦谨,出处冥会,心如明镜,遇物便了。"心静如水,清明澄澈,通透到不含一丝杂质,性灵自由,不为外物所羁的陶弘景能发现山川自然之美、山水之趣,获得精神慰藉,也就不足为奇了。《答谢中书书》是魏晋士人心灵与自然浑然一体的典范之作。

在因为忙碌失去思考习惯的今天,我们有必要打开感情的阀门,使我们大脑中那些在繁杂纷纭的俗世中被理智锁住的部分动起来。读一读《答谢中书书》,在自然的静观中体味自然之真,也反观自我,发现自我之真,沉淀自己内心的喧嚣,过滤自己内心的浮躁,给心一片永远宁静纯净的山川,给心一泓鲜活的清泉,让我们每一颗劳顿的心都能接受山川林泉的抚慰!

二、课堂实录

接受山川林泉的抚慰
——《答谢中书书》课堂实录

(一)解题导入

师:同学们好!

生:老师好!

师:今天我们要学一篇很特别的文章,一起读课题。

(板书课题)

生(齐):答谢中书书。

师:声音很响亮,不过有同学好像拿捏不准课题的朗读节奏,所以读得有点犹豫,还不够整齐。题目怎么读? 你再来试试。

生:"答/谢中书/书"。

师:怎么理解?

生:"答"是"酬答,应答","谢中书"是谢征,"中书"是官名,后一个"书"应该是"书信"吧。

师:很好。你来完整地说说课题的意思。

生:酬答谢征的书信。

师:原来这是一封回复给谢中书的书信。我们再来齐读课题。

(学生齐读课题)

师：书信这种文体我们并不陌生。一般来说，写信的人会在书信中给朋友写些什么？

生：问问对方最近的情况。

生：也会告诉对方自己目前的情况。

生：在信里表达自己最近的心情。

生：交流两个人感兴趣的话题之类。

生：如果两人很久不见，可能还会表达对朋友的思念。

师：我们平时给朋友的信中就有可能像大家说的那样写。可是——陶弘景给谢征、谢中书的书信却不是这样。自己读读书信，看陶弘景的信特别在哪里。

（二）概说风景

生：写了很多风景。

师：是的，陶弘景居然在书信里写了众多的山川风景，太奇怪了。

师：具体描写山川景色的语言是哪几句？

生：从"高峰入云"到"沉鳞竞跃"。

屏显文字：

高峰入云，清流见底。两岸石壁，五色交辉。青林翠竹，四时俱备。晓雾将歇，猿鸟乱鸣；夕日欲颓，沉鳞竞跃。

师：我们齐读这部分写景的文句。

（生齐读文句）

师：作者写了哪些景？写了怎样的景？请大家参考屏幕上的示例，结合注释，具体说一说。

屏显文字：

在书信中，作者描写了以下山川之景：

……

青葱翠绿的山林和丛竹

……

（学生默读，参考注释，组织语言）

师：每人说一种风光。你先来。

生：直入云霄的山峰。

生:清澈见底的溪流。

生:色彩斑斓、交相辉映的两岸石壁。

生:将要消散的清晨的雾霭。

师:为什么不是清晨刚升起的薄雾?

生:这里的"歇"解释为"消散",所以是"消散的薄雾"。

师:这个"歇"字用得很妙啊。后面我们还会聊到,这里大家先要记住"歇"的意思。

生:猿鸟此起彼伏的鸣叫声。

师:"乱鸣"怎么解释啊?

生:此起彼伏的鸣叫声。

师:就是这里的叫声起了,那里落了;那里的叫声起了,这里落了。是这样吗?

生(点头):是的。

师:哦。他说是这样的。其他同学是怎么认为的?

(学生沉默)

师(微笑):我们暂时不纠结这个"乱鸣",就先让它乱着吧。继续来。

(学生相视而笑)

生:快要落山的夕阳。

师:太阳快要落山,你是从哪些字眼上读到的?

生:"欲颓"。

师:很不错。同学们,这里要记一记啊! 特别是这个"欲"字,以后我们学李白的《行路难(其一)》,里面有两句"欲渡黄河冰塞川,将登太行雪满山",其中的"欲"就是"将,将要"的意思。还有一处风景没说,轮到你了。

生:争相跳出水面的鱼。

师:我读出的却是浮在水面的鱼。

生(振振有词):不对,是"争相跳出水面的鱼","竞跃"就是这个意思。

师(笑):好吧! 我读错了。但是,你也说得不完美。

生(惊讶):哪里不完美了?

师:哪位同学来给他指一指?

生:"沉鳞"应该是"水中潜游的鱼"。

师:请你再来完美地说一次。

生:争相跳出水面的潜游的鱼。

师:上面我们聊了书信中的各种山川景象,大家读一句,想一句,把这些风景的画面再现出来。

(学生边读,边想象)

师:陶弘景笔下山川之景有什么特点? 圈画出文中的一个字或一个词来评价。

(学生默读课文,思考圈画文字)

生:"美"。书信开头就说"山川之美",我觉得这个"美"字概括了山川风景的特点。

(板书"美")

生:我圈画的是"奇"。作者在文末感叹"自康乐以来,未复有能与其奇者"。

(板书"奇")

师:作者感叹了什么?

生:自从南朝的谢灵运以来,就再也没有能够欣赏这种奇丽的景色的人了。

师:所以,这个感叹句正确的朗读节奏是怎样的,谁再来读一遍?

生:"自/康乐公以来,未复有/能与其奇者。"

师:好的,就这么读。这里的"与"作"欣赏""领悟"讲。

生:我选择的是"仙都"。注解里说,"仙都"是指"神仙居住的美好世界"。不论是高峰,还是清流;不论是两岸石壁,还是青林翠竹;不论是快要落山的夕阳,还是竞相跃出水面的沉潜的鱼……这一切都是美好的景致,我觉得配得上"仙都"两个字。

(板书"仙都")

师:陶弘景笔下的山川景色奇美无比,那是神仙居住的美好世界啊。这样的美景,值得我们一读再读。自己读几遍。

(学生朗读)

(三)欣赏美景

师:山川奇美在哪里呢? 昨天我在备课的时候,恰好有个老师也问了我这个问题。

屏显资料：

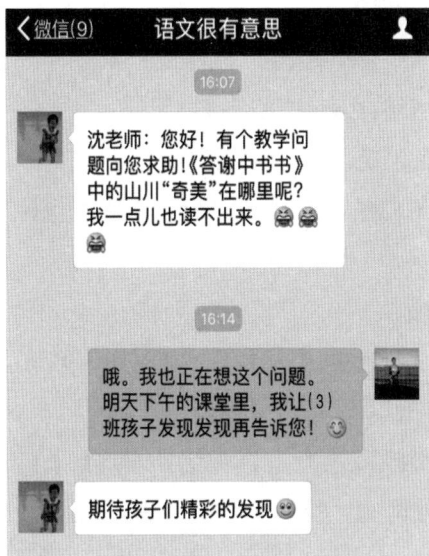

师：相信你们一定能帮我答疑解惑，发现山川之奇美的语言秘密。请大家沉入语言，用心贴近语言，细读写景的文字，感受山川之美，抓住一个字，一个词，一句话，进行评点批注，揭示山川奇美的原因。

师：先来看我的小发现，仅当抛砖引玉。接下来看你们的了。

屏显文字：

【例句】

青林翠竹，四时俱备。

【评点批注示例】

山林一年四季不寂寞。尤其在林寒涧肃的深秋与万物蛰伏的严冬，林木与丛竹依然青葱翠绿，生机勃发。

（学生思考，动笔批注）

师：谁先来分享？好的。你来。

生：我评点批注的是"高峰入云"。山峰直插云霄，欲与天公试比高，写出了山峰的奇美。

师：高耸入云的山峰，让人不可思议。这里的"入"改为"接"与"到"，如何？

生：我觉得"接"字不能把山峰高耸的姿态表现出来，味道不够。

师（笑）：好一个味道不够！那么，"到"字如何？

生：好像没有文言文的味道了。

师：我们来想象一下"高峰入云"的情景。

生：山峰被云雾缭绕，山峰周围云烟袅袅。

师：宛如缥缈的仙境吧。

生：这个"入"字还表现出了山峰的气势与活力，远比"接"和"到"有意思。

（板书"活力"）

师：总结大家的看法，"入"字给人以无限遐想，山峰被云雾缭绕，与天比高，写出山峰永不止息向上的生长状态，表现其气势与生机。我们再来听听其他同学的分享。

生：那我就说"清流见底"吧。这句话和吴均《与朱元思书》中的"游鱼细石，直视无碍"有异曲同工之妙。这里的水清澈见底，纤尘不染，可以映照山峰、翠竹等自然景物。

师：可以映照自然，还可以映照？

生：欣赏自然的人。

师：这说明人与水之间，人与自然之间可以亲密接触，"直视无碍"啊。

生：我想说"晓雾将歇"中的"歇"字。作者将晨雾拟人化，晨雾就有了人的情态。我们可以比较"散"与"歇"的差异，尽管意思没有改变，但是意味截然不同。

师：意味哪里不同了？请具体说说看。

（学生沉默）

生：这个我还没想好。

师：这位同学说的话很有意思，她觉得"歇"字有意味。人在什么时候想"歇息"？其他同学帮她想一想。

生（恍然大悟）：笼罩山林的晨雾可能累了，所以想歇息了。

师：累了便歇息了，来去自由，这样的晨雾怎能说不奇？后一句"猿鸟乱鸣"有人评点欣赏吗？前面有同学说到"猿鸟此起彼伏的叫声"，这样的叫声为何算得上"奇美"？

（众生沉默）

师:我们先来看这一句的解释,说"猿鸟此起彼伏的叫声"合适不合适?

生:好像不太对。我刚才查找了《现代汉语规范词典》,"此起彼伏"的意思,里面说是"这里起来,那里落下,表示连续不断地起落"。如果说猿鸟的叫声这里起来,那里落下,那么猿鸟似乎是在相互唱和,这好像不大可能。

师:猿鸟好像商量好的,是吗? 你们先鸣,累了我们再鸣,是不是有这样的感觉在里面? 什么叫"乱"? 当我们说你在"乱说""乱写""乱画"的时候,这个"乱"字怎么解释?

生:随意的,任意的。

师:那么,"猿鸟乱鸣"呢?

生:这里应该说的是猿鸟的鸣叫自由自在,无拘无束。

师:想鸣叫就鸣叫,想歇息就歇息,想鸣叫一会就鸣叫一会儿,没有约束,自在逍遥。这才是陶弘景眼中猿鸟的"奇美"之处。

(板书"自由自在")

生:我评点批注"夕日欲颓"。那是夕阳快要落山时的景象,一个"颓"字也赋予了夕阳人的情态。

师:平时我们说夕阳快要落山,作者偏说夕日欲颓。语言陌生,给人以新意,我们从文言文炼字上再来推敲"颓"的表达效果。

生:"颓"字很容易让我们想到人的"颓废",给人消沉、疲倦的感受,可能到了傍晚时分太阳劳作一日后已有了倦怠感吧。

师:黄昏日暮时分,一切都将回归寂然,太阳也是这般。这个"颓"字能给我们带来文字上的想象力。万物回归沉寂的时候,后半句却一反常态。大家读这一句!

(齐读"沉鳞竞跃")

师:谁批注了这句?

生:潜游的鱼跃出水面,我的眼前就浮现出一幅幅鱼儿腾跃的画面,动感十足。

师:在夕阳将要落下的时候,潜在水里的鱼为何"竞跃"? 我们不妨来个思维的漫游,想一想可能的原因。

生:鱼儿熬过了一天的酷热,跃出水面来游荡,内心很欢快。

生:因为"夕日欲颓",也有可能是急切地想看一看日薄西山的景色。

生:鱼儿争相跃出水面嬉戏,玩乐。

师:鱼儿的生活多么欢畅,多么自在,让人好生羡慕!

生:太阳落山,沉鱼感应,就像朋友离开,鱼儿们很不舍,想和他打个招呼。

(其余学生发出笑声)

师:也不是没有可能啊,万物共情,想象力丰富,令我佩服!

生:我点评"两岸石壁,五色交辉",色彩斑斓、交相辉映的石壁肯定令作者眼前一亮,沉醉感叹,这样的风光在哪里能遇见?

师:石壁色彩斑斓的景象是怎样形成的? 课后可以做一番猜测和研究。

师:如此瑰丽而神奇的山川之景,岂是一个"美"或"奇"字能概括得了的!山川美景,以"仙都"作比,那是神仙生活的美好世界,奇美、神秘、宁静、祥和、活力、自由,不一而足,人间哪有几处寻?

(四)体察心语

师:面对奇美的山川,陶弘景发出了怎样的感叹?

生(众):"实是欲界之仙都,自康乐以来,未复有能与其奇者。"

师:大家再读一遍。

(学生朗读)

师:上课开始时说过,这封书信很特别。内容特别,有大量写景的文字。语言表达也特别,发现了吗?

生:前面都是整齐的"四字句",结尾的句子字数变了,前后句式参差不齐。

师:句式上整散结合,本文是一篇骈文。

屏显文字:

《答谢中书书》是一篇骈文。骈文多以四字、六字相间定句,讲究对仗、声律。因句式两两相对,犹如两马并驾齐驱,故称为骈文。这种文体起源于汉魏,形成于南北朝。《答谢中书书》和《与朱元思书》被称为南朝的"骈文双璧"。

师:为何结尾处要改变前文骈文的表达风格,采用散句和长句来表达?

生:前面的四字句就像一幅幅山川的画卷,进入陶弘景的眼里和心里,作者既惊喜又激动,所以采用了节奏感很强的四字句。结尾作者要表达感叹了,所以改变了句式。

师：原来调整句式是为了更好地抒情。还有补充的吗？

生：长句可以有更丰富的情感。

生：我们以前在别的文章里讲过叙述节奏，这里的语言节奏慢了下来，一方面是因为作者要抒情，另一方面也是让我们读者可以有更多阅读停留的时间。

师：真好！能够将所学的知识联系起来，知识就成了你的能力。作者在这里流露了哪些心声？

生：赞美山川之美。

（师板书"赞美"）

生：表达对山川美景的喜爱与赞赏。

（师板书"喜爱"与"赞赏"）

生：感叹谢灵运后没人能欣赏如此奇美的景色了。

师：陶弘景写了如此奇美的山川风景，怎么说只有谢灵运能欣赏？怎么理解？大家前后左右彼此交流看看。

（学生前后左右交流）

师（指向前排的一组）：安静了，看来有想法了。你们组说说看。

生：我们认为陶弘景和谢灵运都能欣赏山川美景。

师：他们都是自然的知音。你们呢？

生：可能谢灵运的诗名太大了，陶弘景很谦虚。

（生笑）

师（笑）：面对前辈是要谦虚的。同学们，人在什么状态下会忘记自己？你是怎么看的？

生：陶弘景此时已经陶醉在自然山川里了，才会这样说。

（师板书"陶醉"）

师：陶醉其中，全然忘我，与山川融为一体了。刚才同学讲到了谢灵运，注释里也有介绍，谢灵运曾经写过一首诗，我今天也带来了。

（师板书"全然忘我"）

屏显文字:

石门岩上宿

谢灵运

朝搴①苑中兰,畏彼霜下歇②。

暝还云际宿,弄此石上月。

鸟鸣识夜栖,木落知风发。

异音同至听③,殊响④俱清越⑤。

妙物莫为赏,芳醑⑥谁与伐⑦。

美人⑧竟不来,阳阿徒晞发⑨。

【注释】①搴(qiān):摘取。②歇:衰竭。③至听:极为动听。④殊响:与"异音"同义,天籁。⑤清越:清澈嘹亮。⑥芳醑(xǔ):美酒。⑦伐:赞美。⑧美人:比喻知己。⑨阳阿徒晞发:直到太阳出来,晒干我的头发罢了。

师:默读屏幕上的诗歌,结合注释,你有没有读懂谢灵运的心情。

(生默读思考)

生:诗人找不到欣赏美景的知己,内心很失落。

师:没有知音的失落。

生:落寞。

师:诗人多么想有知己能与他一同欣赏"妙物"啊,可是"美人竟不来"。相比谢灵运,陶弘景呢?齐读书信最后一句。

(生齐读"自康乐以来,未复有能与其奇者")

生:陶弘景是幸运的,至少有谢灵运这位知音。

(板书"幸运")

生:也有点得意。

(板书"得意")

师:是啊!山川美景唯我和康乐公二人可赏耳!来,一起读出这种感受。

(生齐读"自康乐以来,未复有能与其奇者")

师:语速偏快了,尤其后几个字要慢。再来。

(生齐读"自康乐以来,未复有能与其奇者")

(五)知人观己

师:其他人为什么就不能发现和欣赏山川奇美的景色?作者在文中用一

个词告诉了我们。

生:"欲界"。

师:"欲界"在哪里?

生:人间。没有摆脱世俗七情六欲的众生所处的境界。

师:人在"欲界"会怎样?

生:有很多的世俗羁绊,为了自己的利益。

生:为名利蒙蔽双眼。

生:在欲望的泥潭里不能自拔。

生:在追名逐利中渐渐迷失自我。

师:陶弘景也生活在"欲界",他怎么就能发现山川美景?我们来认识陶弘景。陶弘景36岁时辞官隐居,梁武帝屡次请他为官,他都拒绝。但每有军国大事,辄咨询之,时人称之为"山中宰相"。有一次,梁武帝问他,他以诗作答。

屏显资料:

山中何所有,卿何留恋而不返?

——梁武帝

山中何所有,岭上多白云。

只可自怡悦,不堪持寄君。

——陶弘景《诏问山中何所有赋诗以答》

师:你们从对答诗中感受到了什么?

生:陶弘景有一颗追求自由的心。

生:陶弘景有一颗超尘脱俗的心。

生:陶弘景心在山川自然,远离世俗樊笼。

生:陶弘景热爱的不是名利官场,而是自然。

师:今天,我们读这封特别的书信的意义和价值在哪里?

生:启发我们怎么面对生活。

生:让我们反思自己对待自然的态度。

生:我们可以思考自己内心的追求。

师:我想这封特别的书信一定能让我们重新审视自己的内心。

屏显文字：

在因为忙碌失去思考权力的今天，我们有必要打开感情的阀门，使我们大脑中那些在繁杂纷纭的俗世中被理智锁住的部分动起来。

读一读《答谢中书书》，在自然的静观中体味自然之真，也反观自我，发现自我之真，沉淀自己内心的喧嚣，过滤自己内心的浮躁。

读一读《答谢中书书》，给心一片永远宁静纯净的山川，给心一泓澄澈鲜活的清泉，让我们每一颗劳顿的心都能接受山川林泉的抚慰！

（音乐声起，在学生的朗读中结束课堂）

三、观课评语

言文相融，情思共生
——评沈华老师《答谢中书书》

杭州师范大学文晖实验学校　马晓萍

文言文教学的现状堪忧。"字字落实，句句疏通"的八字方针还在课堂上大行其道；字词疏通，内容分析，主旨归纳，还是文言文教学的三部曲。有的教师认为文言文教学最省心，课堂的终极目标就是落实文言字词，因此翻译、背诵、听写、默写等教学手段一一用上。这样的文言文学习，学生感受不到丝毫的乐趣，没有发现，没有探究，只有枯燥的听和记。长此以往，学生的文言文阅读能力提高甚微，对文言文的学习产生厌倦和畏难情绪。

文言文可以怎么教？沈华老师的这堂课，给了我们启发和示范。他的文言文教学，不见字词疏通、句句翻译，有的是言文相融，通过对言语形式的发现和探究，回归文本的语辞世界，让学生体悟到了古代贤士的情志和思想。

（一）关注言语形式

《答谢中书书》一文，全文共68字，非常短小，字面意思也没什么难懂之处，几个稍难理解的字，课文已加注释。对于这样一篇文言文，可以教点什么？童志斌教授曾指出：文言文教学要回归文本的语辞世界，要关注炼字炼句处，关注文言文当中的"陌生化"和"前景化"的语言表达。沈华老师很好地践行了童教授的文言文教学主张，他通过设计一个有意思的微信对话，让学生去答疑解惑，发现山川奇美的语言秘密。在这一趟发现之旅中，学生给了我们很多惊喜。如"入"这个字,通过其与"接""到"等字的比较,体会山峰直插云霄的强势和主动,凸显气势与活力;如"乱"字,品到了猿鸟的自在逍遥。还有"歇""颓"等字,极具语言表达的陌生化特质,沈华老师引导学生发挥联想和想象,结合生活经验和语文学习经验,在看似浅意的文言字词中,经过深入思考、分析研究,品到了文字背后所蕴含的情志。整堂课下来,沈华老师没有串讲,没有翻译,有的是让学生在文本的语辞世界里含英咀华,极大地提高了学生的欣赏品味能力和审美情趣。

《答谢中书书》作为南朝的"骈文双璧"之一,其整散结合的言语形式值得关注,教材也针对这一知识点设置了思考题。但是,有的教师在学生得出"骈散结合"这一答案后,教学就止步于此。这样的教学,显然不够通透。学生学语言,不仅要知道某种语言形式,更应该知道运用某种言语形式的意图所在。沈华老师不仅让学生知其然,更让学生知其所以然。在引导学生关注"骈散结合"的言语形式后,通过"为什么结尾处要改变前文骈文的表达风格,采用散句和长句来表达"的追问,引发学生思考言语形式与言语内容的关系,让学生明白形式与内容是不可分割的整体,形式为内容服务,内容决定形式,言语内容通过恰切的言语形式来传达,才能更好地传情达意。文中运用四字短语写景,节奏感强,表达出一种轻快惬意之感,结尾处为了抒情,采用长句,因为长句更利于抒发丰富复杂的情感。再者,整散结合,文章也就有了错落有致之感。当学生对语言形式有以上认识时,相信学生已真正理解语言的内核。

(二)强调言文相融

关注炼字炼句,关注言语形式,是文言文学习的重点,但不是文言文教学的落点。王荣生教授指出,"文言文阅读教学的着力点,是引导和帮助学生通过章法考究处、炼字炼句处具体把握作者的所言志所载道,这是文言文教学的最终落点"。沈华老师深谙此道,在关注言语形式的同时,重点引导学生体会文字背后的情与思。在"体察心语"这一环节,很好地体现了沈华老师注重"言文相融"的教学主张。特别是在品读"实是欲界之仙都。自康乐以来,未复有能与其奇者"这两句时,沈华老师让学生走进文言背后的文学文化层面,他挖得深,做得很充分。对于此文句背后蕴含的"自得"之意,学生品读是有点难度的。沈华老师适时引入谢灵运的《石门岩上宿》一诗,让学生体会谢灵运找不到欣赏美景的知己的落寞,再引导学生比较谢灵运和陶弘景的处境,从而体会到陶弘景有谢灵运这位知音为伴的那份幸运和自得,沈华老师以诗来解文,让潜藏在文字深处的情意最终被学生所体会。至此,陶弘景的情志学生已经体会,课至此结束未尝不可。但是,沈华老师深知文学作品的功能不仅仅是情感的熏陶,更是获得思想的启迪。因此,他设计了"知人观己"这一环节,抓住"欲界"一词,反思生活在"欲界"的人们的生命状态,再由陶弘景的超尘脱俗的生命状态,引导学生思考读这封书信的意义和价值。让学生重新审视自己的内心,思考如何面对生活,思考自己内心的追求。这样的思想洗礼,使语文的育人功能非常自然地在课堂上加以渗透,毫无硬塞之感。整个环节下来,沈华老师让文言与文学、文化相融,由语言基础的层面上升到语言所承载的内容——文学鉴赏,带领学生感受领悟古文中的思想和艺术的魅力。

　　沈华老师的课堂,对文言文教学做出了有益的尝试和探索。文言文蕴含的价值多维一体,文言文教学要凸显综合性、整体性。让文言文阅读和文言文教学回归文言、文章、文学、文化层面,这是我们每一位语文人追求的教学价值。

第五节　《虽有嘉肴》教学

一、文本聚焦

回归言语形式的文言文教学

　　节选自《礼记》的《虽有嘉肴》,全文仅70字,语言浅显易懂,内容所指一目了然。这样的文本极容易让教师陷入忘言的泥淖,复制千人一面的固化模式,从介绍《礼记》开始,朗读课文(字音、节奏),疏通文意,合作探究(这篇文章告诉我们一个怎样的观点? 文章开头为何要从"虽有嘉肴"写起?),拓展延伸(教学相长给你怎样的启示?),最后以归纳写法(运用类比和对偶句)作结。

　　这样的教学有悖于文言文言文相融的特质,也遮蔽了文言文言语形式的意义。特级教师黄厚江老师在《文言文应该怎么教》中提出:"文言文教学的内容应该包括四方面内容：一是文言，二是文章，三是文学，四是文化。"在文言文中，文言、文章、文学和文化，一体四面，相辅相成。《虽有嘉肴》这一文本，从"文章"角度而言，阐述了"教学相长"这一显而易见的内容观点；从"文化"层面来看，缺乏"所言志，所载道"的功能；而从文学层面考量，则有其特定的言语表现形式，有可资借鉴的"章法考究处、炼字炼句处"，完全符合王荣生教授对文言文教学的定位"学习文言文，要研习谋篇布局的章法、体会炼字炼句的艺术。目的是提高自己的欣赏品味和审美情趣"。我们可以从遵路识真、想象还原、咀嚼语言、比较差异等途径回归文本的言语形式，发现《虽有嘉肴》言语形式之外的秘密。

（一）遵路识真

叶圣陶先生在《语文教学二十二韵》中指出："作者思有路，遵路识斯真。"作为读者，在阅读文章时，要想真正理解作者对事物的真切认识，体会作者所表达的真情实感，领会作者写文章的真正意图，首先必须厘清作者写作的路径，即思路或文脉。只有找寻到了作者的思路，然后沿路深入文本中去，才有可能抓住文本的核心，领悟到文本深处的真谛，也只有找寻到了作者思维的脉络，才有可能感受到文章的精妙之处，领悟到文章结构之美、构思之美。

"思路清晰，文势流畅，层层递进，文气贯通，给人一气呵成之感。"这是我们对《虽有嘉肴》这一文本的共识。然而，面对初一学生的认知程度以及论说文思维的逻辑性，教师的解读要转化为学生的认知，并非易事。这需要我们在解读文本时，找准适切的路径，避难从易，顺应文本的脉络，凸显文本的结构特征。全文有两次总结性的语言，分别是"是故学然后知不足，教然后知困"和"故曰：教学相长也"，抓住了"是故"与"故"这两处结论性的语言标志，便牵住了文章的结构总绳，阅读时可以顺势而下，避开议论文抽象的术语，自然得出文章讨论"教学相长"的道理。文章先以"虽有嘉肴，弗食，不知其旨"作比，继而引入"虽有至道，弗学，不知其善"，以"是故"第一次作结，说明学与教的重要性。"知不足"即"学"，学能"自反"，"知困"即"教"，教能"自强"，进而从教与学两个方面对人的促进作用加以说明，最后以"故"归结，水到渠成地过渡到"教学相长"这个结论。从文本中发掘出具体合宜的"言语形式"，才可能在教学中转化为传递给学生的相应的"言语内容"甚至"语文素养"。教学中紧紧抓住"是故"与"故"二词，"沿波讨源，虽幽必显"。

（二）想象还原

文言文的教学常落入"死于章句,废于清议"的窠臼,在"言霸权"或"文霸权"的主导下,教师教得淘神费力,学生却学得索然无味。文言文语言含蓄与隽永,让人能凭借自己的想象构筑语言之外的广阔空间,这是文言文的魅力。

《虽有嘉肴》谈论"教学相长"的道理,道理融化在言语之中。言语的分量在于每一处文字背后的丰富内涵,教学时要释放每个文言词语的光芒,想象还原言语承载的无尽世界。"是故学然后知不足,教然后知困。"学习之后可以知道哪些"不足"? 教人之后可以知道哪些"困"?"不足"与"困"的意义无穷,这恰是学生需要想明白的地方,也是必须碰触的语言空白点。知"不足",知道自己学识浅陋的地方,知道自己与他人知识上的差距,知道自己学问上的迷茫处,知道自己知识掌握上的薄弱点,诸如此类;知"困",知道自己学识上的短浅,知道自己专业知识的局限,知道自己知识面的狭隘,知道自己不如其他学生的地方……不一而足。能"自反",反省自己知识上的不足,反省自己由此及彼其他方面的不足,反省自己弥补不足的方法,等等;能"自强",自我勉励解困的途径,自我勉励知识面更丰富,自我勉励知识理解更深刻……在探寻"知不足""知困""能自反""能自强"等言语的意义时,学生通过想象,沉潜文字,浸润语言,丰富体验,获得对"教学相长"的充分认识。

（三）咀嚼语言

"教学相长"的观点,除却呈现在文本结构脉络上外,还凸显于文本的言语形式中。歌德曾说:"内容人人看得见,含义只有有心人得之,形式对于大多数人是一秘密。"《虽有嘉肴》言语形式最大的秘密,莫过于四次连用"然后"一词:"是故学然后知不足,教然后知困。知不足,然后能自反也;知困,然后能自强也。"

经典作品在遣词用语上极为考究,一字一句不可能反复使用,因为作家要避免词穷而不达意的现象。而70字的短文,竟然有四处语言出现了相同的"然后"一词,令人匪夷所思。作者不厌其烦,重复使用语言的目的何在? 把玩语言"然后",细细体味言语的意味,我们可以意会出,强调"学之后"知不足,"教之后"知困,"学之后"自反,"教之后"自强。强调只有学和教之后,才能让自己长进;强调学和教对自我的促进作用。强调学和教的重要性。同时,也是为了得出"教学相长"的意义,教和学互相促进,教别人也能增长自己的学问。"教学相长"的意味,相融于"然后"之中,我们从言语形式走入言语内容的途中,会不经意地发现每一个文言字词都遮掩着一个无底洞。

(四)比较差异

"永远束缚在整体中的一个孤零的片段上,人也就把自己变成了一个片段。"人对自身的认知如此,对一个作品语言的探究亦是如此。只有通过对不同作家、不同作品的比较,或者同一作家不同作品的比较,抑或同一作家同一作品语言的比较,才能更为准确地掌握作家作品的精神风貌。文言文的比较阅读,可以基于作品的语言表达、写作方法、文章构思、作者思想等诸多方面。

《虽有嘉肴》言语形式的特殊之处还在于,运用对偶句和类比说理的写作技法。在实际教学中和《教师教学用书》上,教师和教参编写者都归纳本文的上述写法,而教师很少会追寻言语形式之外的滋味,教参编写者只是解说"较多使用对偶句,读来朗朗上口,节奏感强"(引用自语文七年级上册《教师教学用书》)。一种言语的形式服务于相应的言语内容,"学然后知不足,教然后知困""知不足,然后能自反也;知困,然后能自强也",这两处言语的对仗,通过语言形式的整齐相对,来突出意义的和谐并举,即"学"和"教"之于人的重要性,不厚此薄彼,不偏不倚,学和教有着相辅相成、互相促进的作用。

而文章开篇从"嘉肴"写起,不仅要让学生明白是为了将"佳肴"与"至道"作类比,指出学习的重要性,还要引导学生探求为何以"嘉肴"作比。因为周围可类比的事物有很多,如为何不写成"虽有嘉景,弗观,不知其美也","观嘉景"与"食嘉肴"的差异在哪里? 原来食嘉肴之旨,有一个由粗至细、由浅入深、由不知到知的过程,强调细细咂摸、慢慢品尝,咀嚼回味,才能知其甘美。同时,也强调食嘉肴者只有亲自主动去实践,去体会,才能品尝其中的滋味,学习不也是如此吗? 不是"山光水色与人亲",而是"人与山光水色亲"。

语文学习要让学生理解怎样的语言意图、语言内容要用怎样的语言形式来表达更为妥当,及至最后能挥洒自如地运用语言、获得语言的智慧和习得语言的艺术。文言文教学要紧紧抓住言语形式这一缰绳,从言语形式出发,到文学、文化,再从文学、文化,重新回归言语形式。从文言出发,再回到文言。出发点是文言,归宿还是文言。

二、课堂实录

在言语形式中发现说理的妙趣

——《虽有嘉肴》课堂实录

(一)初步感知《礼记》

师:同学们好!

生:老师好!

师:屏幕上有三句话,请自己读一读,你对哪句话有感触,就把它记在心里。开始吧。

屏显文字:

玉不琢,不成器;人不学,不知道。

独学而无友,则孤陋而寡闻。

时过然后学,则勤苦而难成。

师:你记了哪句? 说说原因。

生:我记了"独学而无友,则孤陋而寡闻"这句。因为,这句话告诉我学习时要寻找志同道合者一起切磋,交流,否则就会孤陋寡闻。

师:和朋友一起切磋琢磨,善莫大焉。《论语》里也说:"有朋自远方来,不亦乐乎?"

师:你又记住了哪句?

生:"时过然后学,则勤苦而难成。"最佳的学习时机一旦错过,学得再辛苦也许也难有成效。

师:时过境迁,学习也一样。"黑发不知勤学早,白首方悔读书迟"说的也是这个道理。

师:哪位同学选第一句?

生:我喜欢"玉不琢,不成器;人不学,不知道"。这一句读起来朗朗上口,道理浅显易懂。玉石经过雕琢才能成器,人也一样,只有反复学习,才能明白道理。

师(微笑):你说得也有道理。我也送给你一句话,你肯定也喜欢,"虽有至道,弗学,不知其善也"。

师:屏幕上的三句话都来自《礼记·学记》。

屏显文字：

《礼记》又名《小戴礼记》，是儒家经典著作之一，是秦汉以前各种礼仪论著的选集，相传为西汉戴圣编撰。《礼记》是"五经"之一，"四书"中的《大学》和《中庸》也出自《礼记》。《学记》是《礼记》中的一篇，是世界上最早的一篇专门论述教育和教学问题的论著。

师：上面的三句话至今对我们的学习还起着积极的影响。出自《礼记·学记》中的《虽有嘉肴》又会带给我们哪些启发？

（二）感受文言大意

师：请大家自由朗读课文，留意文句的节奏和部分字词的读音。

（学生自由朗读）

师：我来读短文，大家听听我的朗读节奏和读音，有问题请帮我指出来。

（教师朗读课文）

生："是故/学/然后知不足。""是故"是"因此"的意思，"是故"后要有停顿。

师：是的。领起性词语后一般都要短暂停顿。比如，我们上学期学过的《三峡》中的句子"故/渔者歌曰"。

生："教然后知困"一句，老师朗读的节奏不明显。这一句和前一句的语言基本对仗，前一句朗读"是故/学/然后/知不足"，这一句的朗读节奏应该是"教/然后/知困"。

师：通过句式特点去推断朗读节奏，这也是一种可行的方法。

生：最后一句的节奏也不对，我认为是"其/此之谓乎"。"其"，表示推测。句首语气词后要有停顿。

师：很不错！请大家做好记录，这里的"其"是表推测的语气词，同时标注出停顿。这篇短文的朗读节奏很清晰，有不少朗读停顿的语言标志，比如——

生：相同的句式。

生：句末语气词"也"。

生：句首领起性词语。

师：原来朗读的节奏也是有据可循的。我朗读的字音有错的吗？

生："然后能自强也"中的"强"读错了，应该是第三声，读"qiǎng"。

师：听得很细致，这里的"强"读第三声"qiǎng"，作"尽力，竭力"讲，"自强"

就是"自励"的意思。

生：老师将"教学相长"里的"长"读成"cháng"了，正确读音是"zhǎng"，课文注释为"促进，长进"，教与学相互推动、互相促进。

师：对的。根据文言词义判断读音，读音不同意义往往也不一样。这是文言文里音随义转的现象。

师：你们听出了问题，并且帮我纠正了错误，说明你们听得很投入。接下来，大家齐读课文，读准字音，读清楚节奏。

（师生齐读课文）

师：读出文言文的韵味。现在，我们找几个同学说一说，文中的哪一个或哪一些句子触动你，或者你喜欢哪一个或哪一些句子。哪位同学先来说说？

生：我选"虽有至道，弗学，不知其善也"这一句。即使有最好的道理，不学，也就不知道它的好处。我觉得这是至理名言，尽管朴素易懂，但是意味深长，只有学了才知道难易。

师：你的发言让我想到了《为学》里说的："天下事有难易乎？为之，则难者亦易矣；不为，则易者亦难矣。"不过，你刚才把"虽有至道"解释为"即使有最好的道理"，这里的"虽"，是作"虽然"解释呢，还是作"即使"解释？其他同学怎么看？

生：我认为应该解释为"虽然"。上学期我们学过郦道元的《三峡》，里面有"虽乘奔御风，不以疾也"，那里的"虽"作"即使"讲，因为有一种假设的关系。

生：我也觉得是"虽然"的意思，因为"最好的道理"在现实生活中是存在的，这里不是假设。

师：我也同意两位同学的观点，"虽"在这里解释为"虽然"更好。其他同学的选择呢？

生：我对"知不足，然后能自反也；知困，然后能自强也"很有感触。知道自己的不足，这样以后才能自我反思；知道自己的困惑，这样以后才能自我勉励。学习中"自知之明"很重要。

师：自知之明可是有前提的啊。

生：人先"学"与"教"，短文里说"是故学然后知不足，教然后知困"。我们在学习和教导人后才会发现自己的不足和困惑。

师:短文里最有名的句子是什么?

(学生异口同声"故曰:教学相长也")

师:何谓"教学相长"?

生(齐):教与学是互相推动、互相促进的。

师:同学们,这里我们要知道"教学相长"的古今内涵是不一样的。现代意义上的教学相长说的是老师和学生的关系。老师不仅仅是讲授者,他本身也在教学中受到教益;学生在被教的同时,也反过来对老师有所启发。而课文所讲的"教学相长"是一个人学习成长的过程,在一个人身上学与教互相促进,互相推动。

(三)厘清说理思路

师:本文的题目是教材编者加的。如果你来为课文拟一个题目,你会怎么拟?

生:我拟的是"虽有至道"。我觉得本文要说的并不是"虽有嘉肴"的问题,短文从"虽有嘉肴,弗食,不知其旨也"引入,是为了引出"虽有至道",也就是只有学习,才能知道最好的道理。

师:你有这样的认识已经很不错了。文章开篇用了类比说理的方法,正如同学所说的,确实是为了引出"虽有至道,弗学,不知其善也"。但是,本文到底想说什么呢?

生:我认为可以将"知不足与知困"作为标题。短文中间部分,反复说到"知不足"与"知困",反复的内容肯定是文章重点想说的。

师:也有道理,阅读作品我们要关注反复性的语言。"学"然后知道哪些不足呢? 请根据意义想一想。

生:知道自己学识浅陋的地方。

生:知道自己学问上的迷茫处。

生:知道自己与他人知识上的差距。

师:那么,"教"然后知道哪些困惑?

生:知道自己学识上的短浅。

生:知道自己专业知识的局限

生:知道自己不如他人的地方。

师:大家通过想象丰富了文言的内容,这是文言文学习很好的方法。这样看来，"学"和"教"都很重要。我们再来听听其他同学的拟题。

生："教学相长"。因为这是文章的观点。

师：请告诉我们你是怎么看出来的？

生：文末有一个"故"，说明是对前文的总结，所以"教学相长"是本文要表达的观点。

师：读得很细。"故"是本文论述思路的标志词，抓住了"故"就能看懂文章的结构。可是，我有一个疑问，最后一句话有什么作用？

生：我想是引用《尚书·兑命》中的话来证明"教学相长"的观点。

师：是的，就是这个目的，引用"学学半"来佐证观点。还有其他的拟题吗？

生：我也是"教学相长"。我来补充一下看法。"是故"和"故"是照应的语言，刚才老师说第一句话是类比说理，之后用"是故"小结，说明学与教对于知道"至道"的重要性。中间部分从教与学两个方面对人的促进作用加以论述，最后用"故"来总结。

师：你的发言很精彩。我们把掌声送给他。（掌声响起）我相信，经过同学们的一番交流，本文的说理思路和行文结构就一目了然了。文章先以"虽有嘉肴，弗食，不知其旨"作比，继而引入"虽有至道，弗学，不知其善"，以"是故"第一次作结，说明学与教的重要性。"知不足"即"学"，学能"自反"，"知困"即"教"，教能"自强"，进而从教与学两个方面对人的促进作用加以说明，最后以"故"归结，水到渠成过渡到"教学相长"这个结论。

师：读文章，写文章，要厘清文章表达的思路，要明白文章的结构脉络，这一点很重要。厘清了本文的说理思路，再来读文章会更有感受。

（师生再次齐读课文）

（四）深入说理过程

师：文章论述"教学相长"的道理，这一点我们已经清楚了。我们还要深入一步想想，课文是怎样阐述道理的？先看中间这一部分的内容。

屏显文字：

是故学然后知不足，教然后知困。知不足，然后能自反也；知困，然后能自强也。

师：这部分内容在语言表达上很奇怪，前后连用四个"然后"，这样的语言现象在文言文里极其反常,几乎不可见。这是为什么?我先来变换着朗读这部分内容。你们读"然后"前面的文句,我读"然后",再交换着读。

(师生变换朗读)

师:现在有发现,有想法了吗?

生:四个"然后",起着强调的作用。

师:很好!具体想强调什么?

生:说明只有在学和教之后自己才能"知不足""知困",强调学和教的重要性。

师:也就是说教与学互相影响,彼此促进。

师:一个人学习成长的过程离不开教和学,教和学互相影响和促进,所谓"教学相长"。这样的意思,这两句话中还通过怎样的语言形式来体现?

生:排比。

师:排比吗?排比是连用三个或三个以上结构相同或相近的短语、分句或句子,来加强语势或深化语意的修辞方法。

生:我认为是对仗,因为句式上比较工整。

师:为何在论说"学"与"教"的意义的时候,要用形式整齐的对仗句?表意上有何目的?

(学生沉默)

师:那么,能否改成屏幕上的表达?

屏显文字:

是故学然后知不足,知不足,然后能自反也。教然后知困,知困,然后能自强也。

生:不可以。改动后一个句子内部的形式就不工整了。

生:对仗句前后的语言表达形式是基本相似的。所以,我觉得通过语言形式的对仗是为了突出相似的意思,就是说学和教都很重要。

师:太厉害了!一语中的啊!语言形式的整齐相对,突出意义的和谐并举,"学"和"教"之于人的重要性,不厚此薄彼,不偏不倚,两者有着相辅相成、互相促进的作用。

生:我认为改动后的句子肯定不行。因为原文是把一个方面分成两次说,"学"说两次,"教"说两次。改动后的句子则是说完一个方面再说另一个方面,就是先说"学",后说"教"。课文想说明的是"教中有学,学中有教"和"教学相长"的意义。

师:同学们关注到了本文在说理上特殊的语言形式,很了不起!作家歌德说过:"内容人人看得见,含义只有有心人得之,形式对于大多数人是一个秘密。"语文学习,要始终留意作家是怎么表达的,特定的内容要用特定的语言形式来表现。

师:讲到这里,对本文如何说理,我们有了更深入的认识。既然本文谈论教学相长的道理,开篇为何还要写"佳肴"? 请大家分小组交流。

(小组交流讨论)

生:前面说到这是"类比"。以"佳肴"与"至道"类比,面对美味可口的菜肴,不吃,就不知道它的味美;同样地,有最好的道理,不学,就不知道它的好处。从食嘉肴到学至道,强调动手实践的重要性,从而表明学习的重要性。

师:你既说清楚了"类比",也具体分析了类比的目的。可是,我们生活周围可类比的事物很多,比如"嘉景"之类。为何以"嘉肴"来作比? 为何不用其他的事物比?

屏显文字:

虽有嘉肴,弗食,不知其旨也;虽有至道,弗学,不知其善也。

虽有嘉景,弗看,不知其美也;虽有至道,弗学,不知其善也。

师:"观嘉景"与"食嘉肴"的差异在哪里?

生:我们知道菜肴的味美需要慢慢品尝才能感受到,学习也是这样,需要循序渐进,才能获得真知。

生:看嘉景,人与对象之间还是有距离的,而食嘉肴,需要人调动视觉、嗅觉、味觉等,全身参与,与对象融为一体,对于学习我们也需要全身心投入,才可能有收获。

生:食嘉肴知其旨是有一个过程的,就像刚才同学说的,慢慢地品尝才能获知美味。

师:刚才两位同学都说到了食嘉肴要慢慢品尝,注重过程,不可能如猪八戒吃人参果一样,囫囵吞枣,所以这里面有一个由粗到细,由浅入深的过程。我们的学习何尝不是如此!

生:是不是还有别的原因呢? 我不知道我的想法对不对。

师(微笑):大胆发言,小心求证!

生:俗语说"民以食为天",食物对于人的重要性不言而喻,尤其在古代社会。这里拿食嘉肴作比,可能还说明了当时社会的特点和人们的需求,因为作比的对象是与人们的生活息息相关的。

(有学生情不自禁地鼓掌)

师:你的发言让我们脑洞大开。经过你的求证,你的发言肯定能开拓我们的思维。我们以后也要近处取譬,选择与我们的生活关系紧密的事物来比。

师:现在大家明白了吗? 食嘉肴之旨,有一个由粗至细、由浅入深、由不知到知的过程,需要细细咀摸、慢慢品尝,咀嚼回味,才能知其甘美。食嘉肴者只有亲自主动去实践,去体会,才能品尝其中的滋味,我们的学习不也是同样的道理吗?

(五)启发现实意义

师:同学们,我们知道本文表达了"教学相长"的观点,我们又重点探究了作者是怎样表达观点的。《虽有嘉肴》是《礼记·学记》的一段,流传至今已有两千多年的历史。其中有关学习的观点,能给现在的我们哪些启发?

生:实践出真知。万事莫不如此,学习亦然。任何知识的学习和掌握,都要亲自去实践,知识不可能只停留在大脑中。

生:"学而不思则罔,思而不学则殆。"学习离不开思考,否则就发现不了自身的不足;发现了知识上的困惑,还要继续通过学习来改变。

生:学习是永无止境的。因为课文也说了"是故学然后知不足,教然后知困。知不足,然后能自反也;知困,然后能自强也",学习的过程会不断出现"知不足""知困"的情况,我们也会不断"自反""自强"。

生:在学中思考自己,在教中发现自己。这一点我很有体会,每次在学习上遇到困难,我总会去反思自己的学习细节是否存在问题;每次同学问我学科上的问题,在耐心解答的过程中我也都会对自己知识的掌握有更深的认识。也许这就是"教学相长"的道理吧。

师:同学们能结合自己的学习体验畅谈认识,这符合文言文学习古为今用的现实意义。最后,我们再次诵读课文,感受本文说理的艺术。

(学生诵读课文后结束教学)

三、观课评语

探寻"言文合一"的教学策略
——《虽有嘉肴》课堂教学评析

杭州拱墅区教育研究院　胡培兴

我听过沈华老师的多次课程,也看过他写的很多文章。他的语文课总能抓住言语的本质,引领学生在语辞的世界走个来回,尤其是文言文教学。我听过他上的《狼》《塞翁失马》等课,他善于发现文本特点、挖掘言语背后的意蕴,不断尝试破解文言文教学"言文分离"的痼疾。《虽有嘉肴》一课,即是能体现他教学风格的典型课例。

《虽有嘉肴》是《学记》中相对独立的一段,文字言简意赅,喻辞形象生动,编排在八年级下册论说性文言单元中,对学生来说还是有一定难度的。学生需要在朗读的基础上积累常用文言词语和句式,还要学习古人论事说理的技巧,体悟人生智慧。本课教学中,沈华老师在探寻"言文合一"的教学策略上,至少有三点值得借鉴。

(一)朗读:强调音随义转

要增强文言语感,朗读是必不可少的,朗读往往也是文言学习的第一步和重要手段。朗读与文意把握相辅相成,但在文意尚不十分明晰的情况下如何指导朗读呢? 这里需要明确的是,在学新课之前,学生的文言学习能力并非一张白纸,文言文毕竟是母语,课文的选编也有学生阶段性学习能力的考量。教学中,不应无视学情,为"朗读"而设计"朗读"。

本节课中,沈华老师在学生自由朗读课文后,较为巧妙地提出"我来读短文,大家听听我的朗读节奏和读音,有问题请帮我指出来"的学习任务,学生需要根据已有经验指出问题所在并阐明理由。交流中老师适时梳理方法、进行小结,突出强调文言文"音随义转"的特点。我这里所说的"音"既包括字音,也包括朗读节奏。如课例中学生提出"其/此之谓乎"中的"其"表示推测,句首语气词后要有停顿;"教学相长"的"长"注释为"促进、长进",应读"zhǎng"。

语言是有规律的,文言文的表达也是如此,需要通过有技巧的熟读去掌握它。切忌以"知"代"读",老师将所知的汉语知识一股脑儿地在每次学习文言文时都倒一遍。常常见到这样的教学现象,老师一入题就逐字逐句讲解一些词的性质用法、句子结构,甚至连篇累牍地分析各类古汉语现象,学生刚刚燃起的一点阅读欲望很快便被浇灭。在这一点上,沈华老师就非常克制。

(二)设问:基于整体理解

《义务教育语文课程标准(2011年版)》对"阅读浅易文言文"是这样要求的:"能借助注释和工具书理解基本内容。注重积累、感悟和运用,提高自己的欣赏品位。"关键词是"理解基本内容"和"提高欣赏品位"。沈华老师的文言文教学是秉承"课标"理念的,没有将传统教学中的"字字落实、句句到位"八字真言奉为圭臬。他的设问和学习任务安排都是基于学生对文章的整体理解进行的。

第一问:文中的哪一个或哪一些句子触动你,或者你喜欢哪一个或哪一些句子? 这一问主要指向文章的基本内容,学生要回答这一问题,必将涉及"言"和"文"。我们看一个片段:

生:我选"虽有至道,弗学,不知其善也"这一句。即使有最好的道理,不学,也就不知道它的好处。我觉得这是至理名言,尽管朴素易懂,但意味深长,只有学了才知道难易。

师:你的发言让我想到了《为学》里说的:"天下事有难易乎? 为之,则难者亦易矣;不为,则易者亦难矣。"不过,你刚才把"虽有至道"解释为"即使有最好的道理",这里的"虽",作"虽然"解释呢,还是作"即使"解释? 其他同学怎么看?

生:我认为应该解释为"虽然"。上学期我们学过郦道元的《三峡》,里面有"虽乘奔御风,不以疾也",那里的"虽"作"即使"讲,因为有一种假设的关系。

生:我也觉得是"虽然"的意思,因为"最好的道理"在现实生活中是存在的,这里不是假设。

这个片段主要针对"虽"字在句中的意思展开,涉及语境,涉及知识迁移,与告诉式、识记型的"字字落实"不可同日而语。

第二问:本文的题目是教材编者加的。如果你来为课文拟一个题目,你会怎么拟? 在句意理解的基础上进行整体把握,既可检测学生的理解程度、明确文章要表达的观点,亦可在学生理解不到位的地方进行点拨提升。日常文言教学中,老师们会将大量时间用于词句翻译,操作上也多是先言后文,将言文割裂,认为学生弄通文意了,学习任务也就基本可以结束了。学生在零碎的知识记忆中很难建立完整图式,再要"提高欣赏品位",也只能变成一种虚谈。

第三问:课文是怎样阐述道理的?这一环节的处理,最能体现沈华老师的教学风格。老师有意识地提示学生关注语言表达形式与表达内容之间的联系。"是故学然后知不足,教然后知困。知不足,然后能自反也;知困,然后能自强也。"对这个句子的品析,从四个"然后"到"对仗"再到"语序"的调整;讲类比,以"嘉肴"与"嘉景"的比较,体味其细微的差别……这样的教学就是在提升学生的"欣赏品位",这得力于老师对文本的读解和对语言的敏感。《文心雕龙·情采》说:"故情者文之经,辞者理之纬,经正而后纬成,理定而后辞畅,此立文之本源也。"沈华老师就是抓住了"立文之本源"进行教学的。

(三)联结:对接学生生活

文言文的教学问题,除了由文言文传统考查注重字词理解带来教学内容及教学策略的滞后外,延伸的问题还有教学中缺乏将学习内容与学生的生活的联结。导致学习程度中下的多数学生对文言学习无感,两者之间好像竖起了一面厚厚的墙。教材中的文言文都是从历代经典中淘洗出来的,几乎都是一流的文学作品,确实称得上"文质兼美"。我们的教学如果不能对接学生的生活,那就真成了课文所说的"虽有嘉肴"而"不知其旨"了。

沈华老师在教学的最后环节体现了这个意图。只有让学习内容与学生生活产生关联,才有可能真正激发学生的学习兴趣,让他们葆有持续学习的动力。

当然沈华老师在这个环节的处理上也略有不足。从教学实录看,四位学生只有一位谈到了"教"(本文的关键词),或许是所问太宽泛了。而且,在对接学生生活上,也并非要专辟一个环节进行,整个学习过程中随时都可联结学生生活,以加强他们的思考,提升他们的思维。

文言文教学,虽然是一个老话题,但"言文分离"这个老大难问题,并没有得到很好的改善。沈华老师始终秉持"言文合一"的教学理念,不断实践探索有效的教学策略,为我们做了很好的示范。希望能听到他更多的好课,带给我们更多的惊喜!

第六节 《小石潭记》教学

一、文本聚焦

岂一个"清"字了得

《小石潭记》是中国古代山水散文中的经典之作,在这篇作品中,作者以细致入微的手法,对潭水、岩石、藤蔓、竹树、游鱼等进行了生动的刻画,并把自己的内心世界巧妙地寄寓于凄清幽邃的自然景物中,使情与景达到高度的和谐与统一。阅读此文,从柳宗元的身上我们可以考量古代文人士大夫在仕途落魄失意之时面对青山绿水的态度。

我所接触的语文课堂,师生每每遭遇如下文字的牵绊——"柳宗元贬官后,为排遣内心的愤懑之情,常常不避幽远,伐竹取道,探山访水。"(人教版教材《小石潭记》导读提示)根据皮亚杰的发生认识论原理,师生在进入文本阅读之前,心中已经有了一个既定的结构图示——"借山水之景,排遣失意之情"。师生在既有的阅读图示影响下,对小石潭之景浅析辄止,对柳宗元之情蜻蜓点水,隔于小石潭之外,阻断了通往柳宗元幽微内心世界之路。

而阅读活动实际上是通过与作者的对话达到对作者与自我的双"发现",最终实现知识的传递与精神升华,使自己内在的生命本质转变的一种更高层次的新形式。阅读《小石潭记》,如何引导学生透过迂回曲折的文字,拨开层层云雾,直视文本的内核,触摸作者幽微的内心世界,从而审视自己? 我想有必要对《小石潭记》进行一次细读之旅,实现价值的去蔽,体悟和发现本文内在为人忽视的文化和精神的密码。

(一)沉吟词句

对于文本细读,新批评学派的代表施特劳斯认为:"在字里行间阅读。"对《小石潭记》的细读就需要我们徜徉在语言之途,沉吟于文本的细微之处,穿行在多重话语之间。柳宗元眼中的小石潭究竟是一个怎样的地方呢? 我们先从字里行间感知小石潭的环境:

"下见小潭,水尤清冽",小石潭之清冽;"如鸣珮环",小石潭之清静;"隔篁竹""伐竹取道",小石潭之清幽;"青树翠蔓,蒙络摇缀"("青""翠"属于色彩上的冷色调），小石潭之清冷；"潭中鱼可百许头，皆若空游无所依，日光下澈，影布石上"，小石潭之清澈；"四面竹树环合，寂寥无人"，小石潭之冷清；"寂寥无人，凄神寒骨，悄怆幽邃"，小石潭之凄清。

身处如此环境里的柳宗元的心境有一个微妙的起伏。从柳宗元"伐竹取道"探奇猎美开始，闻听"如鸣珮环"水声，迫不及待地流露"心乐之"的情绪；寻见小石潭直视无碍之游鱼，心觉"似与游者相乐"；之后陡转而下，"以其境过清，不可久居，乃记之而去"。如何追溯柳宗元一喜一忧的矛盾心情？吕叔湘先生说："从语言出发，再回到语言。"文本细读的起点和终点都是语言，柳宗元隐晦曲折的心迹就在其描述小石潭之景和不经意的自述心情中显现出来，在字里行间形成了巨大的语言"空白"和"矛盾"。所以，我们不得不去追寻这种矛盾和空白生成的原委。

（二）还原分析

所谓文本语义"还原"，孙绍振教授提出："首先要从文学语言中'还原'出它本来的、原生的、字典里的、规范的意义，其次把它和上下文中，也就是具体语境中的语义加以比较，找出其间的矛盾，从而进入分析的层次。"

柳宗元闯入小石潭之后确实为此处的环境所吸引陶醉，但"醉"而复"醒"，其原因在于文中的这么一句：

> "以其境过清，不可久居，乃记之而去。"

叶圣陶先生曾说："一字未宜忽，语语悟其神。"当我们逐字去潜心涵泳以上语言时，"清"字会直逼我们的视野，参悟"清"字的丰富意蕴成了我们解读文本的关键。因为清幽、清澈的小石潭对于赏玩山水的文人来说是一方难觅的绝佳去处，可柳宗元竟然认为其"过清"，弃美景而不顾，匆匆记之便离开了。这显然有悖于我们常人的理解，而柳宗元迥异于一般人的反应，恰为我们的疑惑提供了思考的契机。显然小石潭环境之"清"已有明显的作者的主观情怀付之于内，这是架起景与情的桥梁，更是进入文本内部结构，揭示深层话语艺术奥秘的文本核心字眼。

（三）矛盾探源

柳宗元自叙"以其境过清，不可久居，乃记之而去"，难道仅是小石潭"过清"之境使柳宗元弃之不顾？有人认为这源于柳宗元自我的处境和心境，贬官使然，可如何避免空洞的言说，如王尚文所说"倾听文本发出的细微声响"，深入文本的灵魂之处,探寻柳宗元的心境?

德国哲学家和美学家伽达默尔在《真理与方法》中曾这么说过:"在文本的探寻中,只有深入地阅读和感受文本,才能使文本实现由无生气的意义痕迹向有生气的意义的转换,才使文本有着现实的意义及审美的存在。"于是,文中如下的一句漫不经心的句子走进了我们分析的视线:

"坐潭上,四面竹树环合,寂寥无人。"

小石潭的四周果真"寂寥无人"吗? 这显然与文本收束处作者不厌其烦地罗列这次游玩小石潭的随游者构成了矛盾:

同游者:吴武陵,龚古,余弟宗玄。隶而从者,崔氏二小生:曰恕己,曰奉壹。

同游者的存在之于柳宗元已毫无意义,因为他们无法走进柳宗元复杂的内心世界。如是,我们就能理解柳宗元如此详细记录同游者的原因了,这分明是柳宗元有意而为的笔触,柳宗元也许在边写的时候会边感叹:吴武陵,龚古,你们怎知我内心的寂寞呢;我的弟弟啊,你也不能解我心忧啊;崔氏两个年轻人,更是无法明了我内心弥漫的孤寂啊。

(四)互文参照

被孤寂重重包围的柳宗元,只能从小石潭的风景中获取片刻的慰藉,柳宗元这种无法挣脱的孤独情怀并非一时的流露,自从"永贞革新"失败后,柳宗元被贬为永州司马,时艰不可济,唐祚难振兴,谤毁兼至,贫病交加,老母病故,居处遭火,他满怀忧惧之情,多借山水以排遣。在柳宗元《永州八记》的其他作品中也都有其心迹的显露:

有泉幽幽然,其鸣乍大乍细。

——《石渠记》

由朝阳岩东南水行,至芜江,可取者三,莫若袁家渴。皆永中幽丽奇处也。

——《袁家渴记》

其上深山幽林逾峭险,道狭不可穷也。

——《石涧记》

日与其徒上高山,入深林,穷回溪,幽泉怪石,无远不到。

——《始得西山宴游记》

柳宗元写石泉,则以幽然铭之;写袁家渴,则以幽丽记之;写石涧,则以深山幽林衬之;写西山,则以幽泉怪石冠之。《永州八记》大部分作品中不约而同地用了一个"幽"字,是景之幽,亦是柳宗元心之忧也! 由是,我们就可以理解小石潭"过清"的环境只是"情以辞发"的触点而已。

(五)文化比照

文本细读,相遇的不光是语言文字,更是人与人的精神。

语文不仅包括文字,更与文化有着天然的血缘关系,语文教育过程实质上就是一种文化过程。语文教育就是唤醒学生的文化意识,因为"文化意识是人的主体意识的核心内容,也是人主体性发展水平的重要标志"。

《小石潭记》作为经典之作,其价值和文化意义究竟何在? 显然,其绝非在于让学生感受小石潭之景,讨论柳宗元情感变化之因,得出柳宗元贬官寄情于山水之果,如此而已,经典的作品自然有其滋养学生身心的精神因子。

著名文学理论家金元浦在《接受反应论》中说过:"阅读一篇(或一部)作品,必须与其他相关文本互相联系或对照才行;其他文本犹如一层栅栏,能够增加、删除或过滤信息,使读者的阅读按照一定的方向进行构建,以达到阅读目的和期待。"

在自然山水面前,失意的迁客骚人会表现出不同的人生态度。

南朝梁文学家吴均在奇异的富春江山水面前忍不住感叹:

鸢飞戾天者,望峰息心;经纶世务者,窥谷忘反。(《与朱元思书》)

东晋诗人陶潜离开官场后过着"采菊东篱下,悠然见南山"的生活,身居田园的他不禁欣然写下:

久在樊笼里,复得返自然。[《归园田居》(其一)]

吴均、陶渊明等文人乐于纵情山水,心返自然。人是应该有所寄托的,人生应当有一种新的归宿,不能兼济天下,却可以选择归隐之途,独善其身。出、入、隐、仕是古代知识分子内心深处一直面临的深层冲突,而协调这种冲突的正是田园之隐、山林之隐。既然如此,柳宗元为什么不选择让心灵彻底回归自然呢? 在如此艰难的困境里,在如此黑暗的时世里,即使不能实现人生抱负,也可以不同流合污,走进山水田园,做个乐在逍遥的隐士。而柳宗元面对永州的奇山丽水和如此"清"的小石潭,为何摆脱不了内心的凄凉,始终解不开孤寂的心结呢?

柳宗元向来仰慕"古之夫大有为者",青年时代就立下雄心壮志,向往"励材能,兴功力,致大康于民,垂不灭之声"。他25岁时已是"文章称首"的长安才子,逐步成为文坛领袖、政坛新锐。在其后的几年里,柳宗元又成了当时皇帝的老师王叔文革新派的中坚分子,以热情昂扬、凌厉风发的气概,准备施展自己"辅时及物""利安开元"的抱负。

即使因"永贞革新"失败接连被贬,他也始终坚守自己的理想。在永州,柳宗元被贬10年,由在京城时直接从事革新活动,转到了思想文化领域。这是他继续坚持斗争的十年,广泛研究古往今来关于哲学、政治、历史、文学等方面的一些重大问题,撰文著书,《封建论》《非〈国语〉》《天对》《六逆论》等著名作品,大多是在永州完成的。柳州是柳宗元人生的最后一站,他仍然放不下他的政治抱负,对于其所作所为,余秋雨先生在《柳侯祠》中这样写道:"在柳州的柳宗元,宛若一个鲁滨孙。他有一个小小的贬谪官职,利用着,挖了井,办了学,种了树,修了寺庙,放了奴婢。毕竟劳累,在四十七岁上死去。"

在柳宗元身上我们看到的是古代圣贤在人生困顿之时坚守的济世情怀,正是"虽万受摈弃,不更乎其内"的品性,柳宗元做到了"独善其身"和"兼济天下"的完美结合。《小石潭记》展现给我们的不仅是景与情的交融,还有柳宗元崇高的人格和高贵的灵魂,或许更多。

二、课堂实录

从字缝里遇见高贵的灵魂
——《小石潭记》课堂实录

生:老师好!

师:同学们好!

师:请同学们朗读屏幕上出自苏轼《与程全父》中的一段文字:"惟陶渊明一集,柳子厚诗文数策,常置左右,目为二友。"

(生齐读)

师:一代文豪苏轼在被贬琼州的日子里,随身携带的书只有两本,一本是《陶渊明集》,另一本是《柳宗元集》。柳宗元究竟是一个怎样的文人?他有怎样的人格魅力,能让苏轼把《柳宗元集》"常置左右,目为一友"? 今天,我们走进他的《小石潭记》,从字缝里去感受柳宗元的灵魂。

师:在你们读顺和读通了文章后,老师很想知道,你们对小石潭环境特点印象最深的是什么?

生:幽静而美丽。

师:简直像一个世外桃源是吧? 其他同学的感受呢?

生:偏僻。

生:神秘。

生:风光宜人。

师:你们的感受很真实,但这是你们眼中的小石潭。那么,在柳宗元的眼中小石潭环境的特点又是怎样的呢? 请同学们放声自由朗读课文,从文中圈画出一个字来回答。

师:你找了哪个字?

生:"清"。

(教师板书:清)

师:英雄所见略同,我们就从同学们所找的"清"字进入小石潭,进入课文。小石潭环境"清"在哪里? 请大家默读课文1—4节,用屏幕上的其中一种句式说一句话。

屏显文字:

这是清_____(填一个字)的小石潭,具体表现在_____(文中的话)。

这是_____(填一个字)清的小石潭,具体表现在_____(文中的话)。

(学生默读思考)

师:这位同学反应很快,我们先请他来说说。(请一举手的男生回答)

生:这是清冽的小石潭,具体表现在"下见小潭,水尤清冽"。

师:这是一般的"清冽"吗?

生:格外清冽,从"尤"字可以看出。

师:处在这样的环境里,真是让人望水而生寒了!

生:这是清澈的小石潭,具体表现在"潭中鱼可百许头,皆若空游无所依,日光下澈,影布石上"。

师:哪些语言最能看出小石潭的清澈呢?

生:"皆若空游无所依"。

师:"空游无所依"怎么理解?

生:鱼儿好像在空中游动,什么依靠也没有。

生:从"日光下澈"也可以看出。因为这句话是说"阳光照到水底"。

师:哦,水是清澈见底的。

生:我来补充前面同学的回答。我觉得这还是一个清静的小石潭,具体表现在"怡然不动"。因为鱼儿在水中呆呆的,不动。我们可以想见四周的环境是多么安静。

师(点头):你是一个很善于发现和思考的同学。

生:这是清幽的小石潭,具体表现在"隔篁竹""伐竹取道"。

师:何以见得?

生:小石潭在幽幽翠竹之中,似乎与世隔绝一般。

生:这是冷清的小石潭,具体表现在"四面竹树环合,寂寥无人"。

师:"寂寥无人"仅仅是一种冷清吗? 如果这样能不能写成"寂静无人"?

生:不能。"寂静"我觉得只写出了环境的幽静。

师:那"寂寥"呢?

生:还带有一种人的主观感受吧。

师:说得很好。"寂寥"是人在环境中的一种内心的感受,融情于景。那这是一种怎样的"清"呢?

生:清冷。

师:这确实是一个令人感觉清冷的小石潭。

生:这是凄清的小石潭,具体表现在"寂寥无人,凄神寒骨,悄怆幽邃"。

师:你说的句子的具体含义是什么?

生:小石潭让人感到心情凄凉,寒气透骨,幽静深远,弥漫着忧伤的气息。

师:嗯。这是一处凄清之地。

生:这是过清的小石潭,具体表现在"不可久居,乃记之而去"。

师:凄清得令柳宗元也无法忍受,转而离开了,留一小石潭于青山绿水间。让我们再读一读作者写小石潭环境的1—4节文字,感受小石潭这诸多的"清"。

(全体学生朗读)

师:王国维在《人间词话》中说:"一切景语皆情语。"在这样的环境中,柳宗元流露出了怎样的心情? 请同学们再次自由朗读课文1—4节,找出体现柳宗元心情的字。

（学生自读课文,圈画文字）

生:我找到的是"乐",作者的心情是快乐的,原文说"心乐之"。

生:我也是"乐",我从"似与游者相乐"中读出。

（教师板书:乐）

生:我找出了两个字,"凄"和"寒"。

（教师板书:凄、寒）

生:我也是两个,"悄怆幽邃"的"悄"和"怆"。

（教师板书:悄、怆）

师:同学们,那我们就沿着柳宗元的心情轨迹出发,从双重的"乐"进入柳宗元的内心吧。

师:刚开始,作者因为什么而快乐?

生:无意间听到鸣珮环般的水声。

师:因为是无意间,完全出于意料吧,因而作者当时会有怎样的心情?

生:惊喜。

师:作者仅仅满足于听到的如鸣珮环的水声吗?

生:"伐竹取道"进入小石潭。

师:我请一位同学读"伐竹取道,下见小潭,水尤清冽",重点听一听她有没有把"伐竹取道"所包含的作者的心情读出来。

（一女生读）

师:刚才,我在听的时候,感觉她读"伐竹取道"时,语速上比较快,这是为什么啊?

生:因为"伐"和"取",表现了当时作者内心的急切,他迫不及待地想见小潭。

师:可见,又岂是一个"乐"字了得!"乐"中有一份惊喜和一份急切。我们把惊喜和急切的心情带进朗读,读一读感受一下。

（学生齐读"伐竹取道,下见小潭,水尤清冽"）

师:文章的哪里还可以感受到作者快乐的心情呢?

生:似与游者相乐。

师:作者看到了鱼的什么状态而让他觉得鱼和自己在逗乐?

生:"怡然不动,俶尔远逝,往来翕忽。"

师:鱼儿想发呆就发呆,想游就游,水中的鱼儿多吗?

生(部分):自由自在。

师:还有哪些文字也能看出鱼儿是自由自在的?

生:"皆若空游无所依。"

师:无所依,不需要任何依靠,有时候没有外物依靠,就不会被外物所羁绊,不被外物所羁绊,鱼才自由,我想人也是如此吧。

师:读到这里,看到自由自在、无羁无绊的鱼,我的学生感叹说:"我真想做一条小石潭的鱼。"你们想吗?

生(全体):想啊。

师:好,那我们就幻想一下我们都是一条条自由快乐的鱼,读出鱼在水中自由、快乐的感受吧。

师:刚才我们一直在讨论水中的鱼,我们忘了谁?

生:柳宗元。

师:岸上的柳宗元看着水中的鱼,也感叹地说了一句。

生(齐声):似与游者相乐。

师:读到这里,你有什么想问问柳宗元的吗?

生:柳宗元不是鱼怎么知道鱼在和自己逗乐呢?

师:是啊!我也想问问柳宗元:"子非鱼,安知鱼之乐?"其实仔细一想,又是情理之中的话。读到这句话时,我不由自主地想到了不久前网上和手机短信上广泛流传的《水和鱼的故事》中的一段对话。

屏显文字:

鱼说:"你看不见我眼中的泪,因为我在水中。"

水说:"我能感觉得到你的泪,因为你在我心中。"

鱼说:

柳宗元说:

师:我想柳宗元和鱼的关系也是如此吧!我们也可以假设鱼和柳宗元也曾发生过一次对话,它们怎么说才能解释柳宗元当时的内心感受。前后同学议一议,说一说。

(学生前后左右展开议论,七嘴八舌)

师:我们请这两位同学尝试一下。

鱼说:你体会不到我的快乐,因为你身在尘世间。

柳宗元说:我能感受到你的快乐,因为我的心在青山绿水之间。

(两个学生对话)

师:还有同学想来分享一下自己的感受吗?

鱼说:你不知道我的快乐,因为你不是鱼。

柳宗元说:我能感觉到你的快乐,因为我和你一样快乐啊!

(两个学生对话)

师:既然小石潭让柳宗元这样快乐,如果你是柳宗元你会怎么做?

生:多待一会儿欣赏这里的风景。

生:我会舍不得离开。

师:柳宗元流连忘返了吗?

生(齐说):没有。

师:文中是怎样说的?

生:"以其境过清,不可久居,乃记之而去。"

师:环境太凄清了,于是只能离开。文章哪里能看出小石潭的环境是"过清"的?

(教师板书:在"清"字前加一"过")

生:寂寥无人,凄神寒骨,悄怆幽邃。

师:小石潭周围真的寂寥无人吗?

生:有,还有很多人。

师:加作者总共几个人?

生:六个人。

师:这么多人作者为什么还说"寂寥无人"? 从中你能感受出作者当时的什么心情?

生:孤独吧。我觉得周围的那些人都不能理解作者,他们都不是柳宗元的知己。

生:就像张岱《湖心亭看雪》中的"独往湖心亭看雪",舟子也不是张岱的知己。

师:真厉害! 看来你是张岱的知己,也是柳宗元的知己。原来,"寂寥无人"是指"寂寥无知己"，柳宗元当时的内心弥漫着重重的孤寂之感。请同学们把"寂寥无人"改成"寂寥无知己"再读一读这一段文字。

（学生先自由读后齐读）

师：还有哪两个字也可以看出"过清"？

生："凄"和"寒"。

师：读到这句时，我也想到了一篇名为《痛到何处才为痛》的文章，里面有这么一段"痛到心碎的是痛，痛到血液在血管里流动的是痛，还有痛到——"你们知道还有痛到哪里才是痛？

师：你认为呢？

（问一低语的学生）

生：痛到骨子里吧。

师：怎么反应如此快？难道你有过这样的经历？

（学生笑）

师：你们觉得小石潭清到什么程度才算是清呢？

生：神和骨。

（教师板书：凄神寒骨）

师：你们看小石潭的环境都凄寒到"骨"和"神"了，这是一个人的肉体和精神啊！柳宗元在小石潭常有这样的感受，在贬官永州期间其他山水游记中也都有相似的情感流露。

屏显文字：

有泉幽幽然，其鸣乍大乍细。

——《石渠记》

由朝阳岩东南水行，至芜江，可取者三，莫若袁家渴。皆永中幽丽奇处也。

——《袁家渴记》

其上深山幽林逾峭险，道狭不可穷也。

——《石涧记》

日与其徒上高山，入深林，穷回溪，幽泉怪石，无远不到。

——《始得西山宴游记》

师：大家发现其中写景的共同点了吗？

生:都有一个"幽"字。

师:不错!写石泉,则以幽然铭之;写袁家渴,则以幽丽记之;写石涧,则以深山幽林衬之;写西山,则以幽泉怪石冠之。《永州八记》大部分作品中都有"幽",是景之幽,亦是柳宗元心之忧。由是,我们可以感受到柳宗元即使纵情山水也难以排遣内心的"忧幽情怀"。

(教师板书:忧)

师:这种"忧幽情怀"缘于柳宗元当时的处境。柳宗元被贬为永州司马后,时艰不可济,唐祚难振兴,谤毁兼至,贫病交加,老母病故,居处遭火,他满怀忧惧之情,多借山水以排遣。既然如此,柳宗元为什么不选择让心灵彻底回归自然?如果我是柳宗元,在如此艰难的困境里,在如此黑暗的时世里,即使不能实现我的人生抱负,我也可以不同流合污,走进山水田园,做个乐在逍遥的隐士。再说,古代的文人中弃官后纵情山水、留恋自然的不在少数,如东晋诗人陶渊明。老师带来了他作品中的某些文字。

屏显文字:

衣沾不足惜,但使愿无违。

——陶渊明《归园田居(其三)》

久在樊笼里,复得返自然。

——陶渊明《归园田居(其一)》

师:陶渊明的心愿是什么?

(学生沉默不语)

师:请同学们联系《归园田居(其一)》说说。

生:离开官场,回到自然。

师:官场在陶渊明心里就像什么?

生:一个大笼子,禁锢了陶渊明的心。

师:在陶渊明看来,官场就像樊笼,深深禁锢着他的心,而他的心愿,同学们请注意"愿"的结构,上面一个原,下面一个心,原+心=愿,他原初的愿望就是回归自然,这是他的人生选择。

师:其实柳宗元大可以学做一回"采菊东篱下,悠然见南山"的陶渊明。可是他不是返自然,而是"急忙赶回朝廷",这是为什么?

屏显文字：

他（柳宗元）是中国文人，他是封建时代的中国文人。……永州归还给他一颗比较完整的灵魂，但灵魂的薄壳外还隐伏着无数诱惑。这年年初，一纸诏书命他返回长安，他还是按捺不住，欣喜万状，急急赶去。

——余秋雨《文化苦旅·柳侯祠》

生：他还想为官，因为古人有"学而优则仕"之说。

生：他的抱负或理想还未实现吧。

师：你们认为柳宗元的理想是为了自己的功名利禄吗？

生：不是吧。应该是为天下的百姓。

师：你真乃柳宗元的知音。请看柳宗元被贬期间的为官政绩：

在永州，柳宗元被贬十年，由在京城时直接从事革新活动，转到了思想文化领域。这是他继续坚持斗争的十年，广泛研究古往今来关于哲学、政治、历史、文学等方面的一些重大问题，撰文著书，《封建论》《非〈国语〉》《天对》《六逆论》等著名作品，大多是在永州完成的。

柳州，是柳宗元人生最后一站，他仍然放不下他的政治抱负，对于其所作所为，余秋雨先生在《柳侯祠》中这样写道："在柳州的柳宗元，宛若一个鲁滨孙。他有一个小小的贬谪官职，利用着，挖了井，办了学，种了树，修了寺庙，放了奴婢。毕竟劳累，在四十七岁上死去。"（学生齐读）

师：你们从中读出了什么？

生：柳宗元能在逆境中坚持自己的操守确实了不起。

生：一贬再贬的柳宗元无论在何时何地心中装的仍是天下的百姓。

生：柳宗元之所以没有躲进小石潭，是因为他与陶渊明人生追求不一样。

师：是啊！这其实体现的是柳宗元的人生态度，柳宗元选择自己想要的人生，并拥有高贵的心灵。那么我们该如何选择自己不同的人生意义呢？这是我们课后都要认真思考的一个人生命题。下课！

（教师板书：高贵）

三、观课评语

字缝里的灵魂，碧波处的珍奇

——简评沈华老师《小石潭记》一课

台州市路桥区第二中学　章国华

歌德说过："内容人人看得见，含义只有有心人得之，而形式对于大多数人是一个秘密。"这话给我们廓清了语文的边界问题，从"内容"到"含义"再到"形式"，这是一个不断接近语文味，不断接近语文独挡之面的过程。沈华老师的《小石潭记》教学紧紧抓住语言的缰绳，从字缝里感知柳宗元的灵魂，从言语形式的碧波处发现文言阅读的珍奇。具体而言，本节课主要有以下三方面可资借鉴。

（一）从文脉中理出课脉

对于自己的课堂，我总是提醒自己，要学会审课，审查自己的课，只有会审课，才能不断走向进步，而课堂实录是审课最好的材料之一。对于优秀同行的课，我也告诫自己，要学会赏课，只有赏出优秀课堂真正的奥妙，我们才能有所借鉴，才能把优秀课例中的精髓化成自己语文课堂里的琼浆玉液。一篇课堂实录，整体的结构是骨架，环节的推进是血肉，细节的处理是经络。赏课时，我们不妨先从整体的结构出发。沈华老师这堂课第一个值得借鉴的地方是他从文脉中很好地理出了课脉。

我觉得，一堂文学阅读课，如果没有从文脉中理出课脉，就难以做到庖丁解牛，找到精巧的切入口。经典的文章一定是有清晰脉络的，优秀教师的课堂也一定是有合理的脉络走向的。从文脉和课脉的角度讲，优秀的备课或许就是善于分离文脉，并以符合学生认知规律的形式，巧于在文脉中重组出课脉来。

沈华老师的这节课，课脉的走向与《小石潭记》的文脉相得益彰、水乳交融。《小石潭记》中的文脉主要体现为：景为情设，情为境生。正是因为小石潭景之"清"，所以才有了柳宗元情之"乐"。也正是因为柳宗元心境、处境之"忧"，才品到了小石潭独特的景之"幽"。当然，我们也可以说，正是这种独特的景之"幽"，才触发了柳宗元的心之"忧"，抑或是两者互相交融，互为因果。

这种"清幽"之景与"乐忧"之情的微妙关系,或许我们很难准确论断,但"景"与"情"一定是密切相关的。教学柳宗元《小石潭记》一文,沈老师紧紧抓住散文中"景"与"情"这一密切的关系,紧紧抓住"一切'景'语皆'情'语,一切'心'语皆'境'语",形成了这一课的课脉。

具体讲,沈老师的这堂课是按这样的思路展开教学的。沈老师先带领学生读出小石潭的景之清冽、清澈、清幽、清冷、凄清。然后,再读出柳宗元情之"乐",乐之急切,乐之惊喜,乐之自在,乐之自由。同时,也正是柳宗元贬官永州的处境与心境之忧,才使得柳宗元眼中见到的小石潭是那样的寂寥无人,悄怆幽邃,凄神寒骨。景之"幽"与"心"之"忧","幽忧"谐音双关,情景交融。

沈老师从文脉中很好地梳理出了课脉。这个课脉有层次感,符合学生由浅入深的学习认知规律。

(二)从问题中读懂提问

王荣生教授研究了大量课堂教学案例,得出一个结论,一堂优秀的课一般由三到四个主要环节或者学习活动组成。这些环节和学习活动,又往往聚焦为几个主问题,我们不妨来梳理一下沈老师这堂课中几个关键的问题。

(1)你们对小石潭环境特点印象最深的是什么?

(2)在柳宗元的眼中小石潭环境的特点又是怎样的呢? 从文中圈画出一个字来回答。

(3)王国维在《人间词话》中说:"一切景语皆情语。"在这样的环境中,柳宗元流露了怎样的心情? 找出体现柳宗元心情的字。

(4)既然小石潭让柳宗元这样快乐,如果你是柳宗元你会怎么做?

(5)柳宗元流连忘返了吗? 为什么?

第1、第2个问题,都指向对小石潭景的特点的品读。但这两次提问的意义和价值是不一样的。第1个问题,是基于沈老师的一种教学理念,即尊重学生阅读的初始体验,这也是读者意识解读视角的体现。沈老师阅读教学的切入,是从学生真实的阅读体验,初始认知开始的,这就是真正的具体的尊重学情。而第2个问题,是基于作者意识和文本意识的解读视角。沈老师要带领学生读懂的是用文言文写成的柳宗元眼中的小石潭。

第3个问题,由景入情,从景的特点读出情的特点,这是散文最重要的文体形式。但沈老师的可贵之处是他紧紧抓住小石潭中的一"伐"一"取",一

"竹"一"道"来教,扎扎实实地细读出了"乐"之急切,乐之惊喜。对文字细腻的咀摸带来的是对情感精致的品味。沈老师带领学生对小石潭中的那条"鱼"更是品得情有独钟,如痴如醉。

沈老师紧紧抓住言语来教,给出言语训练的句式,注重情景设置,注重学生情感的真实体验,把自己和学生化成一条鱼,去感知《小石潭记》中化成另一条鱼的柳宗元,真正走进了柳宗元的内心,品读到这里,足以体现沈老师的言语教学十分扎实。

但真正走进柳宗元灵魂的地方却在第4问和第5问。这两问中,沈老师再一次回到学生的读者视角和作者视角,在这两个阅读视角的对比转换与情感冲撞中,在对贬官永州期间柳宗元其他山水游记中相关诗句同类信息的整合中,学生更好地体会到了柳宗元独特的情与心。正因为柳宗元的心之忧,才有了景之幽,或者也可以说,正是这种独特的景之幽,才触发了柳宗元的心之"忧",而柳宗元的心之"忧",是由其灵魂中独特的儒家入世情怀决定的。

(三)从细节中发现细致

沈老师的课堂风格给我最深的印象是他言语教学很细致,甚至是很精致。钱梦龙老师说,碧波深处有珍奇,我的一个理解是,我们只有层层揭开言语形式的面纱,才能发现深藏在言语形式深处的珍奇。

此课中,特别是对小石潭"清"字的品读,沈老师通过组词组句的方式对言语形式进行品味。这是清_____(填一个字)的小石潭,具体表现在_____(文中的话)。这是_____(填一个字)清的小石潭,具体表现在_____(文中的话)。

找一个字品味,可以让学生天马行空地说,但沈老师把这种品味聚焦在一个字上,聚焦带来的是教学内容的集中,教学活动的考究。再比如,沈老师说,今天,我们走进他的《小石潭记》,从字缝里去感受柳宗元的灵魂。字缝、灵魂,问题中这两个凝练精致的关键词贯穿整堂课,他告诉学生我们要紧紧抓住言语形式去读懂作者深沉的内心世界。

细读一下后面的几个主要问题,发现沈老师一直在强调抓住字词去读。包括最后的拓展中把柳宗元与陶渊明的灵魂世界进行对比,沈老师也是抓住陶渊明的《归园田居》(其一)中的一个关键字"原+心=愿"进行了比读。通过拆字法,在对比阅读中,学生更好地走进了柳宗元不同于陶渊明的内心世界,感知了柳宗元独特的心灵世界与内心坚守。这种细致和精致还体现在课的首尾呼应上，沈老师一上课说，一代文豪苏轼在被贬琼州的日子里，随身携带的书只有两本，一本是《陶渊明集》，另一本是《柳宗元集》。苏轼的这两本书，既是对柳宗元文学地位的肯定，也是为结尾陶渊明与柳宗元的对比埋下了伏笔。

当然，我个人不赞同沈兄弟的一点看法，我认为，柳宗元放不下他的政治抱负，他有着比陶渊明更儒家的精神世界和更入世的人生态度，这可能是事实。但我不认为柳宗元的这种坚守就一定比陶渊明的选择更高贵，因为这是站在儒家思想立场上进行的一种考量。如果我们站在另一个角度去考量，或许陶渊明活得更加自我，更加注重自我的发现。正如蒋勋所说，人的一生，最重要的是回来做我们自己。古代文人在入世与出世中的不同选择，或许没有高低之分。我们只提供给学生多一种人生选择，这种选择可以不讲高贵与平凡。当然，这或许是沈兄弟板书"高贵"一词带给我的一种误读，这还值得继续商榷。

总之，我还是深深佩服沈华老师，他是在一堂堂实实在在的课中，从优秀走向卓越的老师，在语文的江湖上，相逢虽少，但我们遥望，一笑。

参 考 文 献

[1] 张中行.文言和白话[M].哈尔滨:黑龙江人民出版社,1987.

[2] 吕叔湘.吕叔湘论语文教学[M].济南:山东教育出版社,1987.

[3] 张中行.怎样学习文言文[M].北京:中华书局,2017.

[4] 陈晓芬.中国古典散文理论史[M].上海:华东师范大学出版社,2010.

[5] 章新其.语文命题技术研究[M].杭州:浙江教育出版社,2017.

[6] 韩军.韩军与新语文教育[M].北京:北京师范大学出版社,2006.

[7] 王尚文.语文品质谈[M].上海:华东师范大学出版社,2018.

[8] 王荣生.语文科课程论基础[M].上海:上海教育出版社,2003.

[9] 郑力乔.中国文言文教学的现代转型[M].北京:国家行政学院出版社,2013.

[10] 张志公.张志公自选集:上册[M].北京:北京大学出版社,1998.

[11] 朱自清.朱自清语文教学经验[M].北京:教育科学出版社,2007.

[12] 甘阳.古今中西之争[M].北京:生活•读书•新知三联书店,2006.

[13] 郑国民.从文言教学到白话文教学——我国近现代语文教育的变革历程[M].北京:北京师范大学出版社,2005.

[14] 黄厚江.文言文该怎样教[J].语文学习,2006(4).

[15] 王力.王力论语文教育[M].郑州:河南教育出版社,1996.

[16] 冯友兰.中国哲学史史料学初稿[M].上海:上海人民出版社,1962.

[17] 殷秀德.浸润于新鲜体验之中——初中文言文"陌生化"教学实践与探索[M].上海:上海教育出版社,2017.

[18] 钱梦龙.文言文教学改革刍议[J].中学语文教学,1997(4).

[19] 林纾.古文辞类纂[M].杭州:浙江古籍出版社,1986.

[20] 特伦斯•霍克斯,结构主义和符号学[M].瞿铁鹏,译.上海:上海译文出版社,1987.

[21] 罗晓晖,冯胜兰.文本解读与阅读教学讲谈[M].上海:华东师范大

学出版社,2018.

[22] 陈生玺.张居正讲评《论语》[M].上海:上海辞书出版社,2007.

[23] 李节.小大由之:语文教学访谈录[M].上海:华东师范大学出版社,
2014.

[24] 王尚文.中学语文教学研究[M].北京:高等教育出版社,2002.

[25] 索绪尔.普通语言学教程[M].北京:商务印书馆,2019.

[26] 李海林.言语教学论[M].上海:上海教育出版社,2000.

[27] 郭谷兮.语言学教程[M].西安:陕西人民教育出版社,1997.

[28] 李维鼎.语文言意论[M].上海:上海教育出版社,2000.

[29] 王尚文.语感论[M].上海:上海教育出版社,2000.

[30] 黑格尔.小逻辑[M].贺麟,译.北京:商务印书馆,1980.

[31] 朱光潜.谈文学[M].合肥:安徽教育出版社,1996.

[32] 朱光潜.诗论[M].北京:生活·读书·新知三联书店,1997.

[33] 蒋勋.蒋勋说唐诗[M].北京:中信出版社,2016.

[34] 章培恒,骆玉明.中国文学史[M].上海:复旦大学出版社,1997.

[35] 王荣生.文言文教学教什么[M].上海:华东师范大学出版社,2014.

[36] 朱自清.经典常谈[M].上海:上海古籍出版社,2014.

[37] 张志公.汉语辞章学论集[M].北京:人民教育出版社,1996.

[38] 叶圣陶.叶圣陶语文教育论集[M].北京:教育科学出版社,1980.

[39] 汪曾祺.晚翠文谈新编[M].北京:生活·读书·新知三联书店,2002.

[40] 刘淇.助字辨略[M].北京:中华书局,1954.

[41] 王崧舟.爱上语文[M].济南:齐鲁书社,2019.

[42] 卢梭.爱弥儿[M].李平沤,译.北京:商务印书馆,1978.

[43] 杨同芳.国文国语教育论典(下)[M].北京:语文出版社,2014.

[44] 张大春.文章自在[M].桂林:广西师范大学出版社,2017.

[45] 褚斌杰.中国古代文体概论[M].北京:北京大学出版社,1990.

[46] 刘大櫆,吴德旋,林纾.论文偶记、初月楼古文绪论、春觉斋论文
[M].北京:人民文学出版社,1959.

[47] 宗白华.美学散步[M].上海:上海人民出版社,2017.

[48] 赖汉屏.《周亚夫军细柳》鉴赏,古文鉴赏辞典[M].上海:上海辞书

265

参考文献

出版社,2014.

　　[49] 唐钺.国故新探[M].北京:商务印书馆,1969.

　　[50] 刘小枫.中国文化的特质[M].北京:生活·读书·新知三联书店,

1990.

　　[51] 夏丏尊.夏丏尊论语文教育[M].郑州:河南教育出版社,1987.

　　[52] 易中天.论语故事(上)[M].上海:上海文艺出版社,2017.

后　记

书稿终于尘埃落定。

去年10月3日，在我生日之际写完初稿的后记，今天完成了全书的修改和校对，感触随之而来，就像春天里的草木拔节生长。

生活变化无尽，却不能阻止这些年我的思考和表达。

大学里断断续续写了一些诗歌，后来结集为《藕花集》，诗集尽管制作粗拙，文字稚嫩，但那时是送给好友和自己最好的青春礼物。

其实，读大学时一直没想过成为教师，虽然自己学的是师范专业，但走上教师的岗位，实属机缘巧合，造化弄人；工作前几年，出走的念头不曾断过，总以为自己大有可为，天高地阔，自有我的安身立命之处；后来，才发现自己笨嘴拙舌，心高气傲，又不懂得摧眉折腰，一无是处，尔后一度以为教师的身份或许是上天给我最合适的安排。

"安于命运，顺势而为"，这是昨天我对妻子说的话，也是生活给予我的心灵回响。

一直以来都有写作的欲望和表达的冲动，多年前我就曾想写书，只不过那时"内外交困"，又摸不着方向，迷惑而无所得。

那时的自己，在赶路的途中总会遭遇间歇性的迷茫，好似困兽犹斗。因为五颜六色的生活，不能乱七八糟地过，挣扎和抵抗就成了生活的必修课，现在也依然如此。当然，我知道每个人都会经历这样的一段时期，或长或短，或多或少。因为不知前方在哪里，就更值得期待，更需要摸索，举起火把照亮远行的路。

无意间发现，平时所思所记的文字，不少集中在文言文阅读方面。于是，我再次萌生了写书的念头，写一本文言文阅读教学的书，告慰自己正在消逝的青春和热情。有了"宏大的想法"后，在一次和我的恩师，时任拱墅区语文教研员的王佩芬老师沟通中，我说写这本书，是为了对前面所走教学之路的

"了结"。确乎如此，当时的想法就是这么简单，时至今日，也未曾改变，斩断来路，是为了寻找出路，仗剑天涯，重新出发。

但是，接下来照旧蹉跎时日。岁月荒芜，杂草丛生，感叹"流光容易把人抛"外，也就是明天复制今天的生活。"宏大的想法"只停留在想法本身，尽管还在时不时地写文言文教学的文章，但是不成体系，多为零星片段所言。关心我的师长朋友也不止一次嘱咐过我，可以将以往写的文章辑录成册，类似的念头也时常如潮水奔涌，以为写书成稿尚不大难。

直至——

我的大学同学和好友，如今已是杭城某高校青年学者的诸葛沂兄的一番点化，提醒了我。既然写书，就尽量不要成为教学实录的集合，要体现你的专业价值，也要有分量，与其做"大杂烩"，不如往你擅长的方向精耕细作。

章新其老师也持有类似的观点。与他的多次交流中，我深知语文教师是要靠"专业"说话的，虚名易得，实力难求，专业实力就是语文教师的"江湖地位"。

但是，写出有"价值"和"分量"的书稿，何其难也，虽不能至，心却向往之。

那就"熬"吧，让深宵灯火成为自己的伴侣。

书稿的定位了然于胸。于是，质疑问难的跋涉之路开始了。可敬的张孔义教授多次关心我书稿的写作，建议我从宏观、中观、微观三个层面的言语形式角度去研究文言文教学。受其点拨，书稿中的核心部分"文言文言语形式聚焦"，就从宏观视角、中观视角和微观视角来审视文言文教学。写作前后又阅读了相关的专业书籍，查看文言文教学案例，做阅读笔记，思考教学问题，写作研究文章……

全书写作的启动是在2018年，那时所写多是零星碎语，在时间的间隙中与文字周旋。2019年5月5日，小丫头来到我们身边。妻子在家坐月子，各种生活中的琐事，岳母全权包揽，甚至很多时候我竟然成了被全家照顾的人，白天的大部分时间就蜗居在书房里。妻子为了让我安心写书稿，尽量不来打扰我；岳母还经常为我端茶递水果；逗小丫头聊天，成了我写书稿之余的闲暇时光。暑假开始后的七月中旬，本来应该忙碌的我竟然完全进入了书稿的写作状态，幸福、感动、内疚填满了我的内心，汇成一股热流，汹涌澎湃，经久不息。一半的书稿就是在这样的状态下完成的。

之后，写写停停，星星点点，不经意间走过了疫情网课阶段，走到了2020年的暑假。为了完成另一半的书稿，假期的多数时间，我"躲进小楼成一统，管他冬夏与春秋"。写稿名正言顺地挤占了原本要陪伴两个丫头的时间。

囿于学术视野的狭隘，专业知识的浅薄，教学经验的不足和写作时间的仓促，写作本书的过程中，很多问题没有想明白，也没有想深入；最新的研究和实践的成果还未收录书中。进入初三忙碌的教学后，为了改变文言文单篇教学出现的"内容碎片化、形态同质化、思维培养浅表化"等现象，我和学生探索了文言文单元整合的教与学，在核心任务的驱动下，设计连接学生生活与教材文本内容的语文情境，创设积极的语言实践活动，努力走向"语言建构与运用""思维发展与提升""审美鉴赏与创造""文化传承与理解"。但是，一个人的江湖毕竟势单力薄，探索的路上留下了不少遗憾。

那就留给自己以后去弥补吧，路正长。作家张晓风说："作品是作者最心爱的孩子。"但是，千万别把自己和自己的作品当回事，你再能耐不就是一个老师么，不足为奇。由此，我想到了我曾给学生和自己的告诫：

把梦想托举到日月星辰

光芒照耀

还其本来的面目

把自我落进尘埃

像泥土一样

呼吸

与大地一同

生长

我珍爱我的孩子，虽然她并不完美，也不精致。

书中阐述的实例人多在我的个人微信公众号"闲语碎文"（xianyusuiwen）上刊登过；不少观点先后发表在《语文报》《语文学习》《教学月刊》《中学语文》《语文教学通讯》《中学语文教学参考》等刊物上；书中大量教学案例，都是我这些年来课堂教学的真实呈现。"不跪着教书"，语文教师才有尊严；守住"言语形式"来教，语文教师才是语文的信徒。"言语形式"和"言语内容"并不是新鲜的语文论题，但是从言语形式角度切入文言文阅读教学，目前还无人论及，就此而言，本书也算是星星之火。

在书稿杀青之际,我还想借此表达由衷的感谢。

感谢王尚文先生的厚爱。"回归言语形式的文言文教学"这个观点的提出,源于先生的著作《语文品质谈》。写作书稿的过程中我反复阅读了王先生的书,受益匪浅,对我写作的影响极大。我与王先生至今素未谋面,先生毫不犹豫地答应为我的书题写推荐语。王先生是著作等身的学者,也是令人景仰的语文前辈,但他在微信中给我留言的用语之谦和,令我辈感动乃至汗颜。

感谢章新其老师在百忙之中为我写的序言。一直以来章老师在教学和生活上给予我帮助与鼓励,他潜心为学的姿态,务实通透的为人处事的态度,带给我前行的勇气,常常提醒我在教学和生活中要懂得取舍,要看清自己的内心。

感谢金瑞奇老师对我的认可与支持。金老师在得知我的书稿即将付梓后,欣然为我写推荐语。一路走来,金老师在教学上给了我很多成长锻炼的舞台,我得以去深入研究语文教学,研究中考命题规律。

感谢"青春语文"领军女神王君老师的支持。我向王老师发出写推荐语的求助信息后,她二话不说立马答应,王君老师的热情、活力和善意就像她倡导的"青春语文"一样。

感谢赵群筠老师、马骉老师、王佩芬老师、王守洪老师陪我一路走过的"风雨"。他们是我的恩师,也是我的益友。他们不仅在教学上给我点拨,指明方向,还在生活上给我关心和温暖。

感谢我的两个学生对我课堂的肯定与褒奖,感谢我的同事郑紫轩老师为我校对部分书稿,感谢厉勇编辑的倾心付出,感谢为我拨冗提笔写观课评语的张孔义教授、叶黎明教授、陈忠文老师、马晓萍老师、胡培兴老师、章国华老师,感谢教学路上一直给我鼓励和温暖的领导、同事、朋友和家人。谨将我的第一本书,献给我两个可爱的丫头和在背后默默支持我的妻子。

生命不息,追求不止,再次以几年前写下的《一路奔跑》为自勉:

奔跑

以风的速度

穿过山冈和原野

无可逗留

无可逗留　天宇和海涛

一路风景　过眼云消

奔跑
以神的福祉
走向天涯和海角
为伊憔悴
为伊憔悴　天荒和地老
青灯古佛　乐在逍遥

奔跑
以心的跳动
以灵的呼唤
迎面向风
一路奔跑
找寻夸父和路标

熬过无人问津的日子，才会有诗和远方。
妻子说，坚持你自己内心的选择。
不安于当下，是为了未知的远方。

是为后记。

沈　华
初稿写于2020年10月3日
定稿写于2021年3月25日